教育部人文社科规划项目（16YJA850002）资助

农牧民公共就业培训长效机制研究

NONGMUMIN GONGGONG JIUYE PEIXUN
CHANGXIAO JIZHI YANJIU

康 杰 著

中国农业出版社
北 京

前言
FOREWORD

推进全方位公共就业服务是做好就业创业工作的重要举措，有利于保障和改善民生，推动经济高质量发展，促进社会和谐稳定。公共就业培训作为公共就业服务的重要组成内容，其费用由政府公共财政进行补贴和支持。与一般的职业培训相比，其公共性更强，更强调培训的针对性和适用性，更强调培训与岗位的对接。党的二十大报告明确提出"健全就业公共服务体系，完善重点群体就业支持体系""健全终身职业技能培训制度，推动解决结构性就业矛盾"。2024年5月，习近平总书记在中共中央政治局第十四次集体学习时强调，"促进高质量充分就业"，"完善就业公共服务制度"，"统筹抓好教育、培训和就业"，"健全终身职业技能培训制度"，"不断增强广大劳动者的获得感幸福感安全感"。因此，加强对公共就业培训的研究，是完善公共就业服务体系、探索公共服务新模式、提升人力资本、解决当前就业供需不平衡的必然要求。

党的十八大以来，西藏经济社会建设取得了显著成就，基本公共服务体系日益完善。公共就业培训作为职业教育的一种重要模式，已在激活农牧区生产活力、提高农牧民生产技能和务工技能、促进农牧民增收等方面起到了重要的助推作用。但同时，受历史、地理、经济社会发展水平、教育资源等因素的制约，西藏公共就业培训在实施过程中也面临着改善培训供需失衡、提升培训效率等挑战。习近平总书记在第七次西藏工作座谈会上强调，要贯彻新发展理念，培育扶持吸纳就业的能力，提供更多就业机会，培养更多专业技能型实用人才。为落实习近平总书记重要指示精神，本书希望通过深入探讨西藏农牧民公共就业培训效果的影响因素，构建公共就业培训的长效机制，为推动西藏提高人力资本、改善民生、实现基本公共服务均等化建设目标提供政策参考。

本书在全面系统梳理国内外公共就业培训研究成果的基础上，以西藏农牧民公共就业培训为研究对象，从7个方面展开研究。第1章探讨公共就业培训的重要性、西藏农牧民公共就业培训所面临的挑战、国内外公共就业培训的经验做法。第2章归纳总结国内外公共就业培训的研究现状，并利用CiteSpace分析研究的演变历程和未来研究的发展方向。第3章在运用灰色预测理论对西藏农牧区富余劳动力数量预测的基础上，分析西藏农牧民非农就业的政策、现状及特点。第4章探讨人力资本提升对西藏经济社会发展所带来的直接影响，并从培训政策、培训类型、培训机构数等方面对西藏农牧民公共就业培训的实践探索进行归纳总结。第5章在对西藏推进政府购买公共就业培训的必要性分析的基础上，运用质性研究方法，对西藏培训机构承接公共就业培训的现状进行分析。第6章采用问卷法分析农牧民公共就业培训需求的服务内容、满意度影响因素等。第7章探讨西藏农牧民公共就业培训长效机制的构建途径。首先利用公共服务供给分析框架，明确政府、企业和社会组织等相关方在公共就业培训中的角色及功能；其次结合全面质量管理理论和业务流程重组的思想，对西藏政府公共就业培训的全流程进行再造；并基于CIPP评估模型构建西藏农牧民公共就业培训评价指标模型，最后提出改善建议。

本书研究特色主要体现在如下方面。

一是研究领域较新。针对当前国内外民族地区公共就业培训的研究成果较为缺乏，并且当前研究主要集中在培训绩效评价等某些特定环节，缺乏系统分析，本书以公共就业培训全流程为研究对象，分析公共就业培训的动力机制、运行机制和保障机制，为优化资源配置、提升公共就业培训效率和提高受训者满意度提供系统性的解决方案。

二是研究视角较新。针对当前国内外主要基于新公共管理理论开展研究的现状，本书以全面质量管理理论为指引，对整个培训流程进行质量控制和评价。首先从任务紧迫度、任务明确度、市场成熟度等维度确定培训项目；其次是结合Gartner Group四区域技术功能矩阵，构建培训机构遴选矩阵；再次在实施环节，结合全面质量管理理论，提出从实施到验收全过程质量管控策略；最后在绩效评估环节，结合CIPP模型，构建评价指标体系，以实现财政部所要求的全过程绩效评价目标。

前　言

　　本书受教育部人文社科规划项目（16YJA850002）资助，团队成员赵书彬、叶樊妮、裘丽岚、赵正强、田涌、李阳、曾雨婷等参与了资料收集、实地调查。本书撰写过程中参阅了大量的相关资料，并得到西藏自治区财政厅、人力资源和社会保障厅、民政厅和西藏日报社等单位的大力帮助和支持，在研究过程中得到北京大学萧鸣政教授等业内专家学者指导帮助，在此一并感谢！由于本书相关内容难度较大，加之笔者研究水平有限，书中难免出现疏漏，敬请读者批评指正！

著　者
2024 年 6 月

| 目 录 |
| CONTENTS |

前言

目　录

第1章　绪　　论

1.1　研究背景

2020 年 1 月 20 日，国际劳工组织（ILO，International Labour Organization）发布的报告表明，目前全球大约有 4.7 亿的人口处在失业或工作不稳定的情况下，约占全球劳动力的 13%。在 15～24 岁的年龄层中，有 2.67 亿人没有就业，其中未受教育或培训是最主要原因，导致这部分人不符合工作条件的要求[①]。

"就业是最大的民生。"20 世纪初的英国为解决工人的就业问题，开办了世界上第一个具有国家性质的职业介绍机构，拉开了公共就业服务的序幕。澳大利亚则是世界上最早将服务外包引入公共就业服务领域的国家，建立了世界上第一个非政府垄断的就业服务体系[②]。在借鉴国外公共就业服务发展经验的基础上，我国也把公共就业服务纳入建设服务型政府的重要工作中。公共就业服务是提高民生福祉、促进经济发展、维护社会稳定的必然选择，是国家高质量发展的重要举措。《中华人民共和国国民经济和社会发展第十四个五年规划和 2035 年远景目标纲要》提到，实施就业优先战略，健全有利于更充分更高质量就业的促进机制，扩大就业容量，提升就业质量，缓解结构性就业矛盾。

习近平总书记在第七次西藏工作座谈会上强调，要贯彻新发展理念，聚焦发展不平衡不充分问题，以优化发展格局为切入点，以要素和设施建设为支

---

① ILO. 世界就业与社会展望：2020 年趋势［EB/OL］. https：//www.ilo.org/beijing/information-resources/public-information/press-releases.

② 韩薇. 政府购买公共就业人才服务研究［M］. 北京：中国言实出版社，2016.

撑，以制度机制为保障，统筹谋划、分类施策、精准发力，加快推进高质量发展。要围绕川藏铁路建设等项目，推动建设一批重大基础设施、公共服务设施，建设更多团结线、幸福路。要培育扶持吸纳就业的能力，提供更多就业机会，推动多渠道市场就业。要培养更多理工农医等紧缺人才，着眼经济社会发展和未来市场需求办好职业教育，科学设置学科，提高层次和水平，培养更多专业技能型实用人才。

西藏农牧民的非农就业面临巨大挑战。一是占全区人口30.6％的富余劳动力急需转移，而育龄妇女总量及生育旺盛期妇女占比却持续上升；二是农牧民较低的人力资本素质导致就业途径狭窄，主要集中在建筑业（55.92％）和餐饮服务业（10.8％），且稳定就业能力差。遵循第六次西藏工作座谈会"大力推进基本公共服务，实施更加积极的就业政策"的指导方针，开展政府主导下的公共就业培训，提升人力资本素质，已成为解决就业困境的重要手段。"农村劳动力转移阳光工程""春潮行动"等一系列公共就业培训项目及政策的出台，既为西藏新农村建设提供了智力支撑，也为城镇化建设提供了优秀的人力资源，还为用技工红利替代旧人口红利奠定了基础。但在实施过程中还存在一些不足，迫切需要对整个培训流程进行重新审视和再造，要充分考虑农牧民自身需求，提高培训过程质量和最终质量。

1.2 公共就业服务体系建立的重要性

公共就业服务是由政府（或公共部门）提供的一项公益性、非营利性的就业服务。公共就业服务体系是政府就业政策和劳动力市场调节政策的载体，被很多国家用来解决失业问题。刚刚进入21世纪，公共就业服务制度就成为中国一项重要的长期的就业促进制度。"十二五"时期，我国政府明确要求，要建立劳动就业公共服务制度，为全体劳动者就业创造必要条件，加强劳动保护，改善劳动环境，保障合法权益，促进充分就业和构建和谐劳动关系。因此，公共就业服务的重要性与日俱增。2021年3月，国家发展改革委等10部委印发的《国家基本公共服务标准（2021年版）》明确提出实现劳有所得目标，提出从"就业信息服务""职业介绍、职业指导和创业开业指导""就业登记与失业登记"等方面做好就业创业工作。2023年12月，人力资源和社会保障部明确部署，以习近平新时代中国特色社会主义思想为指导，深入贯彻党的二十大精神，践行以人民为中心的发展思想，实施就业优先战略，强化就业优先政策，扎实做好促就业稳就业各项工作，推进线上线下相结合的就业服务专项活动，进一步打造"10＋N"公共就业服务专项活动品牌，为劳动者求职就业和用人单位招聘用工搭建对接平台,促进劳动者就业创业,助力高质量充分就业①。至此,公共就业服务进入了新的阶段,构建公共就业服务体系的重要性和迫切性也日益突出。

1.2.1　是推动经济高质量发展的重要举措

马克思认为,决定生产力高低的要素有三个:劳动者、劳动资料与劳动对象。其中劳动力是最重要的要素。只有充分发挥劳动力的作用,才能切实提高生产力水平,推动经济社会高质量发展②。而要充分发挥劳动力的重要性,要做到以下两点。一方面要实现充分就业。党的二十大报告指出"强化就业优先政策,健全就业促进机制,促进高质量充分就业"。在充分就业时,人力资源与其他资源配置效率达到最优状态,整个国民经济的实际产出接近或等于潜在产出,经济产出状态处在生产可能性曲线的最大边缘,经济发展和经济增长处在经济周期的繁荣阶段。另一方面要实现"人尽其才"。劳动者在找到就业岗位的同时,还需匹配到合适的岗位,以期在合适的岗位中发挥最大的效能。同时,合适的工作岗位也有利于劳动者找到自己的社会归属,证明其社会价值,促进个人更好地发展。

因此,公共就业服务体系的建立,不仅是稳定就业形势的"稳压器",也是保障经济社会高质量发展的重要"压舱石"之一。如何建立优质高效、精准匹配的公共就业服务体系,是确保当前经济社会高质量发展的关键问题。

1.2.2　是保障和改善民生的重要内容

就业是民生之本。没有稳定的就业,就没有可持续发展。没有高质量的就业,就没有千家万户的安居乐业。依据国家统计局发布的数据,2020 年全国居民人均工资性收入为 17 917 元③,人均可支配收入为 32 189 元,其中人均工资性收入与人均可支配收入的比值为 55.66%。可见我国居民中从事第二职业、其他兼职和偶尔劳动得到的报酬仅占可支配收入的 44% 左右。这更突出了就业在整个居民生活中的重要性。

总的来看,我国整体就业情况比较平稳,城镇人口登记失业率在 4% 左右波动,如表 1-1 所示。

---

① 人力资源社会保障部．关于开展 2024 年全国公共就业服务专项活动的通知 [EB/OL]. https://www.gov.cn/zhengce/zhengceku/202312/content_6923590.htm.

② 陶一桃,袁易明．经济特区蓝皮书:中国经济特区发展报告 [C].北京:社会科学文献出版社,2020.

③ 国家统计局.2020 年全国居民人均工资性收入 17 917 元 [N].经济日报,2021-01-18.

表 1 - 1　2010—2020 年城镇人口登记失业情况

年份	登记失业人数（万人）	登记失业率（％）
2010	908.0	4.10
2011	922.0	4.10
2012	917.0	4.10
2013	926.0	4.05
2014	952.0	4.09
2015	966.0	4.05
2016	982.0	4.02
2017	972.0	3.90
2018	974.0	3.80
2019	945.0	3.62
2020	1 160.0	4.24

从表 1 - 1 中可以知道，受到新冠疫情的影响，经济下行压力增大，2020 年城镇人口登记失业率有了明显的上升，保就业的任务更加艰巨。2019 年政府工作报告中提出"今年首次将就业优先政策置于宏观政策层面，旨在强化各方面重视就业、支持就业的导向"。因此，要建立覆盖城乡的公共就业服务体系，积极推进公共就业服务平台建设，促进人民群众高质量就业。

1.2.3　是促进基本公共服务均等化的必然要求

党的十九届五中全会把"全体人民共同富裕迈出坚实步伐"作为 2035 年国民经济和社会发展远景目标之一，而衡量共同富裕的标准包括基本公共服务均等化和收入分配状况等[①]。公共就业服务体系的建立，既能促进基本公共服务均等化的实现，解决人民群众最直接最现实的利益问题，体现党"以人为本，执政为民"的执政理念[②]，又能促进收入分配状况的改善，促进社会稳定

---

①　曹莹. 基本公共服务均等化是实现共同富裕的必然要求［N］. 湖北日报，2022 - 03 - 14.
②　刘明中. 推进基本公共服务均等化的重要手段（上）：财政部副部长楼继伟答本报记者问［N］. 中国财经报，2006 - 02 - 07.

和公平正义，具有重大社会政治意义。因此，公共就业服务是实现基本公共服务均等化的重要组成内容，是实现共同富裕的逻辑前提、坚实基础和关键环节①。

整体来看，基本公共服务水平呈现出越来越大的区域、城乡、群体等差距②。从表 1-2 可知，尽管城乡居民的可支配收入比在逐渐缩小，但绝对收入差仍在增加，从 2014 到 2020 年，城乡居民可支配收入的差额从 18 355.0 元增加到 26 702.3 元，年增长率达到 6.45%。

表 1-2　2014—2020 年城乡居民可支配收入变动情况

年份	城镇居民可支配收入（元）	农村居民可支配收入（元）	收入差（元）	收入比
2014	28 843.9	10 488.9	18 355.0	2.75
2015	31 194.8	11 421.7	19 773.1	2.73
2016	33 616.2	12 363.4	21 252.8	2.72
2017	36 396.2	13 432.4	22 963.8	2.71
2018	39 250.8	14 617.0	24 633.8	2.69
2019	42 358.8	16 020.7	26 338.1	2.64
2020	43 833.8	17 131.5	26 702.3	2.56

随着农业生产率的不断提升，大量农村富余劳动力逐渐从土地上转移出来，为我国的城镇化和工业化进程提供劳动力资源。根据配第-克拉克定理（Petty-Clark Theorem），劳动力从收入较低的产业向收入更高的产业进行流动，而更高的收入也带动农村经济社会发展，减少城乡收入差距，促进城乡和谐发展。因此，公共就业服务体系的建立，能帮助农牧民实现非农就业，带动农村居民可支配收入的增加，而农村消费能力的增加也反哺基本公共服务体系的发展③，促进基本公共服务均等化。

以公共卫生服务为例，如表 1-3 所示，城乡公共卫生服务水平差距明显改善。

---

①　姜晓萍. 基本公共服务均等化是实现共同富裕的着力点 [N]. 光明日报，2021-10-07.
②　丁元竹. 实现基本公共服务均等化的实践和理论创新 [J]. 人民论坛·学术前沿，2022（5）：4-13.
③　熊颖琪. 国家发改委：到 2035 年基本公共服务实现均等化 [N]. 北京青年报，2022-01-11.

表 1-3　2014—2020 年我国城乡公共卫生服务情况

年份	每千人卫生技术人员数（人）			每千人执业（助理）医师数（人）			每千人注册护士数（人）			每千人医疗卫生机构床位数（张）		
	城市	农村	城乡比	城市	农村	城乡比	城市	农村	城乡比	城市	农村	城乡比
2014	9.70	3.77	2.57	3.54	1.51	2.34	4.30	1.31	3.28	7.84	3.54	2.21
2015	10.21	3.90	2.62	3.72	1.55	2.40	4.58	1.39	3.29	8.27	3.71	2.23
2016	10.42	4.08	2.55	3.79	1.61	2.35	4.75	1.50	3.17	8.41	3.91	2.15
2017	10.87	4.28	2.54	3.97	1.68	2.36	5.01	1.62	3.09	8.75	4.19	2.09
2018	10.91	4.63	2.36	4.01	1.82	2.20	5.08	1.80	2.82	8.70	4.56	1.91
2019	11.10	4.96	2.24	4.10	1.96	2.09	5.22	1.99	2.62	8.78	4.81	1.83
2020	11.46	5.18	2.21	4.25	2.06	2.06	5.40	2.10	2.57	8.81	4.95	1.78

　　同样以公共卫生服务为例，地区间公共卫生服务水平的差距也在缩小，如表 1-4 所示。

表 1-4　2016 年和 2020 年我国各地公共卫生服务情况

地区	每千人卫生技术人员数（人）		每千人执业（助理）医师数（人）		每千人注册护士数（人）	
	2020 年	2016 年	2020 年	2016 年	2020 年	2016 年
北京	12.61	10.40	4.92	3.90	5.39	4.40
青海	8.26	6.00	3.09	2.30	3.32	2.20
云南	7.76	4.80	2.60	1.70	3.67	2.00
四川	7.56	5.80	2.80	2.20	3.42	2.30
新疆	7.39	6.90	2.68	2.40	3.12	2.70
甘肃	7.24	5.00	2.54	1.90	3.25	1.80
西藏	6.23	4.40	2.59	1.90	1.88	1.00

　　如表 1-4 所示，北京是我国公共卫生服务水平最高的城市，西藏及其他省份有了明显改善。以西藏为例，北京与西藏的每千人卫生技术人员数比从 2016 年的 2.36：1 下降到 2.02：1，每千人执业（助理）医师数比则由 2.05：1 下降到 1.89：1，每千人注册护士数比则由 2016 年的 4.4：1 下降到 2.87：1。可见我国地区间的差距明显缩小。

1.3　农牧民公共就业培训的重要性和紧迫性

公共就业培训是指政府出资（全额或部分出资）并加以管理，主要针对缺乏就业技能的社会成员进行的技能训练。公共就业培训属于政府公共就业服务体系的重要组成部分①。《国家基本公共服务标准（2021 年版）》中的就业创业服务指出，为有就业创业需求的劳动年龄人口发布职业培训、见习岗位等信息，为就业困难人员和零就业家庭提供政策咨询、职业指导、职业介绍、职业技能培训等服务。由此再次验证了公共就业培训是公共就业服务体系的重要组成部分。

公共就业培训的目的就是使受训者通过培训找到与培训内容相匹配的工作。从 20 世纪 90 年代开始，我国以政府财政为支持，开展了多项培训计划，公共就业培训就此起步，如"阳光计划""春潮行动"等，带动了农村劳动力的转移就业。2014 年后，随着供给侧结构性改革的全面实施，针对下岗职工再就业的转岗培训以及在岗职工的技能培训等公共培训项目也广泛开展。"大众创业、万众创新"背景下一系列创业公共培训项目的实施，标志着我国公共就业培训体系已基本建立，为我国人力资本的提升、社会经济的发展提供了持续发展的动力。2020 年人力资源社会保障部出台了《农民工稳就业职业技能培训计划》，明确提出 2020 年至 2021 年，每年培训农民工 700 万人次以上，促进农民工职业技能提升，推动农民工稳岗就业和返乡创业，改善农民工就业结构，将农民工培育成为重要的人力资源②。这更凸显了农牧民公共就业培训的重要性。

1.3.1　是提升农牧民素质，促进高质量就业的必然要求

随着城镇化进程不断推进，我国人口流动日益活跃，为经济社会平稳健康发展注入了强大动力。2020 年，我国人户分离人口达到 49 276 万人，占全国人口的 34.9%，其中，流动人口达到 37 582 万人，占全国人口的 26.6%③。农牧民从农村到城市，仍然是流动人口的主要特征（表 1-5）④。

---

① 何筍. 公共就业培训绩效评价研究 ［M］. 北京：社会科学文献出版社，2018.
② 人力资源社会保障部. 关于印发农民工稳就业职业技能培训计划的通知 ［Z］. 2020 - 05 - 28.
③ 国家统计局. 人口规模持续扩大　就业形势保持稳定——党的十八大以来经济社会发展成就系列报告之十八 ［EB/OL］. http：//www. gov. cn/xinwen/2022 - 10/10/content_5717071. htm.
④ 聂日明，潘泽瀚. 中国人的流动：七普数据大透视 ［EB/OL］. https：//www. thepaper. cn/newsDetail_forward_19181439.

表 1-5 四类流动人口的构成（%）

流动路径	2000 年	2005 年	2010 年	2015 年	2020 年
乡-城流动	52.2	61.4	63.2	48.9	66.3
城-城流动	20.8	21.2	21.2	37.9	21.8
乡-乡流动	18.6	13.7	12.7	7.1	10.3
城-乡流动	8.4	3.7	2.9	6.1	1.6

从表 1-5 可知，2020 年农牧民的非农就业转移，占据流动人口的 66.3%。《2020 年农民工监测调查报告》显示，未上过学的占 1%，小学文化程度的占 14.7%，初中文化程度的占 55.4%，高中文化程度的占 16.7%，大专及以上的占 12.2%[①]。新兴产业的不断发展，对农牧民的整体素质提出了更高要求，农牧民现有的知识结构已无法适应新形势对劳动者的要求。2020 年农民工月均收入仅 4 072 元，很难支持全程自费参与就业技能培训。公共就业培训不仅能提高农牧民的知识水平和专业技能，更能提升其就业质量，实现农牧民转得出、稳得住的目标，从而为促进城乡融合发展提供人力资源保障。

1.3.2 是改善农牧民自我认知，促进有效融入的必然要求

2018 年 9 月，中共中央、国务院印发了《乡村振兴战略规划（2018—2022 年）》，第三十一章中明确要求加快农业转移人口市民化，主要从健全落户制度、保障享有权益、完善激励机制等方面开展工作。

农牧民融入城市的最大障碍是经济融入困难[②]。经济收入是农牧民适应城市生活的基础，根据《2020 年农民工监测调查报告》，2020 年外出农民工月均收入 4 549 元，本地农民工月均收入 3 606 元。可以看出转移就业的农牧民整体工资收入水平较低，特别是本地转移就业的群体，较低的经济收入不仅影响了其消费意愿，也局限了其社交范围和城市活动参与。因此经济融入困难更带来了其社会融入和心理融入的障碍。

随着公共就业培训的实施，农牧民在获得职业技能提升的同时，也获得了更高的收入水平，特别是通过职业资格认证考试之后，进一步提高其职业获取的可能性，使其从初级证书的持有者向中级技师和高级技师等发展。公共就业

---

① 国家统计局.2020 年农民工监测调查报告 [EB/OL] . http：//www.gov.cn/xinwen/2021-04/30/content_5604232.htm.

② 朱嘉瑶.专业性人力资本对农民工城市融入影响研究：基于浙江省两市农民工的数据 [D]. 武汉：中南财经政法大学，2021.

培训成为其职业获得和晋升的催化剂，带动了工资收入的逐渐上升。随着自我能力和技术的提升，其社会公共服务活动的参与度显著提升，个人社交范围也逐渐扩大，对城市的认同感明显加强，进而从经济融入发展到社会融入和心理融入，为城乡融合发展提供人力保障。

1.3.3　是巩固拓展脱贫攻坚成果、城乡协同发展的必然要求

农民收入组成中，工资性收入增加仍然是农民人均可支配收入增加的最大贡献因素。以 2018 年为例，农民工资性收入 5 996 元，对农民增收贡献率达42.0%；经营净收入 5 359 元，比 2017 年增加 331 元，对农民增收贡献率为27.9%；转移净收入 2 920 元，比 2017 年增加 317 元，对农民增收贡献率为26.8%；财产净收入 342 元，比 2017 年增加 39 元，对农民增收贡献率为3.3%。由此可见农民工资性收入保持较快增长，主要是转移农村劳动力工资水平提高的结果。到 2021 年，工资性收入占农民收入的比重已超过 42%，成为农民增收的主渠道[①]。持续稳定就业不仅有利于改善人民生活水平，也有利于巩固拓展脱贫攻坚成果，促进共同富裕。

农牧民持续稳定的转移就业，是其工资性收入的主要影响因素。而持续稳定的转移就业，离不开劳动技能的提升。公共就业培训，特别是针对农牧民的转移就业和创业的培训，不仅能有效提升农牧民职业技能，更能帮助农牧民通过相应的职业资格认证，获得相应的职业资格证书，为其持续稳定就业奠定良好基础。农牧民稳定就业带来的工资性收入促使城乡收入比从 2014 年的 2.75下降到 2020 年的 2.56，为减少城乡差距和破除城乡二元结构提供有效支撑。

1.4　西藏农牧民公共就业培训中面临的挑战

1.4.1　西藏农牧民公共就业培训需求大

西藏民主改革以来，特别是改革开放以来，西藏经济社会建设取得了显著成就。2016—2019 年，西藏国内生产总值（GDP）的年均增速是 10.1%，全国GDP 的年均增速是 6.8%。2020 年西藏 GDP 的增长速度是 7.8%，全国 GDP 的增长速度是 2.3%。西藏每年 GDP 增长率比全国高出 2~5.5 个百分点[②]。在

---

①　央视新闻 . 促进农民农村共同富裕，工资性收入成为农民增收主渠道［EB/OL］. https：//t. ynet. cn/baijia/33403746. html.

②　林毅夫 . 过去五年西藏 GDP 增速均高于全国增速 未来西藏的经济发展速度可能继续领跑全国［EB/OL］. https：//baijiahao. baidu. com/s? id=17118388813306711489&wfr=spider&for=pc.

《西藏自治区国民经济和社会发展第十四个五年规划和二〇三五年远景目标纲要》中提出"十四五"期间年均 GDP 增速达到 7.5％的目标。

西藏经济社会发展目标的实现，离不开高水平人才的支撑，特别是高技能人才的支撑。《西藏自治区高技能人才队伍建设中长期发展（专项）规划（2011—2020 年）》明确提出，根据中央第五次西藏工作座谈会精神和关于全面实施青壮年农牧民"人人技能工程"的有关要求，到 2020 年高技能人才总量达到 22 000 人。其中高级工 20 000 人，技师 1 600 人，高级技师 400 人[①]。由此可见，西藏农牧民公共就业培训需求大，任务较为艰巨。

同时，第七次全国人口普查数据表明，西藏全区常住人口中，居住在城镇的人口为 130.34 万人，占 35.73％；居住在乡村的人口为 234.47 万人，占 64.27％。同时西藏年龄较小的人相对较多，0～14 岁人口为 89.49 万人，占 24.53％；15～59 岁人口为 244.22 万人，占 66.95％。因此，西藏农牧民中还存在大量的富余劳动力需要转移，需要公共就业培训以提高农牧民职业技能，增加农牧民转移就业能力。

1.4.2 西藏公共就业培训基础相对滞后

西藏职业教育水平相对滞后，从公办职业院校发展历程来看，经历了曲折反复的过程，如表 1-6 所示。

表 1-6 2000—2020 年西藏高等学校和职业院校发展历程

年份	高等学校（所）	职业院校（所）	年份	高等学校（所）	职业院校（所）
2000	4	12	2011	6	6
2001	4	11	2012	6	6
2002	3	11	2013	6	6
2003	4	10	2014	6	9
2004	4	10	2015	6	9
2005	4	10	2016	7	10
2006	6	10	2017	7	11
2007	6	7	2018	7	11
2008	6	7	2019	7	11
2009	6	6	2020	7	12
2010	6	6			

---

① 西藏自治区人力资源和社会保障厅. 关于印发《西藏自治区高技能人才队伍建设中长期发展（专项）规划（2011—2020 年）》的通知，2012-10-22.

截至 2022 年底，西藏共有高等教育学校 7 所，中等职业学校 13 所，县级职教中心 74 所，民办职业技能培训机构 200 余家，初步形成了西藏就业培训体系。西藏技师学院是西藏自治区第一所技师学院，通过学制教育主要培养预备技师、高级工，在农牧民公共就业培训方式和渠道上进行了有益的尝试和突破。西藏自治区人民政府于 2021 年 12 月下发《西藏自治区贯彻落实〈国家职业教育改革实施方案〉的行动方案》，提出到 2025 年支持每个地（市）重点建成 1 所特色鲜明的中等职业技术学校、1～2 个特色专业群、1～2个产教融合实训基地和 2～3 个产教融合型企业的具体目标，同时统筹整合各类培训项目和资源，依托职业院校、技工院校大力开展在职职工、退役军人、进城务工人员、高素质农民和农牧区转移劳动力等的就业技能培训[①]。

1.4.3　西藏基本公共服务水平差距较大

西藏公共就业培训需求大，但受制于相对落后的经济社会发展水平，其公共就业培训体系的建立更具挑战性。如表 1-7 所示，西藏 2020 年一般公共预算收入仅 220.99 亿元，为全国最后一位，自给率即预算收入占预算支出的比重仅为 9.995%。而西藏 2020 年转移支付与一般公共预算财政收入之比为895.02%，较 2018 年的 863.27% 增加了 31.75%，转移支付的依赖度有所增强。有限的财政收入要求西藏必须采用政府购买公共服务的方式来降低行政成本，并用更专业的服务满足民众需求。

表 1-7　2020 年部分省份一般公共预算收入、支出和中央财政转移支付情况

地区	地方一般公共预算收入（亿元）	地方一般公共预算支出（亿元）	中央财政转移支付（亿元）	自给率（%）
北京	5 483.89	7 116.18	1 055.7	77.062
四川	4 260.89	11 198.54	5 707.6	38.049
云南	2 116.69	6 974.02	4 167.6	30.351
西藏	220.99	2 210.92	1 977.9	9.995
甘肃	874.55	4 163.40	2 938.5	21.006
青海	297.99	1 932.84	1 442.3	15.417
新疆	1 477.22	5 533.16	3 468.7	26.698

受制于有限的财政收入水平，西藏公共服务体系还不够完善。西藏城乡基

① 西藏自治区人民政府.西藏自治区人民政府关于印发西藏自治区贯彻落实《国家职业教育改革实施方案》行动方案的通知［Z］.2021-12-02.

本公共服务水平存在差异，农村居民享受的基本公共服务水平低于城镇居民；同时西藏各地区公共服务水平差距较大，拉萨市作为 2020 年西藏内城市基本公共服务满意度排名第一的城市①，其公共服务水平明显高于西藏其他城市。因此，如何构建符合西藏实际、满足农牧民非农就业公共培训需求的公共培训体系，是促进西藏长治久安、经济社会持续协调发展的重要举措，是"治藏方略"和"治国必治边、治边先稳藏"的必然要求，也是全面建成社会主义现代化强国的重要保障。

综上所述，西藏农牧民富余劳动力较多，转移就业压力大，且个体差异较大，对公共就业培训需求大、要求较高，而西藏现有公共就业培训体系基础较为薄弱，且财政自给率低，基本公共服务水平差距大，必须探索一条既能满足农牧民非农就业公共就业培训需求又能降低行政成本、提高行政效能的公共就业培训道路。

1.5 国外公共就业培训的经验做法及启示

1.5.1 美国公共就业培训的经验做法

由于经济危机的影响，美国在 20 世纪 30 年代面临着非常严重的失业问题。1933 年美国国会立法以建立公共服务体系，由劳工部管理就业服务，至此，美国就业服务体系得以快速发展。1935 年美国社会保障法将就业服务与失业保险计划联系起来，使美国各州在 1940 年前均建立了就业服务机构，并开展了相应的公共就业培训活动。

1.5.1.1 美国公共就业培训的相关法律、规章制度

美国从 1929 年经济大萧条后，在促进就业方面颁布了较多的法律法规，整体法规完善、内容丰富，其中与公共就业培训有关的部分法律法规如表 1-8 所示。

表 1-8　美国公共就业培训相关法律法规

年份	法案	目的
1946	就业法	促进最大限度的就业、生产和购买力
1962	人力开发与培训法案	明确再就业培训，构建直接面向市场的就业和培训政策体系

---

① 刘志昌，刘须宽．中国城市基本公共服务力评价（2020）[M]．北京：社会科学文献出版社，2021.

（续）

年份	法案	目的
1963	职业教育法	扩大了职业教育范围，完善了职业教育体系
1964	就业法案	提供直接就业机会
1973	综合就业培训法	将以往分散的培训项目通过服务有效地整合在一起
1974	紧急失业补偿法	提高失业人员就业能力
1978	扩大工作培训和公共服务就业计划	提供培训机会
1984	帕金斯职业教育法案	授权政府拨款用于支持职业教育
1988	强化美国经济竞争力教育、培训法	强化职业培训
1990	帕金斯职业和应用技术教育法案	提出职业教育面向全体人群
1998	帕金斯生涯和技术教育法案	为在中学阶段和中学后教育阶段选择生涯和技术教育的学生，提供更好的机会
1998	劳动力投资法	采取个人培训账户的方式，将职业教育、成人教育和联邦（州）再就业培训这三种教育体系一起来
2006	帕金斯生涯与技术教育法案	帮助学生及成年人在以知识和技术为基础的经济社会中取得成功

1.5.1.2 美国公共就业培训的特点分析

从上述政策梳理可以看到，美国非常重视公共就业培训，已经初步构建了较为完备的公共就业培训体系，在实施中具有如下特点。

（1）明确培训对象，差别化培养

从表1-8中可知，美国在制定政策中，对培训对象进行了明确的界定，使得具体项目实施时有明确的政策依据。如《紧急失业补偿法》《扩大工作培训和公共服务就业计划》主要针对失业人员，《帕金斯生涯与技术教育法案》主要针对学生，《劳动力投资法》则为流动和季节性农村劳动力提供再就业培训服务。20世纪90年代，因科学技术的快速发展，美国为劳动力培训项目提供39.5亿美元救助资金，主要用于为接受社会救助及低收入人群提供培训服务、高增长新型行业人员的培训与安置、青年人才储备项目和老年人社区服务等方面。再就业培训和服务措施的强化主要针对失业较为严重的青年人、老年人和低收入阶层，能更好地解决摩擦性失业的问题[①]。

---

① 中国就业培训技术指导中心．中美德公共就业服务比较［M］．北京：中国劳动科学保障出版社，2013．

（2）根据个体特征，强化个性服务

美国为清楚把握求职者的个体特征和能力，从而为其匹配合适的培训课程和就业岗位，开发了"核心测量尺"工具，按测评分数将求职者划分为四级，分别是：已具备就业能力的，只缺乏工作岗位；已具备职业技能的，需接受职业指导；缺乏职业技能的，需要培训或工作实习；难以改善自身素质的，需要公益性岗位。针对不同求职者的个体特征以及与就业岗位要求的差距，单独制定不同的培训服务和就业指导方案，有效提高服务的针对性。

在关注个性化差异的同时，开展职业俱乐部小组求职活动，把求职者分为不同的求职小组，让求职者互相帮助。

（3）以市场需求为导向，强化就业技能

美国公共就业培训中非常强调市场导向，注重实践导向，引进企业为授课主体，实现以工代学，由企业开展培训[①]。为了使就业培训与劳动力市场需求更紧密地结合，许多社区学院经常请企业人员到学院参观和授课，同时要求被培训者进入企业，参与临时性的工作，以掌握相应的工作技能和方法，提升就业能力。在与企业合作的同时，也及时了解企业经营状况，根据企业后续发展对被裁工人提供培训和再就业帮助。

1.5.2 德国公共就业培训的经验做法

1.5.2.1 德国公共就业培训的相关法律、规章制度

德国以《基本法》为准则，构建了较为完善的促进就业服务相关的法律法规体系[②]。其与公共就业培训相关的部分法律法规如表 1 - 9 所示。

表 1 - 9　德国公共就业培训相关法律法规

年份	法案	目的
1961	联邦社会救济法	通过培训等手段，促进社会救济金领取者重新就业
1969	就业促进法	促进就业的有关规定
1969	联邦职业教育法	规范统一的职业教育，全方位设计就业培训体系
1969	培训岗位促进法	实行职业教育税，以保证向社会提供更多高质量的职业培训岗位
2005	新职业教育法	由 1969 年职业教育法和 1981 年职业教育促进法合并而成，完善了职业教育体系

① 劳动和社会保障部赴美国、加拿大考察团．赴美国、加拿大考察培训和就业情况报告［R］．职业技能培训教学，2000（2）：45 - 48．

② 欧阳忠明，王江雁．何以成为"缓冲器"：德国职业教育促进就业的变迁与坚守［J］．河北师范大学学报（教育科学版），2022，24（3）：74 - 83．

（续）

年份	法案	目的
2012	青年就业倡议	加大青年创业培训方面的投入
2019	促进持续职业培训	为失业者提供职业培训

以上法律法规中，《新职业教育法》明确规定了德国职业教育的四种形式：职业准备教育、职业初级教育、职业进修教育和职业改行教育。其中的双元制培训方式，使职业教育既能满足社会需求，培养未来需要的职业专门人才，又能满足个人需求，为个人发展提供良好的从业前景。

1.5.2.2 德国公共就业培训的特点分析

（1）三元主体的明确分工

德国公共就业培训实行"伙伴式培训"方法，由三方共同协商合作展开培训。第一方是政府机构，负责培训政策的制定、经费的划拨和各方关系的协调。第二方是行业协会，主要依据市场需求、企业用工具体要求，制定培训的内容、相关教材和考核标准。第三方是培训机构，包括政府、社会组织和个人单独或联合举办的职业技术院校、就业训练中心、企业等多种培训实体。通过政府主导、行业协会参与协调、培训机构组织实施的方式共同完成。

（2）双元制的培训模式

双元是指"学校"和"企业"的二元主体，具备"学生"和"学徒"的双重身份，教学分别在企业和职业学校进行。通过学校教育与企业实际培训相结合，切实为企业培养"适应性强、高素质的技术工人和服务人员"[①]。同时为确保培训质量，实行培训和考核相分离的管理办法，由行业协会负责考试。企业在负责培训的同时，还需支付学徒工的培训津贴和实训教师工资。这种以市场需求为导向的培训模式，为提高德国人终身学习能力，促进其职业发展发挥了重要作用。

（3）充分的市场竞争

德国积极鼓励公办和非公办的培训机构参与市场竞争，从而提升培训市场的竞争强度，带动培训机构高质量发展。首先，在定点培训机构的招标中，主要凭借资质证明和标书进行评定，以带动运营效率的提升。其次，失业人员可以从政府就业服务机构领取至少三个月的培训券，并根据自己的职业发展规划和个体特征，自主决定选择哪一家定点培训机构的服务。最后，定点培训机构

---

① 劳动和社会保障部赴美国、加拿大考察团．赴美国、加拿大考察培训和就业情况报告［R］．职业技能培训教学，2000（2）：45－48．

再根据培训的人数和就业率，与政府就业服务机构结算相应的费用。这种消费者"用脚投票"的做法，极大地加强了市场竞争力度，带动了培训市场的健康有效发展。

（4）政府与社会团体的紧密合作

德国资本主义社会建立之初，社会组织就已经作为社会公共服务的主要提供者而存在，并将社会组织自治原则编写进入德国宪法[1]。至此，德国社会组织获得了巨大发展。早在 2005 年，德国联邦议院的决议就指出德国社会组织数量已经超过 100 万个。在公共就业培训领域，德国政府积极向具有专业资质的社会组织购买培训服务，一方面提升了公共就业培训的专业性，另一方面带动了社会组织的发展，又反过来促进了公共就业培训的质量提升。

1.5.3　日本公共就业培训的经验做法

日本非常重视就业培训工作，其公共就业培训主要包括三种形式，即学校职业训练、企业内职业训练（OJT）和公共职业训练。日本政府为了方便求职者获得就业培训机会，制定了一系列的政策法规，从根本上保障公共就业培训的有效实施[2]。

1.5.3.1　日本公共就业培训的相关法律法规

从表 1-10 中可知，日本的公共职业训练法律体系经过多年的发展，特别是 1985 年《职业能力开发促进法》的出台，标志着日本现代公共职业训练体制基本成型。与之对应的是，日本高度注重战略规划，1971—1975 年开展了第一次职业能力开发基本计划，对 85% 的经营管理人员进行了培训，以适应当时的"国民收入倍增"计划。从此，日本每五年提出一个新的职业能力开发基本计划，以促进全社会公共职业训练体系的普及和终身学习能力的构建。

表 1-10　日本公共就业培训相关法律法规

年份	法案	目的
1947	职业安定法	只要不违反公共福利，均可自由选择职业。对职业介绍、工人招募和劳力供应、就业训练等事业进行指导与监督
1947	劳动基准法	为劳动者工作条件设定最低标准以保障劳动关系中所涉及的相关权益

---

① 张丽艳，邓晰文. 中德社会组织发展及参与养老服务的比较研究 [J]. 学理论，2020（11）：60-63.

② 阳盛益，蔡旭昶，郁建兴. 政府购买就业培训服务的准市场机制及其应用 [J]. 浙江大学学报（人文社会科学版），2010（9）：47-52.

（续）

年份	法案	目的
1958	职业训练法	建立公共职业训练机构，包括一般职业训练所、综合职业训练所、中央职业训练所、残疾人职业训练所、市町村、工会以及非营利机构的职业训练所
1978	职业训练法（修订）	确立了重视职业训练、终身技能评价体制，并对职业训练机构进行再编
1985	职业能力开发促进法	明确开发并提高劳动者职业上必要能力的重要性和基本做法
1992	职业能力开发促进法（修订）	根据公共职业训练的难度和训练时间的长短分为"长期高度职业训练""短期高度职业训练""长期普通职业训练""短期普通职业训练"
1996—2000	第六次职业能力开发基本计划	侧重以个人为主导的职业能力开发
2001—2005	第七次职业能力开发基本计划	建立个人主导的职业生涯形成训练机构
2006—2010	第八次职业能力开发基本计划	在全社会普及公共职业训练体系，促进技能鉴定，改善就业环境
2011—2015	第九次职业能力开发基本计划	以需求为导向，兼具高质高效，提高各机构实施能力
2016—2020	第十次职业能力开发基本计划	致力于提高生产率的人才培养战略

1.5.3.2 日本公共就业培训的特点分析

（1）以政府为主导，强有力的战略引导

日本公共职业训练组织体系由厚生劳动省主导，构建了三层训练体系（图1-1），分别是：①负责培训工作实施的雇用能力开发系列机构，包括职业能力开发大学校、职业能力开发促进中心等院校和机构；②负责职业资格鉴定的中央职业能力开发协会；③负责受训生的就业及其协调工作的各地职业安定所①。

---

① 任鸿倩. 我国公共职业技能培训推进研究［D］. 太原：山西大学，2020.

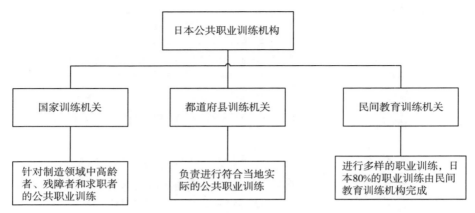

图 1-1　日本公共职业培训机构体系

如前所述，日本从 1971 年开始，每五年提出一个新的职业能力开发基本计划，指出公共职业训练发展变革的大体方向，同时推出三种支持劳动力培训的计划：为雇主培训工人提供职业发展补贴，对"自我培训者"提供教育和培训补贴（ETB），为失业人员免费提供培训。通过引导全社会资源聚焦培训主体，确保公共就业培训目标有效实现。

（2）多元化的办学模式

日本的公共职业训练虽然由政府主导，但同样给予职业训练机构以及参与办学的行业协会、各社会团体足够的办学自主权。提供公共职业训练的机构不仅包括公办的职业能力开发机构，还包括其他民办的认定职业能力开发机构和委托训练机构。这导致日本公共职业培训市场竞争激烈，私人培训机构市场份额占比较公办机构更大，也间接提升了培训质量。

（3）注重培训内容的适用性及标准化

日本制造业是日本国民经济的支柱。日本在公共就业培训中关于制造业领域的课程比重最大，且设置的课程更加侧重于生产实践，注重受训人员的实际操作技能，要求实践型课程占总课程比重超过 50%，从而为经济发展提供支持。

在公共职业训练机构中强调培训教科书的选择，除了雇用能力开发机构编写的教科书外，其他机构的教科书同样可以应用，同时政府鼓励正规训练机构编写教材。通过对培训内容的规定，引导培训中的标准化及规范化。

1.5.4　国外公共就业培训的启示

1.5.4.1　以立法为基础，强调全社会参与

美国、德国和日本的就业培训实施过程中，一系列相关的法规和条例保障了公共就业培训的顺利运行，为公共就业培训提供了政策支持和资金来源，因此立法是公共就业培训的基础和保障。

在公共就业培训中，三国都采用了政府、社会团体、企业等多方参与的方式，政府较少直接承担公共就业培训的任务，而采用制定法律法规、制定战略规划（日本）、购买社会组织服务（美国、德国）等方式，建立公办、非公办共同提供服务的格局。同时，政府在引导社会力量参与公共就业培训时，注重不同培训服务提供者之间的公平竞争，注重发挥市场主体地位，以竞争带动培训质量的提升。通过全社会的参与，提高劳动者终身学习的能力。

1.5.4.2　突出个性化服务，强调职业鉴定

在国外的公共就业培训过程中，不管是美国的"核心测量尺"工具、德国的培训券制度，还是日本"自我培训者"的补贴，都强调从接受培训者的实际情况出发，满足其个性化培训需求。尤其是三国的培训实施机构不受地域限制，其认证都具有全国性，培训者的个性化选择及评价对培训实施机构而言是较大的约束和促进，最终提高了接受培训者的可选择性，又反过来促进了个性化需求的满足。

为保障培训的效果，三国都把职业资格的相关考试作为从业人员上岗的前提。职业资格考试是最能够直接判断培训机构的培训质量的指标。美国、德国以行业协会和日本以中央职业能力开发协会作为制定职业资格考试标准的主要机构，从而确保学员能将个人兴趣爱好与职业发展有机结合。

1.5.4.3　以实践能力为导向，培训就业一体化

纵观国外公共就业培训，无不以实践能力为导向，都非常强调企业和用工单位在培训中参与的重要性。如德国的双元制，作为国家立法支持、学校教育与企业培训相结合、以企业培训为主的一种培养高素质技能人才的教育形式，为德国的工业发展奠定了坚实基础。而日本发达的企业内部教育、训练系统，是日本在就业培训方面的突出特点。通过加强培训机构与企业内部教育与训练系统之间的紧密结合，使得培训的学员能更好地适应企业实际需求，更快地实现就业。

美国、德国、日本的就业培训机构除了承担培训工作之外，还需及时了解用工单位需求和裁员情况，肩负着就业推荐和用工再培训的重任。这不仅改善

了传统培训工作与职业介绍脱节的情况，还能为劳动者提供终身学习的机会，构建与经济社会发展相适应的就业培训体系。这些经验和做法都为国内开展公共就业培训提供了借鉴和参考。

1.6   研究内容、研究方法及技术路线

1.6.1   研究内容

在文献整理的基础上，较为详尽地调查西藏农牧民公共就业培训开展现状以及受训者对公共就业培训服务的满意度，讨论当前农牧民公共就业培训中出现的问题及受训者对公共就业培训服务满意度的影响因素，提出既能满足农牧民公共就业培训需求，又能符合西藏实际、提升公共就业培训服务的效率和满意度的对策建议。

1.6.2   研究方法

研究主要采用田野调查法和定量分析法相结合的方法。

田野调查法：选择西藏具有典型代表性的区域，如农区选择拉萨市和林芝市、牧区选择那曲市，对政府及培训机构进行访谈，通过问卷、座谈等形式对接受公共就业培训服务的农牧民的相关数据进行收集和整理。

定量分析法：采用描述性分析方法了解西藏公众对公共就业培训服务的认知和满意度水平，利用因子分析、回归分析等方法讨论公共就业培训满意度的影响因素。

1.6.3   技术路线

以西藏农牧民公共就业培训服务为研究对象，在农区和牧区各选取1～2个典型区域，结合田野调查法研究其实施现状、管理及运行机制、监督管理体系和绩效评价体系，结合国内外公共就业培训的政策及实践经验，依据全面质量管理理论，提出西藏农牧民公共就业培训的长效路径。具体技术路线如图1-2所示。

依据技术路线图，本书具体内容包括7章。

第1章：绪论。这一部分主要描述公共就业服务体系及公共就业培训体系的重要性、西藏农牧民公共就业培训中面临的挑战、国内外公共就业培训的经验做法及启示，以及研究内容、研究方法及技术路线。

第2章：公共就业培训的理论基础与研究现状。这一部分主要是概念和文献研究，包括公共就业服务、公共就业培训、政府购买公共服务、业务流程重

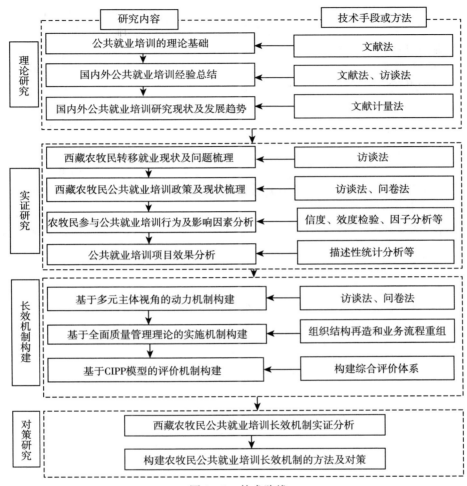

图 1-2 技术路线

组等基本概念，同时归纳总结国内外公共就业培训的研究现状，并利用 CiteSpace 分析研究的演变历程和未来的研究发展方向。

第 3 章：西藏农牧民非农就业现状分析。这一部分主要是对西藏农牧民非农就业现状进行分析评价，在灰色预测理论的西藏农牧民富余劳动力数量预测模型的基础上，分析西藏农牧民非农就业的政策、就业现状及特点，并对当前西藏农牧民非农就业面临的挑战进行评价。

第 4 章：西藏农牧民公共就业培训现状分析。这一部分主要是西藏农牧民公共就业培训的现状调查，包含人力资本提升对西藏经济社会发展所带来的直接影响，并从培训政策、培训类型、培训机构数等方面对西藏农牧民公共就业培训的实践探索进行归纳总结，并分析西藏公共就业培训取得的成效以及特点等内容。

第 5 章：西藏政府购买农牧民公共就业培训的现状分析。这一部分主要是社会组织承接西藏政府购买农牧民公共就业培训的现状调查。首先是西藏推进政府购买农牧民公共就业培训的必要性分析；其次通过实地走访调查西藏自治区民政厅和社会组织，了解西藏培训机构的发展现状和参与承接公共就业培训服务的现状；同时采用质性研究方法，对西藏培训机构承接公共就业培训服务进行分析，以期改进承接绩效。

第 6 章：西藏农牧民公共就业培训满意度及影响因素。这一部分主要是针对西藏民众的具体调研，包含基于问卷数据的西藏农牧民非农就业现状和公共就业培训现状分析。

第 7 章：西藏农牧民公共就业培训的长效机制研究。这部分内容主要是提出对策与建议。首先，利用公共服务供给分析框架，明确政府、企业和社会组织等承接方、公众在公共就业培训中的角色及功能；其次，结合全面质量管理理论和业务流程重组的思想，对西藏农牧民公共就业培训的全流程进行再造，并基于 CIPP 评估模型构建西藏农牧民公共就业培训评价指标模型；最后提出加大对培训机构的支持和激励力度、创新农牧民参与公共就业培训的激励机制等建议。

第 2 章 公共就业培训的理论基础与研究现状

2.1 基本概念

2.1.1 公共产品

公共服务的概念与公共产品的概念密不可分。理查德·马斯格雷夫在阿瑟·庇古、维克塞尔和林达尔等人的影响下，较早地完整给出了"私人产品是竞争性的而公共产品是非竞争性的"这一公共产品的定义。萨缪尔森等人则把公共产品定义为："如果物品能够加以分割，每个部分能够分别按竞争价格出售给不同的人，而且对其他人没有产生外在影响，那么这种物品就是私人物品。公共物品常常需要集体行动，而私人物品只需要通过市场就能有效地提供出来。"[①] 在萨缪尔森两分法的基础上，马斯格雷夫将产品分为有益产品、公共产品和私人产品三类，将有益产品定义为"一种极其重要的产品，如果权威机构对市场机制下的消费水平不满意，甚至可以在违背消费者个人意愿的情况下对该产品的消费进行干预"，将非私人产品划分为有益产品和公共产品[②]。詹姆斯·布坎南则提出"俱乐部产品"，即一些人能消费而另一些人被排挤在外的这样一类产品。通过俱乐部，可以减少"搭便车"行为，改善公共产品的融资能力，使公共产品实现有效率的供给[③]。此后，也有不少学者给出了公共

---

① 萨缪尔森，诺德豪斯，萧琛. 经济学 [M]. 9 版. 北京：商务出版社，2013.
② 臧旭恒，曲创. 从客观属性到宪政决策：论"公共物品"概念的发展与演变 [J]. 山东大学学报（人文社会科学版），2002（2）：37-44.
③ 詹姆斯·布坎南. 民主过程中的财政 [M]. 上海：生活·读书·新知三联书店，1992.

产品的定义，如曼昆将产品划分为私人产品、公共产品、自然垄断产品和共同资源，埃莉诺·奥斯特罗姆将产品划分为私人产品、公共产品、收费产品以及公共池塘资源。虽然在学界提出过不同的划分标准和结果，但最常见的仍为三分法，即产品分为私人产品、公共产品及准公共产品①。

综上所述，本书认为：公共产品就是具有消费非竞争性和受益非排他性的，不能完全依靠市场机制实现资源有效配置的产品。

2.1.2　公共服务

公共服务的概念是由莱昂·狄骥最早明确提出的："对一项公共服务可以给出如下定义：任何因其与社会团结的实现和促进不可分割的、必须由政府来加以规范和控制的活动，就是一项公共服务。它具有只有通过政府干预才能得到保障的特征。"②

随着公共行政学的建立和发展，政治学开始吸收经济学和管理学的思想，公共服务的概念和公共产品的概念开始重叠。萨瓦斯提出，产品和服务"这两个术语将被用作同义词"③。因此，公共服务概念可以界定为：公共服务就是提供公共产品的活动④。

根据公共产品的不同分类，可以将公共服务分为纯公共服务和混合公共服务。纯公共服务又称为基本公共服务，是指提供完全非排他性和非竞争性的公共产品的活动，通常是由政府提供的，所有的公民都可以享受平等的、相同的公共服务，并且不会受到性别、年龄、民族等的约束，如国防、基础教育等。混合公共服务又叫准公共服务，是指提供具备一定的非竞争性或一定的非排他性公共产品的活动，如供水系统、民航、铁路、医院等。总体来看，混合公共服务侧重经济建设方面，纯公共服务侧重社会服务方面。

2.1.3　公共就业服务

公共就业服务（PES）被认为是现代国家的一项重要制度。早在 1910 年，英国就开办了第一个国家职业介绍所。1948 年国际劳工组织《就业服务公约》把公共就业服务定义为：由提供职业中介服务、劳动力市场信息、劳动力市场

---

① 龙新民，尹利军.公共产品概念研究述评［J］.湘潭大学学报（哲学社会科学版），2007（2）：45－49.

② 莱昂·狄骥.公法的变迁［M］.北京：商务印书馆，2013.

③ 萨瓦斯.民营化与公私部门的伙伴关系［M］.周志忍，译.北京：中国人民大学出版社，2002.

④ 张序.中国民政地区公共服务能力建设［M］.北京：民族出版社，2011.

调整计划和失业补贴的公共机构组成的网络①。并指出，政府主导的公共就业服务是就业市场最佳组织的核心，不仅可以直接提供就业安置和劳动力市场信息，而且是充分就业和开发生产力资源的伙伴、促进者和催化剂。Melvin M. Brodsky（2000）则指出，公共就业服务是那些没有接受教育和缺乏相应技术的长期失业者解决就业问题的唯一途径。

2000 年我国劳动和社会保障部出台的《劳动力市场管理规定》中将公共就业服务定义为：由各级劳动保障部门提供的公益性就业服务，包括职业介绍、职业指导、就业训练、社区就业岗位开发服务和其他服务内容②。

陈建刚认为公共就业服务是公共服务的一种，具有公共产品的属性。他将公共就业服务定义为：公共就业服务是以政府为主导，社会各方参与，通过就业服务机构，帮助劳动者获得就业岗位和提升就业能力，帮助用人单位寻找合格劳动力的一系列服务性工作的总称③。

姚前辉（2013）则认为公共就业服务是劳动保障部门提供的公益性就业服务。政府设立公共就业服务机构，向用人单位和求职者提供免费服务，帮助各类就业困难群体实现就业。

国家质量监督检验检疫总局、国家标准化管理委员会发布 2017 年第 4 号和第 5 号《中国国家标准公告》，批准《公共就业服务　总则》《公共就业服务术语》《公共就业服务中心设施设备要求》《就业登记管理服务规范》《失业登记管理服务规范》《就业援助服务规范》《职业介绍服务规范》《职业指导服务规范》等 8 项公共就业服务国家标准，标志着我国公共就业服务进入了标准化阶段。《公共就业服务　术语》（GB/T 33528—2017）中明确规定：公共就业服务是指通过提供公益性服务措施，以满足劳动者就业或用人单位招录人员的需求④。

基于定义的规范程度、引用率和权威性，本书后续研究均沿用 GB/T 33528—2017《公共就业服务　术语》的定义。

---

①　范随，艾伦·汉森. 变化中的劳动力市场：公共就业服务 ［M］. 劳动保障部国际合作司，译. 北京：中国劳动社会保障出版社，2003.

②　劳动和社会保障部. 劳动力市场管理规定 ［Z］. 2000 - 12 - 08.

③　陈建刚. 完善我国就业公共服务体系的几点建议 ［J］. 中国行政管理，2005（5）：108 - 112.

④　国家质量监督检验检疫总局，国家标准化管理委员会. 公共就业服务　术语（GB/T 33528—2017）［Z］. 2017 - 03 - 12.

2.1.4　公共就业培训

董克用最早在国内提出公共就业培训的概念①，认为公共就业培训是指政府进行的以就业为导向的职业教育活动。

何筠把公共就业培训定义为：政府出资（全额或部分出资）并加以管理，主要针对缺乏就业技能的社会成员进行的技能训练。公共就业培训属于政府公共就业服务体系的重要组成部分②。

阳盛益则将公共就业培训定义为：政府为了帮助劳动者实现就业、提高劳动者职业技能与素质，更好地满足劳动力市场需要，由政府完全或部分出资，向劳动者提供的非学历的劳动技术与职业技能训练③。

根据前文所述的公共就业服务的 8 项国家标准，山东省于 2022 年制定了地方标准《公共就业培训服务规范》（DB37/T 4498—2022），其中给出了公共就业培训的定义：以提高劳动者职业素养、职业技能水平和促进就业为目标的政府补贴性教育训练活动④。

基于定义的影响和引用率，本书沿用何筠对公共就业培训的定义进行研究。

2.1.5　政府购买公共服务

《中华人民共和国政府采购法》中明确规定：本法所称政府采购，是指各级国家机关、事业单位和团体组织，使用财政性资金采购依法制定的集中采购目录以内的或者采购限额标准以上的货物、工程和服务的行为。

李慷将政府购买公共服务定义为：政府部门为了转移和分散部分公共服务职能，向社会组织直接购买公共服务，以实现政府财政效益的最大化。政府购买公共服务是最有效满足社会公民对公共服务需求的一种行为⑤。

乐园将政府购买公共服务解释为：政府（公共部门）与私人组织签订委托代理协议，私人组织承包具体公共服务项目的行为⑥。

陈振明认为，政府购买公共服务是一种委托代理关系，政府作为委托人，

---

①　董克用，刘昕. 迎接 21 世纪的就业挑战 [J]. 宏观经济研究，1998（8）：35－44.

②　何筠. 公共就业培训管理 [M]. 北京：科学出版社，2010.

③　阳盛益. 公共就业培训服务的准市场提供机制研究 [D]. 杭州：浙江大学，2014.

④　山东省市场监督管理局. 公共就业培训服务规范（DB37/T 4498—2022）[Z]. 2022－04－08.

⑤　李慷. 关于上海市探索政府购买服务的调查与思考 [J]. 中国民政，2001（6）：23－25.

⑥　乐园. 公共服务购买：政府与民间组织的契约合作模式：以上海打浦桥社区文化服务中心为例 [J]. 中国非营利评论，2008，2（1）：143－160.

通过各种手段来选择代理人，并最终将公共服务委托他人提供①。

苏明、贾西津等提出，政府购买公共服务是通过契约化的形式，将公共服务外包给非营利组织，是增强公共服务供给效力的重要举措②。

王浦劬等认为，政府购买公共服务是政府将垄断的公共服务事项，以财政拨款和公开招标的方式选择有资质的社会组织，并根据择定者或中标者提供的公共服务的数量和质量来支付服务费用③。

2020 年公布的《政府购买服务管理办法》明确指出：政府购买服务，是指各级国家机关将属于自身职责范围且适合通过市场化方式提供的服务事项，按照政府采购方式和程序，交由符合条件的服务供应商承担，并根据服务数量和质量等因素向其支付费用的行为④。

通过定义回顾，可以看到，尽管缺乏统一定义，但政府购买公共服务的购买主体是政府，承接主体是包括社会组织在内的符合条件的服务供应商，购买的主要形式是外包合同。同时，基于《国务院办公厅关于政府向社会力量购买服务的指导意见》（国办发〔2013〕96 号）中"政府向社会力量购买服务的内容为适合采取市场化方式提供、社会力量能够承担的公共服务，突出公共性和公益性"，故后续研究中不严格区别"政府购买公共服务"和"政府购买服务"。

2.1.6　业务流程重组

业务流程重组最早由钱皮和哈默提出，是指对企业经营业务流程进行根本性的再思考和彻底的重新设计，从而获得可以用成本、质量、服务和速度等方面的业绩来衡量的戏剧性的成就⑤。

随着新公共管理运动的开展，业务流程再造的思想被西方国家引入政府，引发了公共管理革命的热潮，学界也相应开展了众多研究。

拉塞尔·M. 林登认为，公共组织再造应当以明确最终结果为中心，将多个工作过程同时协作进行，诊断流程，量化流程，而不是一味地按顺序进行从

---

① 陈振明．公共管理学［M］．北京：中国人民大学出版社，1999.
② 苏明，贾西津，孙洁．中国政府购买公共服务研究［J］．财政研究，2010（1）：8 - 17.
③ 王浦劬，莱斯特·M. 萨拉蒙．政府向社会组织购买公共服务研究：中国与全球经验［M］. 北京：北京大学出版社，2010.
④ 财政部．政府购买服务管理办法［Z］．2020 - 01 - 03.
⑤ 迈克尔·哈默．企业再造：企业革命的宣言书［M］．上海：上海译文出版社，2007.

而僵化过程，组织应当是灵活、有弹性的组织①。

孙荣等则提出，以公共价值增值为导向，识别购买服务价值链，进行内部价值链分析，从而优化政府购买公共服务流程②。

唐倩茹则认为，政府购买公共服务流程是指从由法律授权的政府选择合适的社会组织，支付一定费用，到公共服务项目完成并评价的各活动环节组合③。

通过定义回顾，本书认为：政府购买公共服务流程再造，是以公共需求为导向，在政府选择承接主体以及外包公共服务活动中摒弃按"专业职能分工"割裂业务流程的做法，按流程运行顺序进行再造，使最终提供的公共服务得到公众认可。

2.2　基础理论

本书主要运用公共选择理论、新公共管理理论与新公共服务理论开展研究。公共选择理论又称为新政治经济学，主要是提倡在公共服务供给中应提高市场和民间社会组织的功能，降低政府在提供公共产品与公共服务中的作用，对政府、市场和社会组织三者的重要性进行重新定位④。新公共管理理论认为政府需要在公共服务的供给中加入市场机制，让社会组织加入公共服务中，一起为混合公共产品提供服务，以提高政府的公共服务绩效。新公共服务理论认为在公共产品与公共服务的供给中，需要有公民的参与，也就是需要发挥民主的力量，强调保障公民自由权，在公共服务中展现社区和民间组织的力量，尤其需要发挥直接民主机制的力量⑤。

2.2.1　公共选择理论

1951 年肯尼斯·阿罗发表了《社会选择与个人价值》一文，标志着公共选择理论的正式诞生。1986 年诺贝尔经济学奖获得者詹姆斯·布坎南借助经济学的研究方法来研究政治学问题，据此完整构建了公共选择理论的理论框架。他和沃伦·纳特在 1957 年的弗吉尼亚大学创办了"托马斯·杰弗逊中

---

① 拉塞尔·M. 林登. 无缝隙政府：公共部门再造指南 [M]. 汪大海，译. 北京：中国人民大学出版社，2013.

② 孙荣，季恒. 政府购买公共服务流程的价值链分析 [J]. 行政论坛，2017，24（1）：52 - 57.

③ 唐倩茹. 我国政府购买公共服务流程优化研究 [D]. 长沙：湖南大学，2018.

④ 蔡立辉，王乐夫. 公共管理学 [M]. 2 版. 北京：中国人民大学出版社，2018.

⑤ 陈振明. 公共管理学 [M]. 北京：中国人民大学出版社，1999.

心"，让公共选择理论正式进入人们的视野。

公共选择理论的宗旨是要把市场机制中人们的行为与政治制度中的政府行为放在一起分析，即经纪人模式，改变以往传统经济学把政治制度与经济学两者孤立看待的局限性。广义的公共选择理论是经济学领域中的一个重要派别。丹尼斯·缪勒将公共选择理论定义为非市场决策的经济学研究，将经济学的知识融入政治学科[①]。狭义的公共选择理论是属于行政管理学科下的派别，它将公共选择的方法运用于公共行政管理层面，重视的是政府负责的活动及各个领域公共行政的管理。

公共选择理论是从理性人假设的角度看待问题，布坎南等研究公共选择的学者针对公共部门的管理提出的主要见解如下。

第一，由于政府部门负责政策从制定到监督的全过程，而每个政府机构或公共机构都是由部门领导决定的，这些部门领导的行为具有非常大的自由度，且部门领导对于公共利益的理解不同，在这种情况下部门领导很容易被经济人动机所影响，所以，他们对共同利益的认识常常难以满足公共利益的要求。另外，尽管部门领导自身愿意充分发挥主观能动性，把事情尽善尽美做好，但他们在实际行动中也只能根据当时获取的信息和个人利益最大化的原则来进行决策，并不一定能最终实现公共利益最大化。

公共选择理论提出，之所以会发生这种政府行为，其外在原因是缺乏限制政府行为方式的约束机制。如果约束机制不能让约束者处于一种良性刺激中，以适度的压力和有效的监督手段保障任何人在拥有特殊权利和威望时都不会过多地为自己谋取利益，那么再正直的执行人也无法保障他不会在无意中损害公共利益。公共选择理论强调不应该把公共服务的管理权赋予某个机构或者阶层，然后等待着他们全心全意地为人民服务。最好的方法应该是使这些机构或者阶层被约束机制所约束，并且尽量使公民掌握该约束机制的最终决策权。

第二，公共选择是将个人偏好合并为集体决策的过程，即通过"一人一票"投票的集体决策。在一致原则下，所有决定必须达成一致。但实际上，每个人都有自己的见解，所有决定都一致的情况很难实现，因此大多数公共决策都使用少数服从多数的原则。但少数服从多数的原则也可能存在"多数人暴政"的问题[②]。

公共选择理论主张建立完善的宪政制度，保护个人自由和市场，主张更多地由社会组织承接公共服务，引进市场机制，提高供给公共服务的能力。

---

① 丹尼斯·缪勒. 公共选择理论 [M]. 北京：中国社会科学出版社，2002.
② 托克维尔. 旧制度与大革命 [M]. 北京：中华工商联合出版社，2013.

2.2.2　新公共管理理论

自 20 世纪 70 年代以来，威尔逊和古德诺提出的政治与行政二分思想基础理论和马克斯·韦伯的官僚主义理论都不能很好地解决政府面临的金融危机、社会福利政策难以持续等问题，导致政府组织机构日益笨重且效率低下，公众逐渐失去对政府的信心。与此同时，随着信息技术的快速发展，政府失灵理论、新自由主义经济学、企业管理理论等理论引入政府管理中，使得从 1980 年起，许多西方发达国家走上了政府改革的道路——新公共管理运动。波立特在《管理主义和公共服务：盎格鲁和美国的经验》一书中认为，新公共管理理论实质上就是将在泰勒科学管理基础上发展而来的企业管理理论和方法应用到公共部门管理中去[①]。

1992 年，戴维·奥斯本和特德·盖布勒提出构建企业化政府的十大原则，强调政府以满足公众需要为出发点，以市场为导向，注重对社会发展方向的引领，而不是事必躬亲地去实施公共服务，同时按最终效果进行财政拨款[②]。

哈伯德则将"管理主义"模式归纳为以高质量的客户服务为标准、加强战略管理、改变传统的组织文化、促进人事权转移、带动政策制定与实施相分离、加强财务控制、加强过程评估等十大趋势[③]。

但国外的学者们对新公共管理理论也存在诸多争论。如有学者认为，当前只存在不同类型的新公共管理模式，尚未构成完整的、成体系的新公共管理理论。

总而言之，新公共管理强调以公众需求为出发点，引入竞争机制，明确业绩标准，加强过程管理和绩效评估，改变政府、社会组织、公众关系等。这些已成为新公共管理模式的主要特征[④]。

2.2.3　新公共服务理论

新公共管理理论认为，政府应从内部打破公共服务生产的束缚，将公共服务市场化，提高公共服务效率，提高服务质量。针对新公共管理理论公共性的缺失，以及在经济学和管理学基础上的缺陷，出现了新公共服务理论。美国行

①　霍建国. 现代国家治理中的管理主义反思 [J]. 领导科学，2019（24）：12-15.
②　戴维·奥斯本，特德·盖布勒. 改革政府：企业精神如何改革着公营部门 [M]. 周敦仁，等，译. 上海：上海译文出版社，1996.
③　周志忍. 当代国外行政改革比较研究 [M]. 北京：国家行政学院出版社，1999.
④　陈振明. 走向一种"新公共管理"的实践模式：当代西方政府改革趋势透视 [J]. 厦门大学学报（哲学社会科学版），2000（2）：76-84.

政学者罗伯特・丹哈特和珍妮特・丹哈特最先正式、系统地提出了新公共服务理论，主张在公共领域推广参与性国家模式的管理改革，强调政府应在公共服务市场化过程中加强公民权利和公共利益，注重政府责任。

新公共服务理论的基本原则是：①服务而不是掌舵；②公共利益是目的，而不是副产品；③战略地思考，民主地行动；④服务于公民，而不是顾客；⑤责任不是一个简单的概念；⑥尊重人的价值，而不仅重视生产力的价值；⑦尊重公民与公共服务的价值，注重企业家精神的价值①。

2.2.4　人力资本理论

人力资本尚缺乏一个统一的定义。通常认为人力资本是一种非物质的资本，它是体现在劳动者身上的、能带来永久收入的能力，在一定时期内主要表现为劳动者所拥有的知识、技能、劳动熟练程度和健康状况②。经济合作与发展组织（OECD）则将人力资本定义为"个人所拥有的与经济活动密切相关的知识、技术、能力及各种特质"。

人力资本理论的代表西奥多・W. 舒尔茨在其代表作《论人力资本投资》中，将经济增长问题与人力资本联系在一起，通过大量实证研究发现：人力资本是投资形成的，并且是效益最佳的投资，同时是经济增长的主要源泉，也会带给企业最大的回报③。

加里・贝克尔则采用新古典分析方法研究人力资本投资，证明了在人的生命周期的某个阶段，人力资本投资的均衡条件为："人力资本投资的边际成本的当前价值等于未来收益的当前价值"④。贝克尔的研究也发现，与物质资本投资一样，人力资本的投资也能带动个人未来收入的增长⑤。

雅各布・明塞尔则构建了人力资本投资与个人收入之间的相关关系的人力资本收益率模型，模型结果表明：受教育水平和工作经验所形成的人力资源差别是导致个人收入差别的主要因素。受教育包括正规教育和在职培训，是最终导致个体收入差异的主要原因。因此雅各布・明塞尔把受教育年限作为衡量人力资本投资的最重要标准⑥。

①　罗伯特・B. 丹哈特，珍妮特・V. 丹哈特. 新公共服务：服务，而不是掌舵［M］. 北京：人民大学出版社，2010.

②　曾湘泉. 劳动经济学［M］. 2 版. 上海：复旦大学出版社出版，2010.

③　西奥多・W. 舒尔茨. 论人力资本投资［M］. 北京：北京经济学院出版社，1990.

④　加里・贝克尔. 人力资本［M］. 北京：机械工业出版社，2016.

⑤　刘家强. 人口经济学新论［M］. 成都：西南财经大学出版社，2004.

⑥　雅各布・明塞尔. 人力资本研究［M］. 北京：中国经济出版社，2001.

综上所述，人力资本理论认为，人力资本是一切资源中最主要的资源，人力资本在经济增长中的作用大于物质资本的作用，而教育投资是带动人力资本发展的主要因素①。

人力资本投资包括六个内容：①各级正规教育，如小学、中学、大学、职业院校等都是人力资本投资，这是由政府、社会来进行投资的；②在职培训活动，往往由企业来进行投资；③健康水平的提高，这也是一种人力资本投资；④对孩子的培养；⑤寻找工作的活动；⑥劳动力迁移。

2.2.5　全面质量管理理论

作为最早提出全面质量管理概念的质量管理学家，菲根堡姆把全面质量管理定义为：在最经济的水平上，在考虑充分满足用户要求的条件下，进行市场研究、设计、生产和服务，把企业内各部门研制质量、维持质量和提高质量的活动构成一体的一个有效体系②。

国际标准化组织（ISO）则把全面质量管理定义为：一个组织以质量为中心，以全员参与为基础，目的在于通过让顾客满意、让本组织所有成员及社会受益而达到长期成功的管理途径③。

全面质量管理理论可概论为"三全一多样"。首先是全面的质量管理，是指质量管理的对象不限于狭义的产品质量，而应该扩大到过程质量、服务质量和工作质量④。其次是全过程的质量管理，从朱兰的质量螺旋曲线到桑德霍姆的质量环模型，都揭示出形成质量的每一个环节都决定着最终的产生质量。再次是全员的质量管理，工作质量是质量管理的基础和重点，每一个人的工作质量都不同程度地影响着最终质量，因此应抓好全员的质量教育和培训，要制定各部门、各级各类人员的质量责任制以及开展多种形式的群众性质量管理活动。最后是管理和技术方法的多样化。影响产品质量的因素中既有物质因素又有人的因素，既有生产技术因素又有管理因素，既有企业内部的因素又有企业外部的因素。因此必须根据不同情况，灵活运用各种现代化管理方法和措施加以综合治理⑤。

---

① 郭琴 . SBM 公司人力资源发展的对策研究［D］. 上海：上海海事大学，2006.
② 尤建新，朱德米，陈强 . 公共管理研究［M］. 上海：同济大学出版社，2008.
③ 张公绪，孙静 . 新编质量管理学［M］. 2 版 . 北京：高等教育出版社，2010.
④ 伍爱 . 质量管理学概论［M］. 2 版 . 广州：暨南大学出版社，2016.
⑤ 王新玲，柯明，耿锡润 . ERP 沙盘模拟学习指导书［M］. 北京：电子工业出版社，2006.

2.3　国内外研究现状

20 世纪 60 年代，舒尔茨、加里·贝克尔、萨缪尔森和曼昆等从人力资本、结构性失业等角度的研究均表明：只有通过大规模的劳工技术培训才能抑制失业率的提升，政府大规模的公共就业培训有其必要性。随着新公共管理理论的发展，公共就业培训更受到各国政府及学者的重视，当前国内外的研究主要集中在以下方面。

2.3.1　公共就业培训的重要性研究

加里·贝克尔从培训的经济学属性分析提供公共就业培训的必要性[①]；普萨卡洛对 23 个国家的研究表明，在欠发达国家，通过教育和培训增加劳动力的人力资本对于经济的发展起着重要作用[②]。Weifel 和 Zaborowski（1996）对公共就业培训和私营就业培训的效果进行了比较，指出单纯的公共就业培训并不能兼顾培训功能的发挥与服务公众利益的要求，应该是公营与私营共存。Florian Kraus（2000）对公共就业培训的有效性进行了分析，指出公共就业培训对就业市场上的弱势群体针对性不强，因为失业者一旦纳入了公共就业体系，其就业的积极性和欲望就会降低。萧今、黎万红提出职业培训与就业情况存在正相关关系[③]。丁煜指出培训对于再就业是最重要的途径[④]。郑光永认为人力资本具有外部性特点会导致企业和农民工在培训方面投资不足，需加大公共就业培训[⑤]。胡永远等研究表明，总体上公共培训和私人培训均能带动就业，公共培训能显著提高个体就业概率，私人培训能显著提高个体工资，实现培训终极目标[⑥]。

①　加里·贝克尔．经济理论［M］．贾拥民，译．北京：华夏出版社，2011．

②　张学敏．教育经济学［M］．北京：高等教育出版社，2009．

③　萧今，黎万红．发展经济中的教育与职业：效益、关联性、公平性和多元取向［M］．天津：天津人民出版社，2002．

④　丁煜．下岗失业人员的再就业培训：效用与局限性：从人力资本理论的分析视角［J］．市场与人口分析，2005（6）：17-21．

⑤　郑光永．基于人力资本理论的企业新生代农民工培训分析［J］．继续教育，2011，25（2）：21-22．

⑥　胡永远，周洋，祁彩静．公共培训和私人培训效应的比较分析［J］．中国人口科学，2018，（1）：95-106．

2.3.2 公共就业培训的实施策略研究

Weifel（1996）指出单纯的公共就业培训并不能兼顾培训功能的发挥与服务公众利益的要求，应该是公私共存。Oliver Bruttel（2004）认为外包服务是政府公共就业培训机制改革的趋势，并特别针对管理方法进行了系统研究。杨雪梅探讨了云南"政府＋学校＋农民"的公共培训机制[1]。姚永松提出，应考虑相关利益者的行为特征，实行社会伙伴合作机制[2]。袁庆林分析了政府、社会、市场主导的三种培训模式的优劣势及适用范围[3]。温俊萍构建了政府购买公共就业服务的保障机制[4]。阳盛益等提出了准市场机制的运行及保障机制[5]。吴海燕运用网络治理理论对县域公共培训体系进行设计[6]。刘秀艳等提出了构建政府有关部门、企事业单位、农民工个人及社会四位一体的就业培训体系[7]。王学红从完善组织协调机制、加强资金投入机制、完善教育培训机制、提升就业服务机制等方面论述公共就业培训体系的建设[8]。魏丽艳等用费用共担和多元供给对凭单制的准市场模式进行改进[9]。张蓉（2015）用多中心治理理论对政府、社会、市场的角色进行定位。邓金霞提出，应重视市场发展，促进社会力量通过合作方式参与公共就业培训服务[10]。刘家明和蒋亚琴提出，政府购买服务能实现培训服务"提供"与"生产"的分离，能更好应对结构性就业矛盾，推动高质量就业[11]。

① 杨雪梅. 民族地区农村剩余劳动力转移问题研究 [D]. 昆明：昆明理工大学，2006.

② 姚永松. 我国公共就业培训机制的创新思路与制度设计 [J]. 中国成人教育，2008（22）：32 - 33.

③ 袁庆林. 针对高校教师培训问题的调查研究 [J]. 中国校外教育，2010（12）：15 - 16.

④ 温俊萍. 政府购买公共就业服务机制研究 [J]. 中国行政管理，2010（10）：48 - 50.

⑤ 阳盛益，蔡旭昶，郁建兴. 政府购买就业培训服务的准市场机制及其应用 [J]. 浙江大学学报（人文社会科学版），2010，40（5）：73 - 81.

⑥ 吴海燕. 基于网络治理理论下我国县域公共就业培训体系的优化研究 [D]. 武汉：华中师范大学，2011.

⑦ 刘秀艳，高国忠. 关于构建农民工教育培训体系的思考 [J]. 中国成人教育，2011（16）：24 - 27.

⑧ 王学红. 新生代农民工教育培训机制的构建 [J]. 成人教育，2012，32（6）：72 - 73.

⑨ 魏丽艳，丁煜. 基于凭单制的公共就业培训准市场模式研究 [J]. 厦门大学学报（哲学社会科学版），2015（3）：135 - 142.

⑩ 邓金霞. 政府购买公共服务：演化路径及其条件：以上海职业培训服务社会化历程为例 [J]. 上海行政学院学报，2019，20（2）：22 - 32.

⑪ 刘家明，蒋亚琴. 如何提高公共就业培训服务绩效：多边平台战略的启示 [J]. 中国人力资源开发，2020，37（7）：107 - 118.

2.3.3 公共就业培训的绩效评价

公共就业培训的绩效评价，又可以分为培训效果的评价指标体系构建和具体培训项目的实施效果分析两个研究内容。

培训效果的评价指标体系主要包括层级评估模型、流程评估模型和综合评估模型。其中以柯克帕狄克（Kirkpatrick）四层级模型应用最广，经典的评估体系还包括汉姆布林（Hamblin）模型、飞利浦（Philips）的五级投资回报率评估模型、斯塔弗尔比姆（Stuffiebeam）的 CIPP 四级评估模型和奥尔（Warr）的 CIRO 模型。在以上模型的基础上，有学者提出了培训效果评估的综合模型，具有代表性的有 IMTEE 培训评估与培训效果综合模型、Yorks 学习核心价值链综合评价体系[①]。

具体培训项目的实施效果的主要观点如表 2 - 1 所示。

表 2 - 1 公共就业培训的绩效评价结果

培训影响	学者	观点
正向	国家统计局课题组（2007）	技能培训对农民工收入的提高具有显著效果
	Renate Neubaunier（2010）	公共就业培训项目和最低工资补贴都能提高就业率
	Whitfield（1991）	英国青年培训工程使参与者获取比未参与者更多的工作机会
	赵宏斌（2011）	对参训者获取就业机会有积极作用
	吴江（2013）	受训者对培训效果满意
负面作用	Laresson（2003）	培训实施一年后，对参与者获取就业机会有显著的负面作用
	朱玉蓉（2013）	农村公共就业培训产品质量可能持续下滑，转移就业培训未提高收入，反而放缓农民收入增长的速度
	Bart Cockx（2000）	比利时职业培训工程参与者的就业转化率下降
	王丽娟（2017）	农民工培训意愿增强，降低就业意愿
不显著	谭英（2007）	对 17 个省份的抽样调查显示农村远程技能培训效果总体不显著
	Thomas Andrens（2006）	培训对瑞典本国人及外国人就业率都无效果
	徐金海（2009）	受训者认为培训对其提升经营能力和提高收入水平的作用较小
	王英明（2009）	农民工职业培训与就业资格鉴定脱节使效果不明显

---

① 崔霞. 管理培训效果评估指标研究综述和指标体系的构建 [J]. 经济师，2010（10）：17 - 19.

（续）

培训影响	学者	观点
其他	Bemd Fitzenberger（2009）	项目初期对就业显现消极效果，一年后就业率提升10％
	张景林（2005）	参加培训的农民纯收入的年递增率比未参训者高出14.45％，但科技培训的效果也存在地区和产业差异
	王德文，蔡昉（2008）	低于15天的简单培训对收入没有显著影响，15天以上的短期培训或正规培训对收入影响效果显著
	丁煜（2011）	初级职业技能培训对其收入的影响效果不显著，而中高级培训则有高于教育回报率的培训收益率
	何筠（2015）	向企业购买培训的效果要优于向培训机构购买培训的效果

2.3.4　民族地区就业培训研究现状

西部民族地区人力资本投资效率高于物质资本的投入（杨林，武友德，2009）。但民族地区培训现状是覆盖面窄（田孟清，2005），培训成本高（江曼琦，2009），农民参与意愿不强（和颖，2010；何文聪，2012；胡凯，2013），参与培训的出资意愿较低（刘人瑜，2013），培训机制透明度不够、培训资源整合程度低、资金困难（张宗敏等，2005；祁晓玲等，2006；黄志雄，2010；罗建华，2012），培训中的对象选择、培训内容、培训方式亟待更新（魏江，2009），培训的过程管理、转移的有效性和有序性都存在缺陷（罗建华，2012），存在缺乏有效的信息服务平台、缺乏完善的职业培训体系等突出问题（刘天平，2008；久毛措，2014；马春艳，2015）。而农民对培训的内容、方式、教师等方面的要求则呈现多元化趋势（马文菊等，2009；魏江，2009；久毛措，2014）。因此，应加强文化教育和职业技能培训，就地就近解决就业问题（刘纯彬，2011）。主要研究结论如表2-2所示。

表2-2　民族地区公共就业培训的主要研究结论

学者	观点
杨林，武友德（2009）	西部民族地区人力资本投资效率高于物质资本的投入，加大培训力度是解决就业问题的重要途径
魏江（2009）	民族地区农民创业培训中的对象选择、培训内容、培训方式亟待更新
江曼琦（2009）	少数民族个体的培训成本及其他非经济成本较高，使得少数民族人口就业竞争力下降

（续）

学者	观点
刘纯彬（2011）	民族地区在重视劳动力转移输出的同时，应加强文化教育和职业技能培训，就地就近解决就业问题
马文菊，金东海（2009）	对甘肃省临夏州的调查结果显示，农民对培训的内容、方式、教师等方面的要求呈现多元化趋势
张宗敏，杨雪梅（2005）	培训资源整合程度低，培训资金困难
祁晓玲、丁明鲜（2006）	民族地区人才培训机制透明度不够，培训效果较差
刘天平（2008）	从事非农产业的农牧民应主要选择由政府买单的订单输出模式
和颖（2010）	民族地区农民参与培训积极性不高、培训内容与需求不一致、效果不显著
何文聪（2012）	广西西部农民就业培训呈现出区域分布不平衡、农民参与渠道较少、农民参与意愿不强等特征
胡凯（2013）	农民工的培训受到思想认识、培训机构、经济条件的制约
刘人瑜（2013）	民族地区参与培训的出资意愿总体水平较低，需建立合理的费用分担机制
付海兰（2011）	铜仁市返乡农民工创业培训中，主动学习和正确运用科技知识是创业成功的保障
罗建华（2012）	劳动力培训的管理、投入、培训方法、转移的有效性和有序性都存在缺陷
久毛措（2014）	以整合优化资源、分类分层展开农牧民教育培训等来构建高素质农牧民教育培训体系
马春艳（2015）	分析西藏地区农牧民非农就业的职业教育培训现状及问题
何妍（2019）	公共就业培训服务还存在培训体系、机构不完善，形式、内容单一等问题

2.3.5　政府购买公共就业的方式

如前所述，政府购买服务能实现培训服务"提供"与"生产"的分离，能更好应对结构性就业矛盾、推动高质量就业[①]。针对具体购买形式，学者们也进行了深入的探讨。

毛寿龙等利用公共服务的承包制改革，引入市场化，即以竞争的方式进行招标，将公共服务的供给对外开放，让更多的社会力量能够加入公共服务供给

---

① 刘家明，蒋亚琴. 如何提高公共就业培训服务绩效：多边平台战略的启示 [J]. 中国人力资源开发，2020，37（7）：107－118.

活动中①。党秀云运用公私伙伴关系的相关理论解释政府和第三方组织的关系，认为两者间的主要形式有三种，分别是合同承包、政府补贴和凭单制②。王名等列举了北京、上海、江西的六个案例，总结分析出了政府购买公共服务的依赖关系下的非竞争性购买模式、独立关系下的非竞争性购买模式以及竞争性购买模式三种模式③。马海涛、王东伟主张把当地实际情况与公共服务特点相结合，探索多样化的公共服务购买方式，灵活运用流程外包、公私合作、政府津贴、凭单支付等方式④。易志坚等认为，政府购买公共服务应该参照《中华人民共和国政府采购法》的规定，将公开招标、邀请招标、竞争性谈判、单一来源采购、询价等方式作为备选⑤。句华将政府购买方式划分为政府补助、公私合作、凭单制以及最常用的合同外包等方式⑥。姜爱华、戴宁、吕惠英提出，应充分利用事业单位作为承接主体，探索凭单制与合同制并行模式⑦。

2.4 基于 CiteSpace 的国内外研究趋势分析

公共就业培训关系到社会的经济发展，是国内外经济学与管理学研究的一个重要话题。公共就业培训指政府出资并加以管理的主要针对缺乏就业技能的社会成员进行的技能训练，属于政府公共就业服务体系的重要组成部分。就业是民生之本，近年来政府工作报告多次提及就业。公共就业培训体现了政府对社会成员的扶持，也体现了国家惠民和富民的发展理念，对于维护社会稳定、实现社会公正、提高人民福祉具有重要的意义⑧。

综合国内外学者关于公共就业培训的研究，发现较多地关注了公共就业培

① 毛寿龙，周晓丽．政府政策应具开放性：以牙防组事件为例［J］．中国改革，2007（7）：50-53.

② 党秀云．公共治理的新策略：政府与第三部门的合作伙伴关系［J］．中国行政管理，2007（10）：33-35.

③ 王名，乐园．中国民间组织参与公共服务购买的模式分析［J］．中共浙江省委党校学报，2008（4）：5-13.

④ 马海涛，王东伟．完善政府购买公共服务制度的思考［J］．中国政府采购，2014（4）：12-19.

⑤ 易志坚，汪晓林，王丛虎．政府购买公共服务的几个基本概念界定［J］．中国政府采购，2014（4）：23-25.

⑥ 句华．政府购买服务的方式与主体相关问题辨析［J］．经济社会体制比较，2017（4）：107-117.

⑦ 姜爱华，戴宁，吕惠英．政府购买公共服务方式问题研究［J］．经济研究参考，2021（14）：24-39.

⑧ 何筠．公共就业培训绩效评价研究［M］．北京：社会科学文献出版社，2018.

训的供给模式，对于政府通过购买、公私合作等模式实现培训服务多元供给达成了相对一致的看法。但目前尚无系统性地应用 CiteSpace 软件通过信息可视化的方式对国内外公共就业培训领域相关文献的对比分析研究。接下来将应用该软件对近年国内外公共就业培训领域的文献进行定量分析，在参考以往文献的基础上，从发文国家、载文期刊、主要作者三个角度阐述公共就业培训相关文献的重要贡献；在关键词分析的基础上，提取不同时期的研究热点和当前的研究前沿，为今后的相关研究提供参考。

2.4.1　数据来源与时间分布

国内数据来源于中国知网（CNKI）数据库，检索时间为 2022 年 6 月 13 日。检索时采用高级检索模式，检索项为主题，将"公共就业培训"作为检索词进行检索，共获得 129 篇文献。为了确保研究的准确性，在此基础上对检索结果进行手动筛选，先剔除新闻资料、会议报道、讲话稿等非学术文献，再通过阅读文献的关键词与摘要等内容，去除与公共就业培训不相关的文献，最终得到 100 篇有效文献。由于最早文献查询结果为 1997 年，故本节所分析的文献数据时间跨度为 1997—2022 年，共计 26 年①。

国外数据来源于 Web of Science 数据库，检索时间与中文保持一致。检索时采用 WOS 的高级检索模式，选择核心合集中的 SCI - EXPANDED 为数据库，创建检索式 TS＝（public employment training），文献类型选择 Article，进行精确检索，发现最早的文献出现于 2008 年，对检索结果进行精炼和去重后最终得到 359 篇文献。将检索结果的全部信息按照纯文本格式导出，并通过 CiteSpace 进行分析。

本节以 Excel 和陈超美博士开发的文献信息可视化软件 CiteSpace 等计量分析工具为基础，使用文献计量分析方法对收集到的公共就业培训研究领域有效文献从统计学的角度进行定量研究，通过对 CiteSpace 软件信息可视化技术的运用，探讨公共就业培训的研究现状及发展趋势。

2.4.2　文献时间分布

年度发文量是学科领域研究进展和发展的重要指标，也是研究阶段评估的重要指标。如图 2 - 1 所示，根据文献发表的时间和发表的数量，国内外公共就业培训研究领域发文量在过去总体呈上升趋势。国外公共就业培训研究领域

---

① 石东伟．国内基层治理研究二十年：基于 CiteSpace 软件知识图谱的分析［J］．行政与法，2019（9）：41 - 53.

文献最早发表于 2008 年，随后数量的上涨趋势明显大于国内，特别是 2016—2022 年这 7 年间发文量增长迅速；国内公共就业培训研究领域文章发表数量呈现小幅度波动上涨趋势，增长缓慢。从国内外公共就业培训研究领域发文量来看，国外相关文章发文数量远远超过国内的发文数量，国外在该领域发文量最多的是 2021 年的 43 篇，而国内在该领域发文量最多的是 2019 年的 12 篇。通过对国内外公共就业培训研究领域相关文章发表量的变化趋势进行对比，可知国外在公共就业培训领域的研究热度高于国内，预计在今后一段时间里国外在该领域发文数量还将处于快速上升的趋势，公共就业培训仍然是国内外的研究热点。

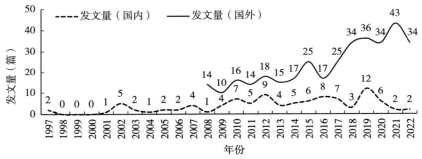

图 2-1　国内外公共就业培训研究文献时间分布

2.4.3　文献来源分析

2.4.3.1　发文国家分析

通过 CiteSpace 软件对 359 条国外文献样本数据进行可视化分析，其中在"Time Slicing"一栏中将时间设定为"2008—2022"，时间间隔为"1"年；在"Node Types"面板中选择"Country"选项，阈值设置为 T50，其他都选择为系统的默认设置，运行得到国内外公共就业培训国家分布可视化图谱，如图 2-2 所示。共计有 89 个节点和 131 条连线，每个节点代表了一个不同的国家，两个节点之间的连线代表着两个国家之间进行合作，节点的大小代表着发文数量的多少。

一个国家或地区文章发表的数量在一定程度上可以反映这个国家或地区在该研究领域的活跃程度，也可以体现这个国家或地区的学术研究水平。科学合作是科学研究的重要方面，尤其是国家之间的合作，能够推动大规模科学技术

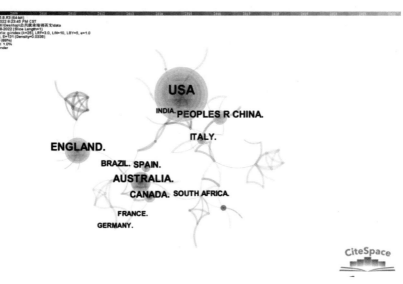

图 2-2　国内外公共就业培训国家分布可视化图谱

的创新与突破①。从图 2-2 可以看出，节点最大的是美国，美国发表文献量是 108 篇，占文献总量的 30%，几乎占据了公共就业培训研究领域发文量的三分之一，学术研究优势显著，这和美国发达经济文化国家的地位相符合。其次是英国和澳大利亚，这些国家也具有较多的发文量，具有一定的学术地位。从地区来看，以美国和加拿大为代表的北美地区在公共就业培训领域研究水平最强，相关发文量占文献总量的 46.8%；英国、荷兰、西班牙、德国、瑞士等欧洲国家的发文量占比为 24.6%，中国、韩国、日本、印度等亚洲国家总发文量占比为 13.9%。亚洲地区的研究实力逐步增强，其中中国总发文量为 25 篇，排名第四，公共就业培训领域相关研究在中国呈现出蓬勃发展的趋势。从图 2-2 还可以看出世界各国之间存在着合作，形成了合作网络。各国的合作也说明公共就业培训研究不单单是一个国家、一个地区关注的重点，世界各个国家都有一定的参与，每个国家都有自己研究的重点，各国相互之间取长补短，加快整个公共就业培训研究领域进程。

2.4.3.2　发文期刊分析

(1) 国外核心期刊分析

将国外的 359 条文献数据导入 CiteSpace 软件中，在"Node Types"面板

---

① 侯剑华. 国际科学合作领域研究的国家合作网络图谱分析 [J]. 科技管理研究，2012，32 (9)：18-21.

中选择"Cited Journal"选项，阈值设置为T50，其他都选择为系统的默认设置，点击运行，得到国外公共就业培训期刊共被引知识图谱，如图2-3所示。图中每一个圆圈分别表示一个期刊，圆圈的大小代表期刊被引的频次，圆圈之间的连线粗细表示期刊之间的共引程度，连线越粗意味着共引程度越高。

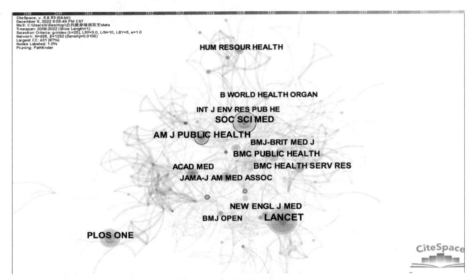

图2-3　国外公共就业培训期刊共被引知识图谱

由图2-3可知，国外有关公共就业培训研究的共被引期刊来源主要有LANCET、PLOS ONE等医学和综合类期刊以及SOC SCI MED等社会科学领域期刊。其中，被引频次较高的期刊有LANCET、PLOS ONE、SOC SCI MED、AM J PUBLIC HEALTH，分别为83次、55次、54次和52次。这些都是医学、社会科学领域期刊以及综合类期刊，也是刊载国外公共就业培训相关研究的重要核心期刊。此外，中心度较高的期刊分别是J ADV NURS、AM J EPIDEMIOL和MED TEACH，分别为0.17、0.15和0.14，这说明这三种期刊中关于公共就业培训研究领域的文章质量较高，对国外在该领域的研究具有重大贡献。

（2）国内核心期刊分析

通过对国内公共就业培训期刊载文量进行统计，可知国内100篇文献共分布在80余本期刊上。对那些载文量相对较多的期刊进行统计，如表2-3所示，可以发现国内公共就业培训的相关文献大多集中在劳动经济学与社会学期刊上，这说明国内对于公共就业培训的研究主要集中在劳动经济学、社会学这两个领域。

表 2－3　国内公共就业培训研究较高载文量期刊分类

学科领域	代表期刊
劳动经济学	山东劳动保障、中国培训、中国职业技术教育、劳动保障世界等
社会学	中国人才、浙江大学、南昌大学学报、西部论丛等

从文献期刊的分布领域来看，国外主要分布在医学和社会科学等领域，而国内则较为集中地分布在劳动经济学和社会学领域。

2.4.4　文献作者分析

2.4.4.1　国外主要作者分析

运用 CiteSpace 软件来识别国外文献被引频次和中心度较高的作者，将国外的 359 条文献数据导入 CiteSpace 中，在"Node Types"面板中选择"Cited Author"选项，阈值设置为 T50，其他都选择为系统的默认设置，点击运行，最终得到国外公共就业培训研究的作者共被引知识图谱，如图 2－4 所示。

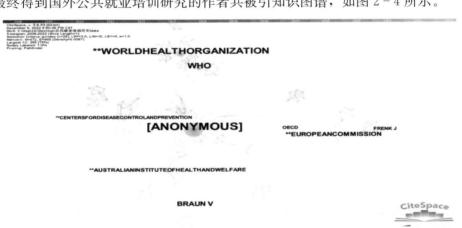

图 2－4　国外公共就业培训研究的作者共被引知识图谱

由图 2－4 可知，被引频次最高的作者为 BRAUN V，近年来内共被引 15 次；中心度最高的作者是 OECD，中心度为 0.33。

2.4.4.2　国内主要作者分析

对共计 100 篇公共就业培训研究文献的作者信息进行统计分析之后，可知共有 124 位作者，其中发文量在前 4 位的分别是阳盛益（6 篇）、黄燕芬（5 篇）、何筠（5 篇）和吴江（4 篇）。根据普莱斯定律（邱均平等，2019），在同一科研主题下，一半的科研论文成果是由高产作者完成的，而这一群体在数量上等于全部作者总数的平方根，即 $m = \sqrt{n_{\max}} \times 0.749$，其中 $n_{\max}$ 表示最高产作者的文献成果发表数量。根据统计信息，可知 $n_{max}=6$，故可得 $m\approx 2$。于是以发文量在 2 篇以上为标准，最终统计出 16 位作者，如表 2-4 所示。

表 2-4　国内公共就业培训研究的高产作者

作者	发文量（篇）	作者	发文量（篇）
阳盛益	6	鲁志国	2
黄燕芬	5	韩娟	2
何筠	5	刘国翰	2
吴江	4	王莉娜	2
蔡干伟	3	蔡旭昶	2
杜丽君	3	张建伟	2
罗瑜亭	3	王欣	2
郁建兴	2	刘洋	2

　　从表 2-4 中可以看到，阳盛益、黄燕芬、何筠在公共就业培训研究领域发文量较多。阳盛益曾发表过《基于 CIPP 模式的公共就业培训绩效评估指标分析》[①] 和《政府购买就业培训服务的准市场机制及其应用》2 篇高质量文章。他阐述了政府购买就业培训服务的特征与应用条件，并借助 CIPP 模式来归纳公共就业培训服务绩效评估指标，以协助提升政府在就业培训服务准市场机制中的管理能力。何筠等在借鉴西方发达国家经验的基础上，提出我国公共就业培训监管和绩效评价的思路是：完善相关法律，实行监管主体多元化，建立公平的培训机构准入机制，采用多重监控手段，构建以就业率等结果指标为重点的绩效评价指标体系[②]。

　　不难发现，近年来国内外具有代表性的作者对公共就业培训相关问题的研究共同推动了公共就业培训领域的发展。不同的是，国内的主要作者大多数是在借鉴西方研究的基础上针对中国国情开展的公共就业培训领域相关研究，并且国外主要作者的发文量和被引频次高于国内主要作者。

---

①　张建伟，阳盛益，刘国翰．基于 CIPP 模式的公共就业培训绩效评估指标分析 [J]．广西大学学报．哲学社会科学版，2011，33（3）：121-124.
②　何筠，黄春梅．基于新公共管理的我国就业培训援助研究 [J]．南昌大学学报（人文社会科学版），2010，41（6）：26-31.

2.4.5　研究热点分析

2.4.5.1　国外研究热点分析

　　一篇文章的关键词往往代表了这篇文章的研究主题和核心，对文章的研究内容具有提纲挈领的作用。因此，对文献信息的关键词进行分析，就可以充分挖掘和聚焦该领域的研究热点。将所得 100 条文献数据导入 CiteSpace 当中，将"Node Types"模块设置为"Keyword"，时间跨度选择为 2008—2022 年，时间切片设置为"1"，其他选项默认，运行后最终得到如图 2-5 所示的国外公共就业培训研究关键词共现知识图谱。

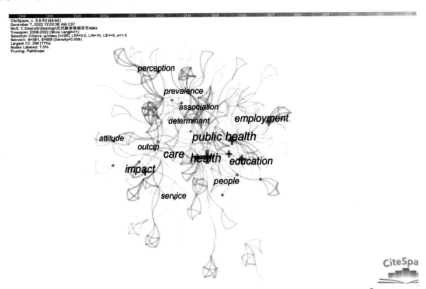

图 2-5　国外公共就业培训研究关键词共现知识图谱

　　由图 2-5 中的信息可知，2008—2022 年国外公共就业培训研究关键词共现知识图谱中，有 381 个节点和 655 条连线，密度为 0.009。图中的每个节点表示一个关键词，节点的大小表示关键词出现的频次，节点之间连线的粗细表示关键词同时出现的频次。

　　出现较多的有 public health（公共卫生）、health（健康）、care（护理）、impact（影响）、employment（就业）、education（教育）、people（人民）、prevalence（流行）、perception（看法）等关键词，以上关键词表明国外公共就业培训领域研究热点主要聚焦于教育、护理、公共卫生等领域对人们就业影响的研究。

之后，再对国外公共就业培训领域研究的高频关键词进行聚类，得到主要的 10 个聚类如图 2-6 所示，分别是 public health（公共卫生）、equity（公平）、disease（疾病）、mentor（给予培训）、supported employment（就业援助）、emotional abuse（精神虐待）、impact（影响）、out-of-hospital cardiac arrest（院外心搏骤停）、behavior（行为）以及 adolescents（青少年）等。这些聚类代表了该领域的具体研究热点。

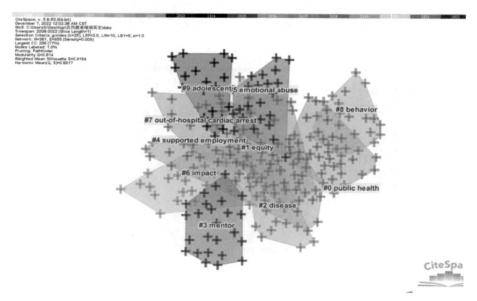

图 2-6　国外公共就业培训研究关键词聚类知识图谱

其中，public health、equity、mentor、supported employment、impact、behavior 都与公共就业培训有着紧密的联系。从国外公共就业培训研究关键词聚类知识图谱可以看出，国外现阶段的研究热点大体上聚焦于医学、社会科学和教育学几个学科。

2.4.5.2　国内研究热点分析

将所得 359 条文献数据导入 CiteSpace 当中，将"Node Types"模块设置为"Keyword"，时间跨度选择为 1997—2022 年，时间切片设置为"1"，其他选项默认，运行后最终得到如图 2-7 所示的国内公共就业培训研究关键词共现知识图谱。

由图 2-7 可以看出，国内公共就业培训研究出现的高频关键词包括"公共就业培训""公共就业服务""公共就业服务机构""再就业培训""公

图 2-7 国内公共就业培训研究关键词共现知识图谱

共就业培训服务""劳动力""就业培训""老工业基地""下岗失业人员"
"失业者""公共就业服务体系""就业培训服务""政府购买"等关键词。对
国内公共就业培训研究领域文献的关键词进行聚类分析,得到主要的 9 个聚
类如图 2-8 所示,即公共就业培训研究领域的热点主题包括公共就业培训、
公共就业服务、劳动力市场、失业人数、公共就业培训服务、管理体制、再
就业培训、标准化建设以及人力资源市场等 9 类热点主题,接下来逐一进行
分析。

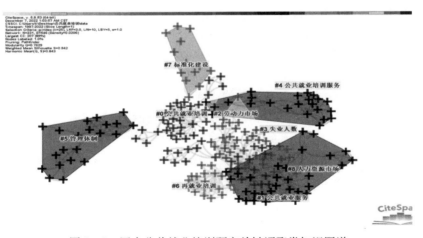

图 2-8 国内公共就业培训研究关键词聚类知识图谱

（1）以公共就业培训为中心的热点主题

该类热点包括"聚类＃0"，主要关注的相关关键词为"公共就业培训""农村劳动力就业""倾向得分匹配法""职业能力建设""高技能人才""技工院校""工作思路""职业资格证书制度"。该聚类被引最高的文献是姚永松在中国成人教育期刊上发表的《我国公共就业培训机制的创新思路与制度设计》。该文介绍了从 20 世纪 90 年代开始，我国政府就将公共就业培训逐步纳入了社会关注及政府管理的视野，加强了公共就业培训的实施，并针对公共就业培训的长效机制尚未建立等一些深层次的问题提出基本思路和制度设计以供参考①。

（2）以公共就业服务为中心的热点主题

该类热点包括"聚类＃1"，主要的相关热点有"公共就业服务""新生代农民工""均等化""需求""供给""满意度""公共服务""运行保障机制""优化路径"。该聚类被引最高的文献是贾小溪等在中国就业期刊上发表的《公共就业服务当前应注意解决什么问题：对辽宁省公共就业服务体系的调查评析》。该文提出就业是民生之本，千方百计扩大就业、提高人民群众生活水平、维护社会和谐稳定是各级政府的重要职责。辽宁省通过创建省、市、县（区）、街道直至社区的公共就业服务机构网络，提供主要包括职业介绍、职业指导、就业培训和就业岗位开发服务等内容的公共就业服务，初步建立了全省公共就业服务体系，为推动辽宁省就业工作、促进社会经济发展作出了重要贡献②。

（3）以劳动力市场为中心的热点主题

该类热点包括"聚类＃2"，相关主题包括"公共就业服务机构""职业培训""劳动力市场""求职者""职业介绍机构""就业援助""公共职业技能培训"。该聚类被引最高的文献是上海工程技术大学课题组等在科学发展期刊上发表的《新形势下上海促进就业的机制研究》。该文针对上海的就业状况提出上海应构建一个功能较齐备的市场就业系统，以制度保障、产业协调发展、政企协作、市场发挥作用和个人积极就业为导向，逐步构建多层次就业体系，进一步促进就业，实现高质量就业、充分就业和合理就业的目标③。

---

① 姚永松. 我国公共就业培训机制的创新思路与制度设计 [J]. 中国成人教育，2008（22）：32-33.

② 贾小溪，金野. 公共就业服务当前应注意解决什么问题：对辽宁省公共就业服务体系的调查评析 [J]. 中国就业，2006（3）：49-52.

③ 上海工程技术大学课题组，吴忠，罗娟. 新形势下上海促进就业的机制研究 [J]. 科学发展，2014（2）：51-61.

（4）以失业人数为中心的热点主题

该类热点包括"聚类♯3"，相关的研究热点包括"就业培训""公共就业服务体系""职业技能培训""促进就业""失业率""失业人数""失业人员"。该聚类被引最高的文献是吴江在中国就业期刊上发表的《服务 监督 调控——欧盟国家政府促进就业扮演的角色》。该文提出了从欧洲特别是欧盟国家的情况看，政府在促进就业工作中的职能归纳起来，主要体现在三个方面——服务、监督与调控。在欧盟国家，政府在促进就业工作中所投入的人力和财力最多的是服务，说得更明确一些，就是就业服务[①]。

（5）以公共就业培训服务为中心的热点主题

该类热点包括"聚类♯4"，相关的研究热点包括"公共就业培训服务""就业培训服务""政府购买""准市场机制""标准化建设""准市场""评价"。该聚类被引最高的文献是阳盛益等在浙江大学学报期刊上发表的《政府购买就业培训服务的准市场机制及其应用》。该文提出了与传统的培训服务机制相比较，公共就业培训服务的准市场机制不仅强调培训服务的购买者（委托者）与提供者（代理者）之间的有效分离，建立公共培训机构、非营利性培训机构和私人培训机构多元参与的竞争性培训市场格局，而且强调培训对象的选择权。构建就业培训服务的准市场机制，政府需要加强市场结构、信息机制、交易成本、激励机制等基本条件和制度建设[②]。

（6）以管理体制为中心的热点主题

该类热点包括"聚类♯5"，相关热点内容有"运行机制""政府购买服务""公共就业""人力资本""协同治理""管理体制"。该聚类被引最高的文献是何筠等在南昌大学学报期刊上发表的《基于新公共管理的我国就业培训援助研究》。该文提出了就业培训援助在完善公共服务体系、探索服务新模式、提升人力资本方面有一定的效果，但长效机制尚未建立。从新公共管理与服务的视角来看，必须打破城乡二元培训管理体制，实行中央财政主导、各级地方财政共同筹措的培训援助筹资模式，引入竞争机制，培植各类培训机构，建立诱导不同利益相关者参与就业培训援助的机制[③]。

---

① 吴江 . 服务 监督 调控：欧盟国家政府促进就业扮演的角色 ［J］. 中国就业，2002（7）：35 - 37.

② 阳盛益，蔡旭昶，郁建兴 . 政府购买就业培训服务的准市场机制及其应用 ［J］. 浙江大学学报（人文社会科学版），2010，40（5）：73 - 81.

③ 何筠，黄春梅 . 基于新公共管理的我国就业培训援助研究 ［J］. 南昌大学学报（人文社会科学版），2010，41（6）：26 - 31.

（7）以再就业培训为中心的热点主题

该类热点主要包括了"聚类♯6"，相关热点内容有"再就业培训""老工业基地""下岗失业人员""失业者""非全日制""劳动和社会保障部""受训者"。该聚类被引最高的文献是王静等在经济与管理研究期刊上发表的《政府在再就业培训中的职责》。该文基于政府视角，以新公共服务理论指导实践为基础，明确了当代政府公共管理模式的基本定位是公共服务型政府，在再就业培训领域强调政府的有限责任和主导定位，通过与非政府组织的合作，形成长效治理机制，充分发挥其统筹作用，满足和保障公民的培训需求。在明确定位的前提下，不断适应中国现阶段再就业培训的发展需要，提出进一步健全中国再就业培训运行机制，深化政府行政管理体制改革，同时积极完善外部环境保障，充分发挥政府的再就业培训职能[①]。

（8）以标准化建设为中心的热点主题

该类热点主要包括了"聚类♯7"，相关热点内容有"服务标准化""人力资源""就业服务""服务规范""标准化工作"。该聚类被引最高的文献是陈叙等在中国就业期刊上发表的《标准化在就业培训服务中的创新实践与应用：五年来苏州市城市综合服务标准化建设成效显著》。该文提出，党的十八大以来，中央和各级地方政府都把关注民生提到了更加显著的位置。作为建设服务型政府的重要组成部分，承担城乡劳动者就业培训服务管理的人力资源社会保障机构，应不断提升执行能力和服务能力，充分发挥标准化在规范管理、质量控制等方面的重要作用[②]。

（9）以人力资源市场为中心的热点主题

该类热点主要包括了"聚类♯8"，相关热点内容有"劳动力""灵活就业""失业保险""人力资源市场""就业促进机制"。该聚类被引最高的文献是李嘉雪在中国就业期刊上发表的《非营利组织及其就业培训的参与》。该文着重分析社会力量中的非营利组织在促进就业与培训中所起的作用，探讨其在弥补市场失灵和公共服务的不足、促进经济社会和谐发展方面的作用[③]。

通过对国内外的文献研究热点进行对比，不难发现国内外的研究存在着一定的差异。国外公共就业培训领域的研究更宽泛，研究思路、研究方法更加全面；而国内该领域研究更加聚焦，国内的研究方法也仅是对国外研究方法的沿

---

① 王静，刘洋．政府在再就业培训中的职责 [J]．经济与管理研究，2012（6）：119-122.

② 陈叙，杜丽君，蔡干伟．标准化在就业培训服务中的创新实践与应用：五年来苏州市城市综合服务标准化建设成效显著 [J]．中国培训，2017（19）：6-9.

③ 李嘉雪．非营利组织及其就业培训的参与 [J]．中国就业，2010（8）：54-55.

袭，较缺少适合本国国情的研究。

2.4.6 研究前沿分析

2.4.6.1 国外研究前沿分析

公共就业培训研究领域的热点演变主要从以下两个角度开展，首先通过时间线中各个聚类的具体内容分析聚类重点的发展，其次查看突现词随着时间推移受到学者们关注的变化趋势。通过对国外文献突现词发展变化的统计分析，可以了解国外学者在公共就业培训领域的研究前沿。通过运用 CiteSpace 软件对关键词进行统计，参数设置与之前相同，选定视图显示类型为"Timeline"，得到国外公共就业培训研究关键词时间线（图 2 - 9），可以查看每一个聚类中关键词随着时间变化的演进过程。

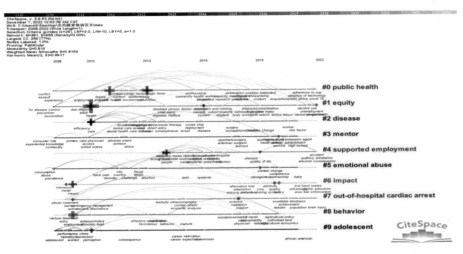

图 2 - 9 国外公共就业培训研究关键词时间线

根据图 2 - 9 中的数据可以看出，最早年份（2008 年）出现的高频关键词是"prevalence（流行）""adolescents（青少年）""association（协会）""experience（经验）"。2009 年出现的关键词是"impact（影响）""employment（就业）"。2010 年出现的关键词是"health（健康）""care（护理）"。2011年出现的关键词是"public health（公共卫生）""determinant（决定条件）""doctor（医生）"，表明国外学者们在 2011 年主要对公共卫生、医学等行业进行了公共就业培训领域的探究。在 2012—2017 年出现的高频关键词较少，表明该阶段 WOS 数据库中关于公共就业培训研究成果较少，进程较缓慢。

2018—2022 年虽然没有出现较多的高频关键词，但涌现了一些新的研究热点，有 risk factor（风险因素）、mental health（精神健康）等。这表明国外公共就业培训正在进一步向其他新兴研究领域迈进。可以看出，在 WOS 数据库中，国外学者们在公共就业培训中更侧重于研究公共卫生、医学与教育学方面。

接下来采用 CiteSpace 软件对某一研究领域的关键词进行爆发点探测（Burst Detection），结果如图 2-10 所示（石东伟，2019）。

Top 11 Keywords with the Strongest Citation Bursts

Keywords	Year	Strength	Begin	End	2008—2022
adolescent	2008	2.13	2008	2010	
attitude	2008	2.27	2014	2017	
education	2008	2.77	2016	2017	
risk	2008	2.18	2017	2018	
impact	2008	2.09	2017	2020	
management	2008	3.12	2019	2020	
outcome	2008	1.96	2019	2019	
service	2008	4.58	2020	2022	
policy	2008	2.68	2020	2022	
quality	2008	2.45	2020	2020	
public health	2008	1.94	2021	2022	

图 2-10 国外公共就业培训研究领域的 11 个强烈连贯性关键词

运用 CiteSpace 软件对政府购买公共服务的关键词进行爆发点探测，共提取出 11 个频次增长率较高的词及其起止时间，从而判断出不同时间段内公共就业培训的研究热点。11 个关键词爆发点分别是："adolescent（青少年），2008—2010 年""attitude（态度），2014—2017 年""education（教育），2016—2017 年""risk（风险），2017—2018 年""impact（影响），2017—2020 年""management（管理），2019—2020 年""outcome（结果），2019—2019 年""service（服务），2020—2022 年""policy（政策），2020—2022 年""quality（质量），2020 年""public health（公共卫生），2021—2022 年"。在这些关键词中"service""policy""quality"以及"public health"等词语是持续至今的研究热点，因此，以服务、政策、质量和公共卫生这 4 个关键词为主题的研究就构成了国外公共就业培训的研究前沿。

2.4.6.2　国内研究前沿分析

用相同操作方式对关键词进行统计，参数设置与之前相同，选定视图显示类型为"Timeline"，得到国内公共就业培训研究关键词时间线如图 2 - 11 所示。可以发现，关于公共就业培训的文献首次出现在 1997 年，这表明国内是从 1997 年才逐步开始对公共就业培训展开研究，因此 1997—2007 年取得的研究成果非常少。2005 年学者们刚刚关注我国公共就业培训的相关研究，2007 年党的十七大提出"推进基本公共服务均等化"，这一举措明显加快了公共就业培训相关研究在我国的进程，随后涌现出了"再就业培训""公共就业培训服务""劳动力""就业培训""老工业基地""下岗失业人员""均等化"等关键词，表明该阶段公共就业培训领域研究已经进入了发展阶段。随后一段时间发布的政府工作报告及中央 1 号文件多次提及就业和培训，2015 年中央 1 号文件提出鼓励和引导社会力量参与公益性服务，2017 年中央 1 号文件明确提出了农业供给侧结构性改革的路线方针，"十三五"规划明确了到 2020 年"公共文化服务体系基本建成"，可以看出政府将公共就业培训纳入了工作重点，相关公共就业培训政策的出台在很大程度上带动了公共就业培训领域的相关研究。

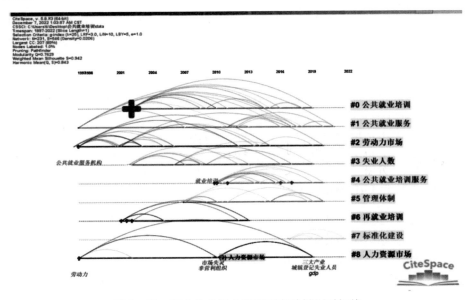

图 2 - 11　国内公共就业培训研究关键词时间线

同时，对国内公共就业培训研究领域进行关键词统计，结果如图 2 - 12 所示。

Top 10 Keywords with the Strongest Citation Bursts

Keywords	Year	Strength	Begin	End	1997－2022
劳动力	1997	4.01	1997	2004	
公共就业服务机构	1997	3.37	1997	2007	
再就业培训	1997	3.94	2001	2005	
下岗失业人员	1997	3.33	2002	2004	
失业者	1997	3.33	2002	2004	
非全日制	1997	2.76	2002	2004	
老工业基地	1997	2.62	2002	2004	
公共就业培训	1997	2.71	2006	2011	
准市场机制	1997	2.27	2010	2011	
公共就业培训服务	1997	2.3	2013	2016	

图 2-12 国内公共就业培训研究领域关键词排序

通过对国内公共就业培训领域的文献进行关键词分析，借助 CiteSpace 绘制国内工作压力研究领域的关键词突现列表，得出国内公共就业培训研究领域的发展脉络和研究路径。观察图中的 10 个关键词，从时间跨度上来看最短年限为 2 年，最长年限为 10 年。图中 Strength 为突变强度，Begin 为探测到的突变起始年份，End 为突变结束年份，加粗线段为突变持续时间。由图可知 10 个关键词为：劳动力、公共就业服务机构、再就业培训、下岗失业人员、失业者、非全日制、老工业基地、公共就业培训、准市场机制、公共就业培训服务。其中，劳动力、再就业培训的突变强度较高，说明在国内公共就业培训研究领域中与这两个主题相关的研究文献发文数量激增幅度较大。综合来看，突变持续时间较长的关键词有劳动力、公共就业服务机构、公共就业培训和再就业培训。CiteSpace 的关键词突现列表是依照突发开始时间由远及近的顺序排列，因此图中位置越靠下的研究主题前沿性越强。国内公共就业培训领域的研究热点没有发生太大变化，还是集中于对公共就业培训服务的研究。

2.4.7 基于 CiteSpace 的研究结论与未来展望

本节基于可视化分析软件 CiteSpace 对国内外有关公共就业培训研究领域的文献量、期刊、主要作者、高频关键词及研究热点演变等进行了可视化分析，以图谱的形式展现了公共就业培训研究领域的相关研究成果。

2.4.7.1 研究结论

对国内外公共就业培训的研究成果进行梳理，可以为相关研究人员提供公共就业培训领域研究发展脉络，给相关领域的未来研究提供参考。通过 CiteSpace 软件对 WOS 数据库中的 359 篇、CNKI 数据库中的 100 篇公共就业培训研究领域的国内外文献分别进行了可视化分析，然后从时间、空间两个维度进行分析，得到以下结论。

①从文献分布时间来看，国外公共就业培训研究领域文献的发表数量、涨幅和研究热度高于国内。从文献量的时间分布趋势来看，国内外公共就业培训研究领域未来发展潜力大。

②从发文国家来看，美国发文总量最多，占文献总量的 30%，学术研究优势显著；中国总发文量为 25 篇，排名第四，公共就业培训领域相关研究在中国呈现出蓬勃发展的趋势。从网络图谱来看，各个国家之间有着密切的合作。

③从载文期刊的角度出发，国外公共就业培训研究领域核心期刊主要分布在医学、教育学、社会科学与综合类期刊等领域，国内则主要聚焦于劳动经济学和社会学领域。从重要作者的角度出发，国内外学者对公共就业培训领域研究的侧重点不同，国外主要作者更加侧重宏观行业层面的研究，国内主要作者更侧重中国情境下的公共就业培训研究。

④从研究热点来看，领域内的研究主题较多，从节点的大小判断关键词出现的频次，国外公共就业培训领域研究关键词出现较多的有"public health（公共卫生）""health（健康）""care（护理）""impact（影响）""employment（就业）""education（教育）""people（人民）""prevalence（流行）""perception（看法）"等；国内公共就业培训领域研究关键词出现较多的为"公共就业培训""公共就业服务""公共就业服务机构""再就业培训""公共就业培训服务""劳动力""就业培训""老工业基地""下岗失业人员""失业者""公共就业服务体系""就业培训服务""政府购买"等。

2.4.7.2 未来展望

通过对国内外公共就业培训研究领域的可视化分析，可以看出国内外公共就业培训研究领域正处于不断升温的趋势，学术研究的成果越来越多，为今后的公共就业培训领域研究提供了参考。但是我国公共就业培训领域研究与国外相比还存在一定的差距，未来可从以下方面进行深入探索。

①丰富研究对象。目前有关公共就业培训的研究多数分散于各个部门中。在政策的推动下，如何进行各部门的资源整合，充分发挥各部门的作用，推动公共就业培训的发展，尚待深入研究。

②丰富研究方法，拓宽研究视角。对比国外现有公共就业培训的实证研究较少，目前大多数公共就业培训研究局限于现状问题等理论层面的研究。未来公共就业培训领域研究覆盖的范围应更加广泛，涉及的学科交叉融合将更加普遍，推动公共就业培训研究领域的多元化发展。加强多领域合作研究，实现多学科交叉互融，也要更多地将定性分析和定量分析相结合，拓展研究方法。

③公共就业培训研究要更加深入地与我国的实际国情相结合。在借鉴国外

研究方法和研究思路的同时，要结合我国国情和实际岗位中的情况，具体问题具体分析，特别是在进行公共就业培训绩效分析时，要深入结合我国独特的社会环境和文化环境，实现高覆盖率的公共就业培训。

2.5 国内外研究评述

综上所述，国内外学者对公共就业培训进行了大量的研究，在公共就业培训的公益性、重要性、实施策略、绩效评价等方面都取得了丰硕的研究成果，但从绩效评价的结果来看，公共就业培训的效果还存在争议。同时从研究成果数量来看，民族地区公共就业培训的研究较少，同时还存在以下不足。

一是缺少系统研究视角。现有研究主要是对公共就业培训的经费分担、培训规模、方式、时间及效果评价等问题进行的分散研究，没有把整个培训过程作为复杂系统研究，特别是缺乏对培训过程质量控制的研究。

二是对民族地区研究较少。现有研究对民族地区尤其是西藏关注较少，而不同地区受经济发展水平、社会文化差异、政府职能转变程度等因素的影响，公共就业培训效果存在较大差异。特别是在公共就业培训效果存在较大争议的背景下，针对西藏这一特定区域，还需结合西藏农牧民本身现状和需求，探讨公共就业培训是否能取得预想效果。

三是支撑理论和研究方法有局限。现有研究主要是基于人力资源管理和新公共管理理论，关注提升人力资本和规范政府行为，但对培训的过程质量及最终质量评价缺乏有效理论和方法支撑。

第3章 西藏农牧民非农就业现状分析

3.1 西藏简介

西藏位于青藏高原的西部和南部，土地面积 120.28 万平方千米，海拔 4 000 米以上的地区占全区总面积的 85.1%，气候高寒。截至 2020 年末，西藏常住人口总数为 364.81 万人，其中城镇人口 130.34 万人，乡村人口 234.47 万人[①]。西藏拥有长达近 4 000 千米的边境线，与缅甸、印度、不丹、尼泊尔等多个国家和地区接壤，共有 21 个边境县 110 个边境乡（区、镇）。

西藏民主改革完成后，尤其是改革开放以来，西藏经济社会发展明显加快。2020 年西藏实现国内生产总值（GDP）1 902.74 亿元，增速 7.8%，为全国第一。全年一般公共预算收入 220.98 亿元，一般公共预算支出 2 207.77 亿元，预算收入仅占预算支出的 10%。预算支出中就业服务、卫生医疗、交通运输等与民生息息相关的支出占一般公共预算支出的 84.2%，为 1 859.24 亿元[②]。可见西藏非常重视公共服务供给（表 3 - 1）。

表 3 - 1 西藏近年地方财政收入和支出情况

单位：亿元

年份	一般公共预算收入	税收收入	一般公共预算支出
2016	155.99	99.05	1 587.97

---

① 国家统计局 . 西藏自治区 2021 年第七次全国人口普查主要数据公报 .
② 西藏统计局 . 2020 年西藏自治区国民经济和社会发展统计公报［EB/OL］. http：//www.xizang.gov.cn/zwgk/zfsj/ndtjgb/202104/t20210408_198946.html.

（续）

年份	一般公共预算收入	税收收入	一般公共预算支出
2017	185.83	122.70	1 681.94
2018	230.35	155.93	1 970.68
2019	222.00	157.52	2 180.88
2020	220.98	143.24	2 207.77

随着经济社会的不断发展，西藏人民的生活水平有了明显的改善，2020年，居民人均可支配收入在2019年的19 501元基础上增长11.5%，达到21 744元。其中农村居民人均可支配收入较2019年增长12.7%，高于城镇居民人均可支配收入10.0%的增长率，达到14 598元[①]。整体来看西藏城乡居民收入差距明显缩小。

3.2 西藏人口基本状况

3.2.1 西藏人口总体状况

根据西藏统计年鉴数据，西藏人口的变动情况如表3-2所示[②]。

表3-2 西藏人口基本情况

单位：万人

指标	1965年	1978年	1993年	2000年	2005年	2012年	2020年
常住人口数	137.12	178.82	232.22	259.83	280.31	307.62	364.81
城镇人口		20.21	38.39	50.22	58.45	69.98	130.34
乡村人口		158.61	193.83	209.61	221.86	237.64	234.47
男性人口	66.91	87.26	114.82	131.47	142.90	156.89	191.36
女性人口	70.21	91.56	117.40	128.36	137.41	150.73	173.45

西藏的乡村人口高于城镇人口，2020年城镇人口和乡村人口比为35.73：64.27。对比全国数据，居住在城镇的人口占全国总人口的63.89%[③]，西藏比全国平均水平低了28.16个百分点，其较低的城镇化率极大地影响了农牧民的

---

① 西藏自治区统计局.2021年西藏自治区国民经济和社会发展统计公报 [EB/OL].http://www.xizang.gov.cn/zwgk/zfsj/ndtjgb/202104/t20210408_198946.html.

② 西藏自治区统计局.西藏统计年鉴（2021）[M].北京：中国统计出版社，2021.

③ 国家统计局.第七次全国人口普查公报（第七号）[Z].2021-05-21.

非农就业。

在西藏常住人口中，藏族人口为 3 137 901 人，其他少数民族人口为 66 829 人，汉族人口为 443 370 人。与 2010 年第六次全国人口普查数据相比，藏族人口增加 421 512 人，其他少数民族人口增加 26 315 人，汉族人口增加 198 107 人。

从地区分布来看：拉萨市 867 891 人，日喀则市 798 153 人，昌都市 760 966 人，林芝市 238 936 人，山南市 354 035 人，那曲市 504 838 人，阿里地区 123 281 人。

3.2.2　西藏人口年龄分布状况

从表 3-3 可知，西藏人口整体结构较为年轻，0～14 岁人数占比为 24.53%，位居全国第一；除西藏外，其他 30 个省份 65 岁及以上老年人口比重均超过 7%，其中 12 个省份 65 岁及以上老年人口比重超过 14%。年龄结构偏年轻导致西藏农牧民非农就业的压力会随着时间的增加而更加突显。

表 3-3　各省份人口年龄分布状况（%）

地区	0～14 岁	15～59 岁	60 岁及以上	其中：65 岁及以上
全国	17.95	63.35	18.70	13.50
北京	11.84	68.53	19.63	13.30
天津	13.47	64.87	21.66	14.75
河北	20.22	59.92	19.85	13.92
山西	16.35	64.72	18.92	12.90
内蒙古	14.04	66.17	19.78	13.05
辽宁	11.12	63.16	25.72	17.42
吉林	11.71	65.23	23.06	15.61
黑龙江	10.32	66.46	23.22	15.61
上海	9.80	66.82	23.38	16.28
江苏	15.21	62.95	21.84	16.20
浙江	13.45	67.86	18.70	13.27
安徽	19.24	61.96	18.79	15.01
福建	19.32	64.70	15.98	11.10
江西	21.96	61.17	16.87	11.89

（续）

地区	0~14 岁	15~59 岁	60 岁及以上	其中：65 岁及以上
山东	18.78	60.32	20.90	15.13
河南	23.14	58.79	18.08	13.49
湖北	16.31	63.26	20.42	14.59
湖南	19.52	60.60	19.88	14.81
广东	18.85	68.80	12.35	8.58
广西	23.63	59.69	16.69	12.20
海南	19.97	65.38	14.65	10.43
重庆	15.91	62.22	21.87	17.08
四川	16.10	62.19	21.71	16.93
贵州	23.97	60.65	15.38	11.56
云南	19.57	65.52	14.91	10.75
西藏	24.53	66.95	8.52	5.67
陕西	17.33	63.46	19.20	13.32
甘肃	19.40	63.57	17.03	12.58
青海	20.81	67.04	12.14	8.68
宁夏	20.38	66.09	13.52	9.62
新疆	22.46	66.26	11.28	7.76

3.2.3　西藏人口受教育程度

　　根据西藏第七次全国人口普查数据，西藏常住人口中，拥有大学（指大专及以上）文化程度的人口为 401 980 人，拥有高中（含中专）文化程度的人口为 257 226 人，拥有初中文化程度的人口为 574 831 人，拥有小学文化程度的人口为 1 171 335 人（以上各种受教育程度的人口包括各类学校的毕业生、肄业生和在校生）。与 2010 年第六次全国人口普查相比，每 10 万人中拥有大学文化程度的人数由 5 507 人上升为 11 019 人，拥有高中文化程度的由 4 364 人上升为 7 051 人，拥有初中文化程度的由 12 850 人上升为 15 757 人，拥有小学文化程度的由 36 589 人下降为 32 108 人。整体来看，西藏人均受教育水平有了明显提升，但对比全国数据，当前西藏整体受教育程度依然较低（表 3-4，表 3-5）。

表 3 - 4　全国各省份 15 岁及以上人口平均受教育年限

单位：年

地区	2020 年	2010 年	地区	2020 年	2010 年
全国	9.91	9.08	河南	9.79	8.95
北京	12.64	11.71	湖北	10.02	9.20
天津	11.29	10.38	湖南	9.88	9.16
河北	9.84	9.12	广东	10.38	9.55
山西	10.45	9.52	广西	9.54	8.76
内蒙古	10.08	9.22	海南	10.10	9.22
辽宁	10.34	9.67	重庆	9.80	8.75
吉林	10.17	9.49	四川	9.24	8.35
黑龙江	9.93	9.36	贵州	8.75	7.65
上海	11.81	10.73	云南	8.82	7.76
江苏	10.21	9.32	西藏	6.75	5.25
浙江	9.79	8.79	陕西	10.26	9.36
安徽	9.35	8.28	甘肃	9.13	8.19
福建	9.66	9.02	青海	8.85	7.85
江西	9.70	8.86	宁夏	9.81	8.82
山东	9.75	8.97	新疆	10.11	9.27

表 3 - 5　各省份每 10 万人口中拥有的各类受教育程度人数

单位：人/10 万人

地区	大学（大专及以上）	高中（含中专）	初中	小学
全国	15 467	15 088	34 507	24 767
北京	41 980	17 593	23 289	10 503
天津	26 940	17 719	32 294	16 123
河北	12 418	13 861	39 950	24 664
山西	17 358	16 485	38 950	19 506
内蒙古	18 688	14 814	33 861	23 627
辽宁	18 216	14 670	42 799	18 888
吉林	16 738	17 080	38 234	22 318
黑龙江	14 793	15 525	42 793	21 863
上海	33 872	19 020	28 935	11 929

（续）

地区	大学（大专及以上）	高中（含中专）	初中	小学
江苏	18 663	16 191	33 308	22 742
浙江	16 990	14 555	32 706	26 384
安徽	13 280	13 294	33 724	26 875
福建	14 148	14 212	32 218	28 031
江西	11 897	15 145	35 501	27 514
山东	14 384	14 334	35 778	23 693
河南	11 744	15 239	37 518	24 557
湖北	15 502	17 428	34 280	23 520
湖南	12 239	17 776	35 636	25 214
广东	15 699	18 224	35 484	20 676
广西	10 806	12 962	36 388	27 855
海南	13 919	15 561	40 174	19 701
重庆	15 412	15 956	30 582	29 894
四川	13 267	13 301	31 443	31 317
贵州	10 952	9 951	30 464	31 921
云南	11 601	10 338	29 241	35 667
西藏	11 019	7 051	15 757	32 108
陕西	18 397	15 581	33 979	21 686
甘肃	14 506	12 937	27 423	29 808
青海	14 880	10 568	24 344	32 725
宁夏	17 340	13 432	29 717	26 111
新疆	16 536	13 208	31 559	28 405

可以看到，尽管 2020 年西藏 15 岁及以上人口平均受教育年限较 2010 年已经提升了 1.5 年，但跟全国平均水平 9.91 年相比，仍然相差 3.16 年，仅为北京 12.64 年的 53.4%。说明西藏整体受教育年限较短。

尽管西藏人口素质有了很大的提升，但对比全国数据，差距仍然非常明显。除小学外，每 10 万人中拥有初中、高中、大学以上受教育程度的人数，西藏都低于全国平均水平。西藏大学以上学历的人员比例为全国倒数第三，仅高于广西和贵州；而高中和初中学历的人数，位居全国倒数第一。可见当前西藏整体劳动力素质仍然有待提升。

3.2.4　西藏人口出生率状况

为判断西藏人口的变动趋势，接下来对全国各省份人口出生率进行统计分析，整理如表 3-6 所示。

表 3-6　全国人口出生率情况（‰）

地区	1990 年	1999 年	2005 年	2010 年	2015 年	2016 年	2017 年	2018 年	2019 年	2020 年
全国	21.06	14.64	12.40	11.90	11.99	13.57	12.64	10.86	10.41	8.52
北京	13.01	6.50	6.29	7.48	7.96	9.32	9.06	8.24	8.12	6.99
天津	15.61	9.68	7.44	8.18	5.84	7.37	7.65	6.67	6.73	5.99
河北	20.46	12.99	12.84	13.22	11.35	12.42	13.20	11.26	10.83	8.16
山西	22.54	15.93	12.02	10.68	9.98	10.29	11.06	9.63	9.12	8.26
内蒙古	21.19	13.32	10.08	9.30	7.72	9.03	9.47	8.35	8.23	7.20
辽宁	16.30	10.38	7.01	6.68	6.17	6.60	6.49	6.39	6.45	5.16
吉林	19.49	10.68	7.89	7.91	5.87	5.55	6.76	6.62	6.05	4.84
黑龙江	18.11	10.55	7.87	7.35	6.00	6.12	6.22	5.98	5.73	3.75
上海	10.31	5.40	7.04	7.05	7.52	9.00	8.10	7.20	7.00	5.02
江苏	20.54	10.50	9.24	9.73	9.05	9.76	9.71	9.32	9.12	6.65
浙江	15.33	10.64	11.10	10.27	10.52	11.22	11.92	11.02	10.51	7.13
安徽	24.47	15.10	12.43	12.70	12.92	13.02	14.07	12.41	12.03	9.45
福建	24.44	11.06	11.60	11.27	13.90	14.50	15.00	13.20	12.90	9.21
江西	24.59	16.51	13.79	13.72	13.20	13.45	13.79	13.43	12.59	9.48
山东	18.21	11.08	12.14	11.65	12.55	17.89	17.54	13.26	11.77	8.56
河南	24.92	14.07	11.55	11.52	12.70	13.26	12.95	11.72	11.02	9.24
湖北	21.60	11.57	8.74	10.36	10.74	12.04	12.60	11.54	11.35	8.28
湖南	23.93	11.72	11.90	13.10	13.58	13.57	13.27	12.19	10.39	8.53
广东	22.26	15.32	11.70	11.18	11.12	11.85	13.68	12.79	12.54	10.28
广西	20.20	14.96	14.26	14.13	14.05	13.82	15.14	14.12	13.31	11.36
海南	24.86	17.26	14.65	14.71	14.57	14.57	14.73	14.48	12.87	10.36

（续）

地区	1990 年	1999 年	2005 年	2010 年	2015 年	2016 年	2017 年	2018 年	2019 年	2020 年
重庆	22.00	11.90	9.40	9.17	11.05	11.77	11.18	11.02	10.48	7.47
四川	19.11	13.80	9.70	8.93	10.30	10.48	11.26	11.05	10.70	7.60
贵州	23.09	21.92	14.59	13.96	13.00	13.43	13.98	13.90	13.65	13.70
云南	23.60	19.48	14.72	13.10	12.88	13.16	13.53	13.19	12.63	10.96
西藏	23.98	23.20	17.94	15.80	15.75	15.79	16.00	15.22	14.60	13.96
陕西	23.48	12.51	10.02	9.73	10.10	10.64	11.11	10.67	10.55	8.95
甘肃	20.68	15.61	12.59	12.05	12.36	12.18	12.54	11.07	10.60	10.55
青海	24.34	20.68	15.70	14.94	14.72	14.70	14.42	14.31	13.66	11.43
宁夏	24.34	17.97	15.93	14.14	12.62	13.69	13.44	13.32	13.72	11.59
新疆	26.44	18.76	16.42	14.85	15.59	15.34	15.88	10.69	8.14	6.94

数据来源：历年《中国劳动统计年鉴》。

从表3-6可以看到，西藏的人口出生率一直位居全国前列，特别是进入21世纪以后，除2017年外，西藏的人口出生率一直稳居第一。由于西藏的特殊性，农牧区实行宽松的人口政策，其生育意愿高于城镇①。西藏的高人口出生率在保持西藏人口结构年轻化特点的同时，也给西藏农牧民非农就业带来更大的压力。

3.3 西藏就业基本现状

西藏非常重视就业工作，特别是重点关注和支持高校毕业生、农牧民、就业困难人员等重点群体，做好政策制定、实施工作，在促进重点人群就业、完善公共就业服务体系、推进就业服务信息化等方面取得了较大成绩。截至2020年底，西藏城镇登记失业率控制在4%以内，城镇新增就业5.6万人。全区参加企业职工基本养老保险人数25.35万人，参加城乡居民社会养老保险人数168.42万人；参加工伤保险人数40.2万人，参加失业保险人数27万人，参加生育保险人数37.3万人；参加城镇职工基本医疗保险人数50.42万人，

① 郎维伟，张朴.藏北牧区村落社会的人口和家庭特征及其生育意愿：以那曲县达村和宗村为例［J］.西藏研究，2012（4）：64-78.

参加城乡居民基本医疗保险人数 291.95 万人[①]。

3.3.1 西藏公共就业服务体系建设现状

《人力资源和社会保障部 中央机构编制委员会办公室关于进一步加强公共就业服务体系建设的指导意见》（人社部发〔2009〕116 号）中提出，公共就业服务体系由各级政府人力资源社会保障行政部门统筹管理，县级以上人民政府建立健全公共就业服务体系，加强公共就业服务机构建设。《人力资源和社会保障部 财政部关于进一步完善公共就业服务体系有关问题的通知》（人社部发〔2012〕103 号）在关于加强公共就业服务体系建设中强调，"省、市、县三级设立公共就业服务机构，县以下街道（乡镇）和社区（行政村）设立基层公共就业服务平台"，"统筹规划公共就业和人才交流服务机构建设，形成覆盖城乡的公共就业服务体系"。

西藏根据国家要求，已经建立了较为完善的公共就业服务体系，主要由职业介绍、职业指导、职业培训和岗位开发（主要是就业托底）四大支柱构成[②]，包含政策咨询、信息发布、职业指导、职业介绍、创业服务等服务内容（图 3-1）。四大支柱中，职业介绍是核心，职业培训是基础和支撑[③]，职业指导是保障。

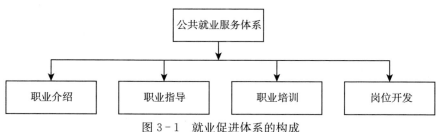

图 3-1 就业促进体系的构成

西藏也建成了覆盖自治区、市、县、街道（乡镇）、社区（村）的五级公共就业服务网络，每一层级都包含职业介绍中心，职业介绍体系和岗位开发体系已基本完善。2018 年已建立基层劳动就业保障公共服务平台 840 个，举办各类招聘会 177 场（次），开发就业岗位 8.24 万人，消除零就业家庭 3 645 户，为西藏的稳定就业奠定了坚实的基础。

① 西藏自治区统计局.2020 年西藏自治区国民经济和社会发展统计公报〔Z〕.2020-04-01.
② 何筠.公共就业培训绩效评价研究〔M〕.北京：社会科学文献出版社，2019.
③ 于法鸣.建立市场导向就业机制〔M〕.北京：中国劳动社会保障出版社，2001.

农牧民公共就业培训长效机制研究

3.3.2 西藏新增就业基本情况

由表 3-7 可知，西藏 2005—2020 年每年新增就业人数呈现明显上升趋势，从 2015 年的 15 000 人增加到 2020 年的 56 000 人，年增长率为 9.18%，增加明显。但可以看到，进入 2016 年以后，年新增就业呈现一定的波动状态[①]，体现出整体市场需求趋于饱和，给农牧民非农就业也带来了一定的不利影响。

表 3-7 2005—2020 年西藏区内新增就业统计

项目	2005 年	2010 年	2012 年	2016 年	2017 年	2018 年	2019 年	2020 年
新增就业人数（人）	15 000	20 000	25 000	50 000	54 600	54 000	52 000	56 000

3.3.3 西藏失业基本现状

运用表 3-8 数据绘图可知，西藏的失业率经历了从高到低再到高的发展历程，如图 3-2 所示。

表 3-8 2005—2020 年西藏失业率统计数据

项目	2005 年	2010 年	2012 年	2015 年	2016 年	2018 年	2019 年	2020 年
失业率（%）	4.30	3.81	2.58	2.48	2.58	2.83	2.86	4.00

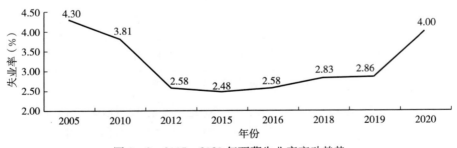

图 3-2 2005—2020 年西藏失业率变动趋势

随着市场经济的逐步完善，劳动力能够充分合理地进行流动和配置，这是社会经济发展进步的一种体现。但从 2015 年达到 2.48% 的低点之后，西藏的失业率有所上升，2020 年叠加新冠疫情影响，西藏的失业率达到了 4.00%，可见稳增长稳市场主体保就业仍然是当前西藏面临的重要任务。

---

① 数据来源：西藏自治区劳动就业局。

为稳定劳动力市场，最大限度地保障失业人员的基本生活，西藏按照《失业保险条例》的要求，努力做好失业保险工作①。2020 年西藏共参加失业保险 29.6 万人，较 2019 年参保的 25.3 万人增加了 4.3 万人，较好地维护了区内就业局势的稳定。

3.3.4　西藏三次产业从业人员现状

接下来对西藏三次产业从业人员的数量和结构进行比较分析，以更好了解西藏人员就业的行业分布特点（表 3-9）。

表 3-9　西藏三次产业从业人员人数构成

单位：万人

年份	合计	第一产业	第二产业	第三产业
1978	93	76.34	5.53	11.22
1990	108	87.08	4.13	16.67
1995	115	89.51	5.62	19.96
2000	124	90.98	7.35	25.85
2005	144	86.39	13.60	43.61
2010	169	90.61	18.37	60.02
2011	171	86.09	20.80	64.11
2012	174	80.56	23.32	70.12
2013	175	78.93	24.68	71.40
2014	176	76.91	25.87	73.22
2015	181	74.57	24.07	82.36
2016	185	69.79	30.38	84.83
2017	187	69.75	33.10	84.15
2018	187	68.31	36.83	81.87
2019	190	67.74	41.30	80.96
2020	193	69.00	30.00	94.00

根据以上统计数据，为了更直观地了解西藏三次产业从业人员的变化情

---

① 西藏自治区人民政府. 西藏自治区实施《失业保险条例》办法［Z］. 2002-12-01.

况，绘制折线图，如图 3-3 所示。

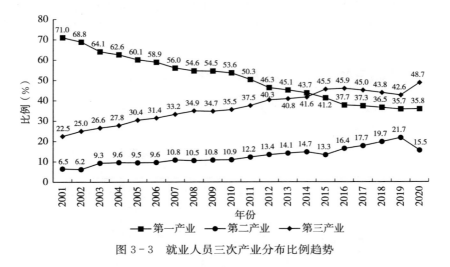

图 3-3　就业人员三次产业分布比例趋势

由图 3-3 可知，第一产业从业人数呈现明显的下降趋势，由 1978 年占总人数的 76.34% 下降到 2020 年的 35.8%，但从图形下降趋势来看，从 2016 年后，下降趋势明显变缓，年下降率为 0.3%～0.7%，并且 2020 年的从业比例较 2019 年上升了 0.1 个百分点。是否第一产业的从业人数达到总体均衡状态，后续将进行进一步研究。

从第二产业的从业人数变动趋势来看，整体呈现上升趋势，从 1978 年的 5.53 万人，发展到 2019 年最高时的 41.30 万人，年增长率 5.03%，但在 2020 年有一个断崖式的下降，或许是受到新冠疫情影响，2020 年的第二产业从业人数仅有 30 万人，较 2019 年下降 11.30 万人，甚至低于 2016 年的水平。后续第二产业从业人数的变化还需持续关注。

从第三产业的从业人数变动趋势来看，从 2015 年开始，第三产业就超过第一产业，成为吸纳就业最多的产业了。虽然 2017 年连续三年从业人数略有波动，但仍然保持在 80 万人以上的水平，特别是 2020 年就业人数猛增到 94 万人，吸纳了 48.7% 的就业人员。

对照全国的三次产业就业比例，可见西藏第三产业的就业比例和全国大致吻合，但第一产业占比 35.8%，高出全国水平（23.6%）12.2 个百分点，而第二产业占比 15.5%，低于全国水平（28.7%）13.2 个百分点（表 3-10）。究其原因，西藏整体工业发展较为滞后，且以重工业为主，对稳就业的帮助有限。

表 3 - 10　全国三次产业从业人员人数及占比

年份	从业人数（万人）				占比（%）		
	总计	第一产业	第二产业	第三产业	第一产业	第二产业	第三产业
2018	75 782	19 515	21 356	34 911	25.7	28.2	46.1
2019	75 447	18 652	21 234	35 561	24.7	28.2	47.1
2020	75 064	17 715	21 543	35 806	23.6	28.7	47.7

3.3.5　西藏分行业就业人数

接下来对西藏各主要行业就业情况进行分析，判断西藏就业主要集中行业，以期为西藏农牧民转移就业提供参考（表 3 - 11）。

表 3 - 11　2020 年西藏分行业在岗职工人数和比例

行业	全国		西藏	
	人数（万人）	占比（%）	人数（万人）	占比（%）
总计	17 039.1		41.7	
农、林、牧、渔业	85.7	0.50	0.3	0.72
采矿业	352.1	2.07	0.7	1.68
制造业	3 805.5	22.33	1.7	4.08
电力、热力、燃气及水生产和供应业	379.7	2.23	1.1	2.64
建筑业	2 153.3	12.64	3.5	8.39
批发和零售业	786.9	4.62	2.5	6.00
交通运输、仓储和邮政业	812.2	4.77	2.1	5.04
住宿和餐饮业	256.6	1.51	0.8	1.92
信息传输、软件和信息技术服务业	487.1	2.86	1.1	2.64
金融业	859	5.04	1.1	2.64
房地产业	525.4	3.08	0.6	1.44
租赁和商务服务业	643.6	3.78	1.8	4.32
科学研究和技术服务业	431.2	2.53	1	2.40
水利、环境和公共设施管理业	245.6	1.44	0.6	1.44
居民服务、修理和其他服务业	82.8	0.49	0.2	0.48
教育	1 958.9	11.50	5.1	12.23
卫生和社会工作	1 051.9	6.17	1.9	4.56
文化、体育和娱乐业	149.5	0.88	0.7	1.68
公共管理、社会保障和社会组织	1 972.2	11.57	14.8	35.49

为更好地进行就业人员行业分布的比较，特绘制行业比较分析图，如图3－4所示。

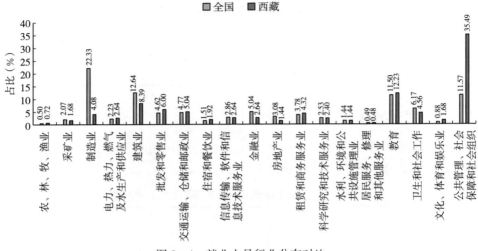

图3－4　就业人员行业分布对比

从图3－4可直观得到，西藏就业人员中35.49％的从业者集中在公共管理、社会保障和社会组织领域，远高于全国11.57％的比例，但2018年《关于西藏自治区机构改革的实施意见》的出台，标志着西藏紧紧围绕转变政府职能这个核心，改善公共服务供给，全力推进全区共建共治共享的社会治理创新。在政府购买公共服务的大背景下，公共管理领域很难再有较强的就业吸纳能力。

西藏与全国对比，制造业就业人数仅占4.08％，远低于全国22.33％的水平，可见制造业还需继续承担起稳定就业的重担。在建筑业的占比方面，西藏的8.39％也低于全国的12.64％。因此西藏需加强这两个领域的建设工作，扩大相关企业的规模和数量，发展壮大产业链，从而有效吸纳就业人口。

3.4　西藏农牧民非农就业的重要意义

西藏农牧民非农就业对带动农民增收，有效破除城乡二元结构，实现基本公共服务均等化，实现共同富裕具有重大的意义，具体分析如下。

3.4.1　破除城乡二元结构，实现融合发展

为了解西藏城乡二元结构的变化趋势，特对二元经济结构的三个主要测度

指标即比较生产率、二元对比系数和二元反差指数进行计算，其结果如表 3 - 12 所示。

表 3 - 12　西藏二元经济结构统计指标测算

年份	第一产业产值（亿元）	第二产业产值（亿元）	第三产业产值（亿元）	第一产业从业数（万人）	第二产业从业数（万人）	第三产业从业数（万人）	农业部门比较劳动生产率	非农业部门比较劳动生产率	二元对比系数	二元反差指数
1978	3.37	1.84	1.44	76.34	5.53	11.22	0.62	2.74	0.23	0.31
1986	7.95	2.18	6.82	85.75	5.37	16.25	0.59	2.64	0.22	0.33
1990	14.1	3.57	10.03	87.08	4.13	16.67	0.63	2.55	0.25	0.30
1999	33.33	23.86	48.79	92.19	6.46	25.26	0.42	2.68	0.16	0.43
2000	35.41	27.05	55.34	90.98	7.35	25.85	0.41	2.62	0.16	0.43
2010	64.81	155.01	293.05	90.61	18.37	60.02	0.24	1.88	0.13	0.41
2011	69.83	195.55	346.14	86.09	20.8	64.11	0.23	1.78	0.13	0.39
2012	75.25	226.13	408.78	80.56	23.32	70.12	0.23	1.66	0.14	0.36
2013	81.21	270.78	476.21	78.93	24.68	71.4	0.22	1.64	0.13	0.35
2014	88.11	310.34	541.29	76.91	25.87	73.22	0.21	1.61	0.13	0.34
2015	93.61	341.81	607.58	74.57	24.07	82.36	0.22	1.55	0.14	0.32
2016	110.52	390.41	672.07	69.79	30.38	84.83	0.25	1.45	0.17	0.28
2017	118.15	469.61	761.24	69.75	33.1	84.15	0.23	1.46	0.16	0.29
2018	128.34	582.72	837.33	68.31	36.83	81.87	0.23	1.44	0.16	0.28
2019	138.19	635.62	924.01	67.74	41.3	80.96	0.23	1.43	0.16	0.28
2020	150.65	798.25	953.84	69	30	94	0.22	1.43	0.15	0.28

比较劳动生产率是指一个部门的产值比重与在此部门就业的劳动力比重的比率，它反映百分之一的劳动力在该部门创造的产值（或收入）的比重。比较劳动生产率大致能客观反映一个部门当年劳动生产率的高低，其值越大，表明本部门的产值与劳动力比值越大[①]。从农业部门和非农业部门的比较劳动生产率可以看到，随着 2010 年农牧区富余劳动力的非农就业人数日趋增加，两个部门的比较劳动生产率差距有一定的缩小趋势，但差距依然显著。

从二元对比系数来看，西藏经济的二元性依然显著。发展中国家的二元对

---

① 翁贞林，鄢朝辉，谌洁．推进农民共同富裕：现实基础、主要困境与路径选择［J］．农业现代化研究，2022，43（4）：559 - 567.

· 71 ·

比系数通常为 0.31~0.45,发达国家一般为 0.52~0.86[1]。而 2020 年西藏的二元对比系数为 0.15,较 2016 年下降了 0.02,表明西藏二元经济结构不仅非常显著,而且有加剧趋势。

二元反差指数,即第二、三产业或非农业产值比重与劳动力比重之差的绝对值。西藏二元反差系数一直在 0.43~0.28 波动,且从 2000 年的 0.43 下降到 2020 年的 0.28,反映出虽然农业部门与非农业部门的差距有所减少,但二元经济结构依然非常显著。

三大指标的测算结果表明,西藏农业部门和非农业部门的生产率差异尽管有一定的缩小趋势,但二元经济结构依然非常显著。农牧民非农就业可以有效解决大量富余劳动力就业不充分的问题,促进市场中劳动力要素有序流动,冲击传统僵化的劳动用工体制,使劳动力市场更加灵活,逐步打破传统城乡"二元"体制禁锢[2],同时通过人力和资金回流农牧区,带动西藏城乡融合发展。

3.4.2 促进城镇化建设,加快农业转移人口市民化

为分析西藏城镇化和非农就业之间的关系,用城镇人口占总人口的比重作为衡量城镇化的指标,用非农人口占总人口的比重反映人口非农化程度[3]。考虑到数据的可得性和可靠性,对 1978 年后西藏人口非农化和城镇化水平之间的关系进行实证分析。为便于分析,用人口非农化率与城镇化率之比表示非农化与城镇化的相对发展关系,具体表示如下:

$$U = P_U / P \times 100\% \qquad\qquad (3-1)$$
$$N = L_U / L \times 100\% \qquad\qquad (3-2)$$
$$NU = N / U \times 100\% \qquad\qquad (3-3)$$

其中,U 为城镇化率,P_U 为城镇人口,P 为总人口;N 为非农化率,L_U 为第二、三产业劳动力的总和,L 为总劳动力;NU 是非农化率与城镇化率之比。

参照世界经济和城镇化的发展过程及经验,当城镇化与非农化的发展比较适度时,NU 值大致为 1.2。若 NU 值明显小于 1.2,说明城镇不仅集中了从事非农产业的人口,而且集中了相当数量的农业人口,这反映了城镇化发展超前,且 NU 值越小,城镇化超前程度越明显;若 NU 值明显大于 1.2,则反映了大量从事非农产业的劳动力仍然分散在农村地区,说明城镇化滞后发展,且

---

① 张海鹏. 中国城乡关系演变 70 年:从分割到融合 [J]. 中国农村经济,2019 (3):2-18.
② 鲍春雷. 推动农业转移人口就业创业 [N]. 经济日报,2022-07-13.
③ 陈码琳. 安徽省城镇化与农民就业关系研究 [D]. 合肥:安徽农业大学,2010.

NU 值越大，城镇化滞后程度越明显[①]。根据历年《西藏统计年鉴》，对 2013—2020 年西藏的城镇化率和非农化率进行测算，结果如表 3-13 所示。

表 3-13　西藏 2013—2020 年 NU 值计算过程

年份	城镇人口（万人）	常住人口（万人）	城镇化率（%）	第二产业劳动力（万人）	第三产业劳动力（万人）	总劳动力（万人）	非农化率（%）	NU
2013	75.26	317.43	23.71	24.68	71.40	175	54.90	2.316
2014	83.63	324.77	25.75	25.87	73.22	176	56.30	2.186
2015	91.64	330.37	27.74	24.07	82.36	181	58.80	2.120
2016	100.53	340.08	29.56	30.38	84.83	185	62.28	2.107
2017	107.89	349.28	30.89	33.10	84.15	187	62.70	2.030
2018	110.18	353.83	31.14	36.83	81.87	187	63.48	2.038
2019	113.64	360.76	31.50	41.30	80.96	190	64.35	2.043
2020	130.35	364.81	35.73	30.00	94.00	193	64.25	1.798

从表 3-13 看，西藏 2013—2020 年 NU 值整体呈下降趋势，并且 2020 年 NU 值小于 2，说明城镇化滞后程度有所改善；但 NU 值均明显大于 1.2，反映出大量富余劳动力仍然分散在农牧区，迫切需要加大农牧民非农就业力度。

把表 3-13 中的数据代入 SPSS，构建西藏城镇化率和非农人口的相关性矩阵，得到人口城镇化率与人口非农化率的相关系数高达 0.928，如表 3-14 所示。

表 3-14　西藏 2013—2020 年 NU 值计算过程

	项目	城镇化率	非农化率
城镇化率	Pearson 相关性	1	0.928**
	显著性（双侧）		0.001
	N	8	8
非农化率	Pearson 相关性	0.928**	1
	显著性（双侧）	0.001	
	N	8	8

注：** 表示在 0.01 水平（双侧）上显著相关。

① 陈码琳. 安徽省城镇化与农民就业关系研究 [D]. 合肥：安徽农业大学，2010.

可见两者之间存在强正相关关系，从西藏人口非农化率与城镇化率散点图也可以得到同样结论，即城镇化率的提升有助于非农就业，而非农就业人口的增长反过来也会促进城镇化进程的加快（图3-5）。

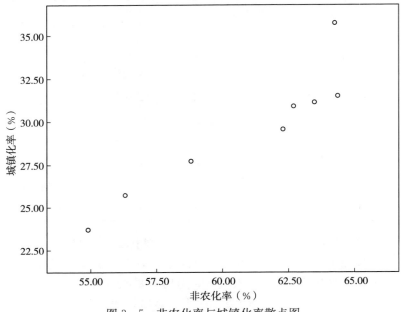

图3-5 非农化率与城镇化率散点图

再将城镇化率和非农化率进行对比，发现非农化率与城镇化率基本呈同步上升趋势，但2016年后非农化率上升速度慢于城镇化率，表明后续的城镇化进程中非农就业存在不足，农业转移人口市民化质量仍待提高（图3-6）。

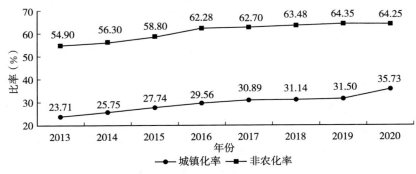

图3-6 西藏2013—2020年城镇化率和非农化率变化趋势

因此，在推进西藏农牧民非农就业时，还需要按照《"十四五"新型城镇化实施方案》的要求，全面取消城区常住人口 300 万以下的城市落户限制，确保外地与本地农业转移人口进城落户标准一视同仁。"依法保障进城落户农民的农村土地承包权、宅基地使用权、集体收益分配权，健全农户'三权'市场化退出机制和配套政策。"① 西藏正大力推行现代种植业和畜牧业，需要农牧民从偏远乡村适当向县城、小镇、城郊转移，上述政策有助于有效解决当前的难点问题。

3.4.3　降低公共服务成本，实现基本公共服务均等化

西藏人口较少，2020 年西藏总人口数仅为 366 万人，位列全国倒数第一。而西藏面积仅次于新疆，位列全国第二，为 120.28 万平方千米。全国县级行政区划数、每个县级行政区划单位的国土面积与人口分布情况如表 3 - 15 所示。

表 3 - 15　全国县级行政区划单位的国土面积与人口分布情况

省份	县级行政区划数（个）	平均每个县级行政区划单位面积（平方千米）	平均每个县级行政区划单位人口（万人）
北京	16	0.11	136.81
天津	16	0.07	86.69
河北	167	0.11	44.69
山西	117	0.13	29.83
内蒙古	103	1.15	23.33
辽宁	100	0.15	42.55
吉林	60	0.31	39.98
黑龙江	121	0.39	26.21
上海	16	0.04	155.50
江苏	95	0.11	89.23
浙江	90	0.11	71.87
安徽	104	0.13	58.70
福建	85	0.14	48.95
江西	100	0.17	45.19
山东	136	0.11	74.74
河南	158	0.11	62.92

---

① 国家发展和改革委员会．"十四五"新型城镇化实施方案［Z］．2022 - 07 - 28．

（续）

省份	县级行政 区划数（个）	平均每个县级行政区 划单位面积（平方千米）	平均每个县级行政区 划单位人口（万人）
湖北	103	0.18	55.78
湖南	122	0.17	54.47
广东	122	0.15	103.48
广西	111	0.21	45.22
海南	25	0.14	40.48
重庆	38	0.22	84.45
四川	183	0.26	45.74
贵州	88	0.20	43.84
云南	129	0.30	36.60
西藏	74	1.66	4.95
陕西	107	0.19	36.96
甘肃	86	0.53	29.08
青海	44	1.64	13.48
宁夏	22	0.30	32.77
新疆	106	1.57	24.43

从表3-15可知，西藏平均每个县级行政区划单位面积最大，为1.66平方千米，但人口数量最少，为4.95万人。我国公共服务机构人员编制是按人口数来确定的，由于西藏人口基数小，地广人稀，所以按人口比例核编的公共服务机构人数难以满足群众公共服务的需求，造成服务半径过大，难以保障基本公共服务的水平。

同时西藏地势海拔高，导致气候高寒、氧气稀薄，使得西藏基础设施的建设成本远高于全国平均成本。以青藏公路为例，由于复杂的地形和脆弱的生态，全国高速公路每千米平均造价不到0.4亿元，而青藏公路每千米平均造价约为2.52亿元，是全国平均水平的6.3倍。脆弱、恶劣的自然环境导致西藏的基础设施毁损率高，也增加了公共服务产品的供给成本和维护成本，使得西藏政府在提供公共服务产品和服务时需要投入更多成本。

通过西藏农牧民非农就业，使得农村居民进入中小城镇中，不仅可以降低公共服务成本，同时可以因地制宜，提供更好的公共服务产品，尤其是提供更好的教育、医疗和养老等属于基本民生支出的公共服务，实现基本公共服务均等化。

3.4.4　实现共同富裕

接下来对西藏城镇和农村居民可支配收入及其构成进行分析，如表 3－16 所示。

表 3－16　西藏 2017—2020 年居民人均可支配收入

单位：元

项目	2017 年		2018 年		2019 年		2020 年	
	城镇	农村	城镇	农村	城镇	农村	城镇	农村
可支配收入	30 671.1	10 330.0	33 797.4	11 449.8	37 410.0	12 951.0	41 156.5	14 598.4
工资性收入	23 897.6	2 428.0	25 499.8	3 037.2	27 906.0	3 907.0	30 717.4	4 778.3
经营净收入	763.9	5 735.0	912.0	5 888.9	1 095.2	6 364.5	1 203.6	6 912.1
财产净收入	2 469.7	175.0	2 989.0	427.2	3 478.9	436.5	3 330.0	609.9
转移净收入	3 540.0	1 992.0	4 396.6	2 096.6	4 929.9	2 243.1	5 905.4	2 298.1

从可支配收入来看，城乡差距呈现扩大化趋势，从 2017 年的 20 341.1 元扩大到 2020 年的 26 558.1 元，4 年时间增加了 6 217 元，年增长率高达 9.29%，可见必须采取措施以缩小城乡差距。

从收入结构来看，按照国家统计局划分标准，居民人均可支配收入可以分为工资性收入、经营净收入、财产净收入和转移净收入四个部分。各部分占比一方面体现了居民收入来源的分布，另一方面反映了居民收入的稳定性趋势[①]。从城镇居民的收入结构来看，工资性收入约占总收入的 75%，同时是城镇居民收入增加最快的部分；其次是转移性净收入，其增加也非常迅速。西藏农牧民主要收入来自经营性净收入，约占总收入的 50%，但增长较为缓慢；其次是工资性收入，约占总收入的 30%，且增长最为迅速。

对比来看，工资性收入是城乡收入差距的主要构成，且有扩大趋势，2020 年差额达到 25 939.1 元，反映出农牧民在劳动力竞争市场中处于劣势。从经营净收入来看，2020 年农村居民经营净收入占比为 47.35%，比城镇居民经营性净收入占比高出 44.42 个百分点，实际差额仅比城镇居民经营净收入高 5 708.5 元，高占比却是低差额，反映了经营净收入对农村居民收入的提升作用有限。

因此，鼓励农牧民非农就业，不仅可以改善其生活环境，提高其生活质

---

① 翁贞林，鄢朝辉，谌洁.推进农民共同富裕：现实基础、主要困境与路径选择 [J].农业现代化研究，2022，43（4）：559－567.

量，还可以使农牧民从经营净收入等低收入区域转移到工资性收入等高收入区域或者从低收入岗位转移到高收入岗位，有效带动农牧民增收[①]，改变农牧民传统的收入结构，为乡村振兴提供新生力量，为实现共同富裕奠定坚实基础。

3.5　西藏农牧区富余劳动力的测算

3.5.1　西藏农牧区富余劳动力的定义

为估计西藏农牧民转移就业的规模，需对现有富余劳动力进行估算，故先对劳动力和富余劳动力进行相应定义。

借鉴《中华人民共和国劳动法》中法定劳动年龄的定义（年满16周岁至退休年龄，有劳动能力的中国公民），将西藏农牧区劳动力定义为：户籍在西藏且所在地为农牧区的人口中，18~59周岁的具有劳动能力的男性和女性个体，但不包括其中的在校学生、服兵役人员，以及因身体原因不能劳动的人等。

西藏农牧区富余劳动力则定义为：西藏农牧区中不充分就业的劳动力。所谓劳动力的不充分就业，是指每个单位农牧区劳动力每年有效工作时数的一切经济活动所耗费的有效时数（但是不包括经济活动以外的时间消耗，如煮饭、洗衣、就餐、娱乐、闲暇等活动的消耗时数），低于公认的单位农牧区充分就业劳动力年度有效工作时数标准，即制度工时数的一种状态[②]。

3.5.2　基于标准结构法的西藏农牧区富余劳动力分析

根据配第-克拉克定理，经济的发展会导致第一产业从业人员比重的不断下降，第二产业从业人员比重则会表现为先上升后下降直至稳定在一个相应水平，第三产业的就业比重则会不断提高。该定理已被多个国家的发展历程所证实。因此考虑采用标准结构法来对未来从业人数进行预估，以判断未来各行业的就业容量[③]。

标准结构是指在产业发展过程中要根据需求结构的变化，合理配置生产要素，协调各产业部门之间的比例关系，促进各种生产要素有效利用，为实现高质量的经济增长打下基础。这种部门间相互协调的比例关系就是标准结构。

在大量历史数据的基础上，通过实证分析能够得到一个标准结构。如果假

---

① 胡青. 拉萨市农牧民转移就业政策实施效果评价研究 [D]. 拉萨：西藏大学，2021.
② 顾纯磊. 转型期中国农村劳动力转移对产业结构升级的影响研究 [D]. 南京：南京大学，2016.
③ 钱纳里，赛尔昆. 发展的模式：1950—1970 [M]. 北京：经济科学出版社，1988.

设它能够反映产业结构演变的一般规律，将其作为参照系与某一被判断的结构进行比较，从而检验被判断的产业结构是否"合理"，这就是标准结构法。但各国具体国情不同，各国对产业结构的要求也不尽相同，因此标准结构只能提供一个粗略判断产业结构合理与否的标准。

库兹涅茨最早提出了经济发展不同阶段的产业标准结构，与标准结构进行比较，就能了解一国经济发展到哪一阶段以及产业结构的优化程度（表3-17）。

表 3-17　库兹涅茨的产业标准结构（%）

产业	1964 年币值的人均 GDP 的基准水平（美元）								
	<100	100	200	300	400	500	800	1 000	>1 000
产业部门构成（部门产值占国内生产总值的比例）									
1. 第一产业	52.5	45.2	32.7	26.6	22.8	20.2	15.6	13.8	12.7
2. 制造业	12.5	14.9	21.5	25.1	27.6	29.4	33.1	34.7	37.9
3. 基础设施	5.3	6.1	7.2	7.9	8.5	8.9	9.8	10.2	10.9
4. 服务业	30.0	33.8	38.5	40.3	41.1	41.5	41.6	41.3	38.6
劳动力部门构成（部门劳动力就业量占总劳动力就业的比例）									
5. 初级产业	71.2	65.8	55.7	48.9	43.8	39.5	30.1	25.2	15.9
6. 制造业	7.8	9.1	16.4	20.6	23.5	25.8	30.3	32.5	36.8
7. 服务业	21.0	25.1	27.9	30.4	32.7	34.7	39.6	42.3	47.3

美国经济学家钱纳里运用库兹涅茨的统计归纳法对产业结构变动的一般趋势进行了深入研究。他考察了产业结构转换的主要变量并将 GDP 和人口作为外生变量代入用回归方程建立的 GDP 市场占有率模型中，得出了一个标准产业结构。表 3-18 是根据 100 多个国家统计资料计算出来的结果，它很好地反映了产业结构演进的一般规律。

表 3-18　钱纳里的产业标准结构（%）

人均 GDP（美元）	第一产业在GDP 中的比重	第二产业在GDP 中的比重	第三产业在GDP 中的比重	劳动力在第一产业中的比重	劳动力在第二产业中的比重	劳动力在第三产业中的比重
100~200	46.4~36.0	13.5~19.6	40.1~44.4	68.1~58.7	9.6~16.6	22.3~24.7
300~400	30.4~26.7	23.1~25.5	46.5~47.8	49.9~43.6	20.5~23.4	29.6~23.0
600~1 000	21.8~18.6	29.0~31.4	49.2~50.0	34.8~28.6	27.6~30.7	37.6~40.7
2 000~3 000	16.3~9.8	33.2~38.9	50.5~51.3	23.7~8.3	33.2~40.1	43.1~51.6

在分析非农就业容量的时候，可以根据当地人均 GDP（美元）水平所处分段对应的标准结构中各产业就业比重，粗略预测一段时间的就业容量，作为经济政策制定的参考。

2020 年西藏人均 GDP 为 56 831 元，约为 7 868 美元，需将其折算为 1964 年对应美元的购买力，故将美国 1965—2020 年通货膨胀率列表计算，如表 3 - 19 所示。

表 3 - 19　1965—2020 年美国通货膨胀率及美元价值

年份	通货膨胀率（%）	美元价值	年份	通货膨胀率（%）	美元价值
1964	1.28	100.00	1993	2.96	466.17
1965	1.59	101.59	1994	2.61	478.34
1966	3.01	104.65	1995	2.81	491.78
1967	2.78	107.56	1996	2.93	506.19
1968	4.27	112.15	1997	2.34	518.03
1969	5.46	118.27	1998	1.55	526.06
1970	5.84	125.18	1999	2.19	537.58
1971	4.30	130.56	2000	3.38	555.76
1972	3.27	134.83	2001	2.83	571.48
1973	6.16	143.14	2002	1.59	580.57
1974	11.03	158.93	2003	2.27	593.75
1975	9.20	173.55	2004	2.68	609.66
1976	5.75	183.53	2005	3.39	630.33
1977	6.50	195.46	2006	3.24	650.75
1978	7.62	210.35	2007	2.85	669.30
1979	11.22	233.95	2008	3.80	694.73
1980	13.58	265.72	2009	−0.40	691.95
1981	10.35	293.22	2010	1.60	703.02
1982	6.16	311.29	2011	3.20	725.52
1983	3.22	321.31	2012	2.10	740.76
1984	4.30	335.13	2013	1.50	751.87
1985	3.55	347.02	2014	1.60	763.90
1986	1.91	353.65	2015	0.10	764.66
1987	3.66	366.59	2016	1.30	774.60
1988	4.08	381.55	2017	2.10	790.87
1989	4.83	399.98	2018	2.40	809.85
1990	5.39	421.54	2019	1.80	824.43
1991	4.25	439.45	2020	1.20	834.32
1992	3.03	452.77			

计算可得，1964 年 100 美元约等于 2020 年的 834.32 美元，故美元购买力指数为 834.32，将 2020 年西藏人均 GDP 的 7 868 美元折算为 1964 年购买力水平，约为 943 美元。

运用插值法，分别求出库兹涅茨和钱纳里标准结构中所对应的第一产业比重，如表 3-20 所示。

表 3-20　基于库兹涅茨和钱纳里标准结构的西藏第一产业劳动力比重

模型	项目	折算基准收入所在区间下限值	2020 年折算基准收入	折算基准收入所在区间上限值
库兹涅茨	人均 GDP（美元）	800	943	1 000
	第一产业比重（%）	30.1	26.60	25.2
钱纳里	人均 GDP（美元）	600	943	1 000
	第一产业比重（%）	34.8	29.48	28.6

2020 年第一产业就业人数实际比重为 35.8，故富余劳动力比率=实际比例-标准结构计算比例。根据库兹涅茨和钱纳里标准结构分别计算富余劳动力比例：

库兹涅茨富余劳动力比例=$L_{(富1)}$=$L_{(实)}$-$L_{(库)}$=35.8%-26.60%=9.2%

钱纳里富余劳动力比例=$L_{(富2)}$=$L_{(实)}$-$L_{(钱)}$=35.8%-29.48%=5.52%

2020 年总劳动力人数为 193 万人，根据农牧区富余劳动力=总劳动力数×富余劳动力比例，分别计算：

迁出人数上限为：　　　193 万人×9.2%=17.756 万人

迁出人数下限为：　　　193 万人×5.52%=10.653 6 万人

西藏农牧区人口数 2020 年为 234.46 万人，即现有农牧区人口中有 4.54%～7.57% 的劳动力需要转移。

但国际标准模型法忽略了国与国之间的差异[①]，精度较差，难以为西藏农牧区富余劳动力的计算提供有效支撑。

3.5.3　基于边际收益相等的西藏农牧区富余劳动力分析

由于国际标准模型法精度不高，故采用国家统计局对富余劳动力的计算方法对模型进行验证。国家统计局农调队通过估计农户劳动力资源达到资源有效利用时所需的劳动量，根据农村现有劳动力和该估算数对中国农业富余劳动力进行推算。

---

① 江秀辉，李伟. 我国农村剩余劳动力统计方法的比较［J］. 甘肃农业，2007（5）：70-72.

假设农户的劳动力资源 L 在农业和非农业之间进行配置，农业劳动力为 L_a，非农业劳动力为 L_n，农业劳动生产率为 W_a，非农劳动生产率为 W_n，农业富余劳动力的边际生产率为零，农业富余劳动力的比例为 P，农业剩余劳动力转移到非农生产后应当使得农业边际生产率等于农业劳动生产率和非农劳动生产率，即：

$$W_a / (1-P) = W_n \text{ 或 } P = 1 - W_a/W_n^{①} \quad (3-4)$$

借鉴国家统计局农调队的思路，采用边际收益替换边际生产率，即如果农村劳动力在农村的收益水平和城市非农就业的收益相等，则没有转移的必要。城市非农就业收益越高，则城市非农就业的愿望就越迫切，农村富余劳动力就越多[②]。

因此定义 $MR_农$ 为农牧区劳动力务农的边际收益，$MR_城$ 为农牧区劳动力非农就业的边际收益，农业劳动力为 L_a，农业富余劳动力比例仍然为 P，农村富余劳动力数量为 $L_富$，则有：

$$P = (1 - MR_农/MR_城) \times 100\% \quad (3-5)$$

$$L_富 = L_a \times P \quad (3-6)$$

因为 $MR_农$ 为农牧区劳动力务农的边际收益，需对 $MR_农$ 进行折算，具体公式为：

$$MR_农 = 农村居民人均总收入 \times 平均每户人口数 \div 平均每户整半劳动力$$

$$(3-7)$$

首先计算 $MR_农$，根据《西藏统计年鉴》可知，2020 年农村居民人均农业经营总收入为 17 333.6 元，每户常住人口数为 4.95 人，每户整半劳动力 2.91 人，带入公式 3-7 中，计算得到：$MR_农 = 29\ 484.99$ 元。

$MR_城$ 按农牧区劳动力转移就业的主要从业领域的平均工资收益进行计算，即制造业、建筑业、批发和零售业、住宿和餐饮业的平均工资，如表 3-21 所示。

表 3-21　西藏各行业从业人员平均工资

单位：元

行业	制造业	建筑业	批发和零售业	住宿和餐饮业	平均
合计	85 228	71 077	88 062	59 029	75 849

根据公式 3-5，$P = (1 - MR_农/MR_城) \times 100\% = (1 - 29\ 484.99\ 元 / 75\ 849\ 元) \times 100\% = 61.13\%$

---

① 蔡昉. 2002 年：中国人口与劳动问题报告 [M]. 北京：社会科学文献出版社，2002.

② 朱欣悦. 西藏农牧区劳动力转移对产业结构升级的影响研究 [D]. 拉萨：西藏大学，2021.

西藏农牧区人口数量为 234.46 万人，15～59 岁人口占总人口数的66.95％，其中中学和大学在校学生约占总人口数的 7.99％，故西藏农牧区劳动人口约为 156.97 万人。

代入公式 3-6，得到：$L_富 = L_a \times P = 156.97$ 万人 $\times 61.13\% = 84.5$ 万人。

依据以上计算结果，西藏农牧区富余劳动力约为 84.5 万人，约占西藏农牧区人口的 36.04％，约占总人口的 23.16％。2021 年西藏农牧民转移人数已达到 69.3 万人，同时还在继续加强农村富余劳动力转移工作。由此可见，基于边际收益相等的计算思路较为吻合当前西藏实际，农牧区的富余劳动力也较为充足，经过非农就业和创业，有一部分劳动力可以转移到城镇，缓解人地矛盾，带动农牧民增收致富。

依据上述方法，可以求出其余年份的西藏农牧民富余劳动力。

3.5.4　基于灰色系统理论的西藏农牧区富余劳动力预测

3.5.4.1　灰色预测理论的适用性分析

灰色系统理论着重研究"小样本，贫信息不确定"问题和"外延明确，内涵不明确"的对象。灰色理论在预测数据序列较短且具有明显上升趋势时预测精度较高，因此灰色预测理论在人力资源领域有广泛的应用。

根据美国斯坦福研究所的统计，目前人力预测的方法多达 150 多种，国内外常用的人力总量需求预测方法可分为宏观预测和微观预测两大类，其中宏观预测又分为定性预测法和定量预测法。常用的定量预测模型包括回归模型、时序模型和生产函数模型等。这类方法基本是建立在历史统计资料的基础上，需要丰富的历史资料，并且要求数据变化过程表现出一定的规律性。但由于人力数量的变化受经济、政策、社会等诸多因素的影响和制约，变化波动较大，所以用线性方法等计算的预测值与实际值的误差较大[1]。

而采用灰色预测理论就能较好地解决这个问题，并且不需要过多的样本数据，可以弥补历史统计数据较少的不足。另外，灰色预测理论还可以避免由于个人经验、知识、偏好等造成的人为主观臆断。因此，选用灰色预测理论来进行富余劳动力的预测是合理的。

3.5.4.2　基于灰色预测理论的农牧区富余劳动力估算

为反映西藏农牧区富余劳动力发展变动趋势，以西藏 2017—2020 年富余劳动力为研究对象，来构建灰色预测 GM 模型（表 3-22）。

---

① 王维，李仕明.2005—2010 年四川省人才需求预测［J］.电子科技大学学报，2005（6）：4-7.

表 3-22　2017—2020 年西藏农牧区富余劳动力变动情况

单位：万人

项目	2017 年	2018 年	2019 年	2020 年
富余劳动力 X_1	88.3	87.2	85.9	84.5

具体构建步骤如下[①]。

（1）生成时间序列

灰色理论认为，一切随机量看作是在一定范围内一定时段上变化的灰色量。对灰色量的处理不是寻求它的统计规律和概率分布，而是通过一定的处理，将杂乱无章的原始数据变成比较有规律的时间序列数据。为了减弱原始时间序列的随机性，先要对原始序列进行数据处理，即通过累加方式生成时间序列。原始序列为 $X^{(0)}$，生成时间序列为 $X^{(1)}$，则：

$$X^{(1)} = \left[X^{(1)}(t_1), X^{(1)}(t_2), \cdots, X^{(1)}(t_n) \right]$$

$$= \left[X^{(0)}(t_1), \sum_{k=1}^{2} X^{(0)}(t_k), \cdots, \sum_{k=1}^{n} X^{(0)}(t_k) \right] \quad (3-8)$$

接下来对 $X^{(0)}$ 作准光滑型检验，并检验 $X^{(1)}$ 是否具有准指数规律。两者满足后，确定生成时间序列接近指数曲线，故可认为是光滑的离散系数，用微分方程进行描述。

（2）灰色决策模型 GM（1，1）的建立

对生成的时间序列，GM（1，1）模型相应的微分方程为：

$$\frac{\mathrm{d}X^{(1)}(t)}{\mathrm{d}t} + aX^{(1)}(t) = u \qquad (3-9)$$

式中，$X(t)$ 表示 t 年从业人才数，a 和 u 为待定参数。

求解微分方程，即可得到灰色决策模型（时间响应方程）如下：

$$\hat{X}^{(1)}(k+1) = \left[X^{(0)}(1) - \frac{u}{a} \right] e^{-ak} + \frac{u}{a} \quad (k=1,\cdots,n)$$

$$(3-10)$$

上式中参数 a，u 用最小二乘法估计。

设 $\hat{a} = [a,u]^T = (B^T B)^{-1} B^T Y$

其中：

---

① 刘思峰．灰色系统理论及其应用 [M]．北京：科学出版社，2010.

$$B = \begin{bmatrix} -\frac{1}{2}\left[X^{(1)}_{(1)} + X^{(1)}_{(2)}\right] & 1 \\ \vdots & \vdots \\ -\frac{1}{2}\left[X^{(1)}_{(k-1)} + X^{(1)}_{(k)}\right] & 1 \end{bmatrix} \qquad (3-11)$$

$$Y = \left[X^{(0)}_{(2)}, X^{(0)}_{(3)}, \cdots, X^{(0)}_{(n)}\right]^T \qquad (3-12)$$

（3）残差分析

通过计算绝对误差和相对误差，检验判断误差变动是否平稳。

其中绝对误差 $\varepsilon^{(0)}_k = \left| X^{(0)}_k - \hat{X}^{(0)}_k \right|$，相对误差 $q(k) = \dfrac{\varepsilon^{(0)}_k}{x^{(0)}_k} \times 100\%$。

（4）关联度分析

关联度 r 说明了两个序列（生成序列和原始序列）之间的关联程度，用来描述模型模拟值序列对原始序列值拟合的程度。

$$\eta(k) = \frac{\min\{\varepsilon^{(0)}\} + \rho\max\{\varepsilon^{(0)}\}}{\varepsilon^{(0)}_{(k)} + \rho\max\{\varepsilon^{(0)}\}} \qquad r = \frac{1}{n}\sum_{k=1}^{n}\eta(k) \qquad (3-13)$$

其中 ρ 为分辨率，$0 < \rho < 1$，一般取 $\rho = 0.5$。经验表明，当 $\rho = 0.5$ 时，关联度大于 0.6，模型的拟合程度就能达到比较满意的程度。

（5）后残差分析

①计算原始序列方差：$s^2_1 = \dfrac{1}{n}\sum_{k=1}^{n}(x^{(0)}_k - \bar{x})^2 \quad \bar{x} = \dfrac{1}{n}\sum_{k=1}^{n}x^{(0)}_{(k)}$　(3-14)

②计算残差序列方差：$s^2_2 = \dfrac{1}{n}\sum_{k=1}^{n}(\varepsilon^{(0)}_k - \bar{\varepsilon})^2 \quad \bar{\varepsilon} = \dfrac{1}{n}\sum_{k=1}^{n}\varepsilon^{(0)}_{(k)}$　(3-15)

③计算后验比值：$C = \dfrac{s_2}{s_1}$ 　(3-16)

④小误差频率：$P = \left\{\left[\varepsilon^{(0)} - \bar{\varepsilon}\right] < 0.6745 s_1\right\}$ 　(3-17)

一般根据表 3-23 检验模型的拟合精度，如果残差、关联度、后验差都能检验通过，则可以用所建模型进行预测；否则需要进行残差修正，以提高模型的精度。

表 3-23　模型精度等级

精度等级	P	C
1 级（优）	>0.95	<0.35
2 级（良）	>0.8	<0.5
3 级（合格）	>0.7	<0.65
4 级（不合格）	$\leqslant 0.7$	$\geqslant 0.65$

遵循以上步骤,解得时间响应方程为:

$$\hat{X}^{(1)}(k+1) = \left[X^{(0)}(1) - \frac{u}{a}\right]e^{-ak} + \frac{u}{a} = 5\ 592.42e^{-0.015\ 7k} + 5\ 680.72$$

$$\hat{X}_1^{(0)}(k+1) = \hat{X}_1^{(1)}(k+1) - \hat{X}_1^{(1)}(k) \qquad k = 0,1,2,\cdots \qquad (3-18)$$

模型计算出后,用已知的数据进行模型的有效性检验。

从表 3-24 中可以看出,预测值与实际值误差最多不超过 0.08%,平均相对误差为 0.04%,可见预测准确度较高。

表 3-24　残差计算表

年份	K	实际值 $X_k^{(0)}$	预测值 $\hat{X}_k^{(0)}$	误差 $\varepsilon_k^{(0)}$	相对误差 $q(k)$
2017	1	88.32			
2018	2	87.26	87.21	0.05	0.06%
2019	3	85.92	85.85	0.07	0.08%
2020	4	84.50	84.51	0.01	0.01%

接下来计算关联度:

$$r = \frac{1}{n}\sum_{k=1}^{n}\eta(k) = 0.619 > 0.6 \qquad (3-19)$$

可知模型的数据拟合程度较好,如图 3-7 所示。

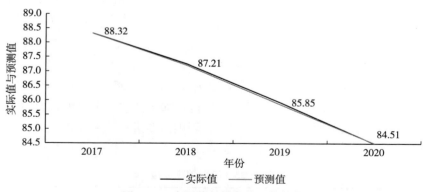

图 3-7　实际值与模拟值比较趋势

接下来进行后验差检验。

原始序列方差:

$$s_1^2 = \frac{1}{n}\sum_{k=1}^{n}\left[x_k^{(0)} - \bar{x}\right]^2 = 1.743\ (\bar{x} = 86.5) \qquad (3-20)$$

$$s_2^2 = \frac{1}{n}\sum_{k=1}^{n}\left[\varepsilon_k^{(0)} - \bar{\varepsilon}\right]^2 = 0.028 \; (\bar{\varepsilon} = 0.032\,5) \qquad (3-21)$$

后验差比值：$C = \dfrac{s_2}{s_1} = 0.016$ $\qquad\qquad\qquad\qquad\qquad\;(3-22)$

计算小误差概率：$P = \left\{\left[\varepsilon^{(0)} - \bar{\varepsilon}\right] < 0.674\,5s_1\right\}$ $\qquad\quad\;(3-23)$

由于 $0.674\,5s_1 = 1.175$ ，而 $\left[\varepsilon^{(0)} - \bar{\varepsilon}\right]$ 的值分别为 0.032 5、0.017 5、0.037 5 和 0.022 5，均小于 $0.674\,5s_1$，故 $P=1$。对照精度等级，$P>0.95$，$C<0.35$，可见模型的精度为 1 级（优）。

经过残差检验、后验差检验，可见模型具有非常优异的精度，故利用该模型可对西藏城镇化率进行预测，预测结果如表 3 - 25 所示。

表 3 - 25　西藏农牧区富余劳动力预测

单位：万人

年份	富余劳动力
2021	83.20
2022	81.90
2023	80.63
2024	79.37
2025	78.13

综合边际收益相等法和灰色系统理论，可以看到，在现有转移速度下，到 2025 年西藏尚有农牧区富余劳动力 78.13 万人，每年需转移 1.56% 的富余劳动力，转移就业形势依然严峻，迫切需要对现有非农就业的现状和问题进行进一步分析，以确定未来转移思路。

3.6　西藏农牧民非农就业的现状

3.6.1　西藏农牧民非农就业的政策指引

就业是民生之本。我国一直高度重视就业工作，先后出台了一系列政策措施以稳定就业，帮助农牧民实现转移就业和高质量就业。2000 年劳动和社会保障部等七部委联合发布的《关于进一步开展农村劳动力开发就业试点工作的通知》提出"按照城乡统筹就业的原则，逐步建立统一、开放、竞争、有序、城乡一体化的劳动力市场"，同时提出"制定完善西部地区农村就业促进政策。结合在西部地区发展非农产业、推进城市化调整农村经济结构、生态环境保护和建设、水利基础设施和公共工程建设等，制定相应的农村劳动力开发就业政策措施"。随着 2007 年《中华人民共和国就业促进法（2015 年修正）》出台，标志着就业政策进入法制化阶段。《中华人民共和国就业促进法》中明确提到"国家实行城乡统筹的就业政策，建立健全城乡劳动者平等就业的制度，引导农业富余劳动力有序转移就业"，为西藏实施农牧民转移就业提供了政策支撑。

随着《国务院关于批转促进就业规划（2011—2015 年）的通知》（国发〔2012〕6 号）的出台，对西部地区尤其是民族地区就业工作给出了更加明确的发展路径，即"指导中西部地区结合产业的梯次转移，引导更多的劳动力就地就近转移就业。重视解决少数民族地区和贫困地区的就业问题，给予政策倾斜，支持其发展经济扩大就业"。

《人力资源和社会保障部 财政部关于进一步完善公共就业服务体系有关问题的通知》（人社部发〔2012〕103 号）则要求，对农村转移劳动者等重点群体提供专门就业服务，同时"要进一步强化基层特别是农村公共就业服务功能，提高人员素质，改进服务手段，承担基本公共就业服务职能"。

2017 年发布的《国务院关于印发"十三五"促进就业规划的通知》（国发〔2017〕10 号）中提出，结合新型城镇化开展支持农民工等人员返乡创业试点，并统筹做好少数民族劳动者等群体就业工作。

2020 年《国务院办公厅关于支持多渠道灵活就业的意见》（国办发〔2020〕27 号）则提出鼓励个体经营发展，对农民工等重点群体从事个体经营的按规定给予创业担保贷款、税收优惠、创业补贴等政策支持，并提供低成本场地支持，维护劳动保障权益。

习近平总书记在中央第六次西藏工作座谈会上提出"富民兴藏"并指出，要实施更加积极的就业政策，为各族群众走出农牧区到城镇和企业就业、经商创业提供更多帮助。中央第七次西藏工作座谈会上，习近平总书记强调，必须把改善民生、凝聚人心作为经济社会发展的出发点和落脚点，要培育扶持吸纳就业的能力，提供更多就业机会，推动多渠道市场就业。

遵照西藏工作座谈会的要求以及相关就业文件精神，西藏一直高度重视农牧民非农就业问题，西藏"十三五"规划纲要中明确提出"推进以人为核心的新型城镇化，引导农牧区人口向城镇适度聚集"，并专门论述了"大力促进农牧民转移就业"。主要工作内容包括：实施农牧民工职业技能提升计划，大力开展职业技能培训，壮大劳务经济，提高劳务输出组织化程度，打造特色劳务品牌，带动更多农牧民转移就业[①]。

---

① 杨荒巧. 拉萨市非农就业政策研究［D］. 拉萨：西藏大学，2019.

西藏自治区政府及各区直机构也出台了相关政策来支持农牧民非农就业工作（表 3 - 26）。

表 3 - 26　西藏政府鼓励农牧民非农就业的相关文件

发文部门	文件名称	相关内容
西藏自治区人民政府	西藏自治区实施《中华人民共和国就业促进法》办法	县级以上人民政府应当将农牧区劳动力转移就业人数等指标作为责任制考核目标
西藏自治区财政厅	西藏自治区农牧民技术培训津贴资金管理办法（试行）（藏财农字〔2013〕66 号）	劳动力转移培训。涵盖职业资格认证、非职业资格认证两大类。培训时长按照培训项目技能任务情况制定，原则上不少于 30 天。转移就业率达 80% 以上，用人单位与农牧民签订的劳动合同期限不低于 3 个月
西藏自治区人民政府	西藏自治区人民政府关于贯彻落实国务院关于进一步做好新形势下就业创业工作意见的实施意见（藏政发〔2016〕61 号）	积极推进农牧民转移就业。加强农牧民尤其是贫困人口技能培训，提高转移就业组织化程度，促进农牧民尤其是贫困人口有序和规模化外出就业。规范农牧民施工队认定管理，完善优惠扶持办法，做大做强一批农牧民施工队（企业）
西藏自治区人民政府办公厅	西藏自治区人民政府办公厅关于增进农牧民工等社会成员返乡创业的执行建议（藏政发〔2016〕106 号）	加强创业服务平台建设，积极推进农牧民工等人员返乡创业园建设，强化农牧民工等返乡人员创业培训工作，加强农牧民工等返乡社人创业指引和服务
西藏自治区人民政府	西藏自治区人民政府关于切实加强当前和今后一段时间就业创业环境的实施意见（藏政发〔2017〕56 号）	就重要性和紧迫性、主要目标和重点领域、具体的工作任务以及相关要求提出了要求
西藏自治区人力资源和社会保障厅等	西藏自治区人力资源社会保障厅 财政厅 扶贫办关于切实加强就业扶贫方面的意见（藏人社厅发〔2017〕72 号）	加大农牧民技能培训和转移就业力度。加大对农牧民工返乡就业创业的支持力度，推动返乡创业园区建设，支持多渠道就业创业
西藏自治区人民政府办公厅	西藏自治区人民政府办公厅关于促进农牧民持续增收的意见（藏政办发〔2018〕84 号）	农牧民转移就业是农牧民增收的最大潜力和增长点。加强农牧区劳动力转移就业培训，提高培训针对性和时效性，加大劳务输出力度，提高农牧民转移就业组织化和技能化水平

（续）

发文部门	文件名称	相关内容
西藏自治区人民政府	西藏自治区人民政府关于做好当前和今后一个时期促进就业工作的实施意见（藏政发〔2019〕01 号）	加大农牧民技能培训和转移就业力度。从 2019 年 1 月 1 日起，各地（市）、县（区）"订单定向式"农牧民培训人数不低于培训总人数的 30%，并逐年提高，力争用 5 年时间达到 60% 以上
西藏自治区人力资源和社会保障厅等（2020）	关于印发西藏自治区应对新冠肺炎疫情加快农牧民转移就业促进农民增收的实施方案的通知	2020 年，完成 10 万名农牧民培训任务，实现转移就业 60 万人，劳务收入 42 亿元，确保农村居民人均可支配收入年均增长 13% 以上。坚持把转移就业作为促进农牧民增收的关键抓手
西藏自治区就业服务中心（2020）	关于促进农牧民有组织跨区域转移就业的工作方案	加大初中以上文化程度农牧民精准技能培训力度，开展组织化、规模化的跨省区、跨地市转移就业
西藏自治区人力资源和社会保障厅	西藏自治区农牧民转移就业基地管理办法（试行）（藏人社发〔2020〕52 号）	根据不同类型基地新增吸纳我区户籍农牧民人数和时间的不同进行相应奖励
西藏自治区住房和城乡建设厅（2022）	西藏自治区工程建设领域促进就业暂行办法	政府投资项目投资主管部门在安排项目投资、项目招标和承包合同中，应当明确积极吸纳有意愿在工程建设领域就业的农牧民和农牧民用工岗位开发的相关要求

通过以上文件梳理，可以看到西藏自治区人民政府非常重视农牧民的非农就业工作，并将农牧区劳动力转移就业人数等指标纳入县级政府的考核指标中来，从组织上确保非农就业工作的顺利开展。

同时，不同文件还从不同侧面勾勒出了非农就业工作的主要内容。政府要构建统一的人力资源市场，加强创业服务平台建设，加强职业资格认证、非职业资格认证两大类培训工作，加大劳务输出力度，提高农牧民转移就业组织化和技能化水平，做好就业促进工作，确保农牧民非农就业"转得出、稳得住、能致富"。

2021 年 12 月，西藏自治区人力资源和社会保障厅（简称区人社厅）发布了《西藏自治区"十四五"就业促进规划》，其中 13 处提到农牧民的"转移就业"，现采用词频分析方法，对《西藏自治区"十四五"就业促进规划》的文本进行分析，得到词云分布（图 3-8）。

图 3-8　《西藏自治区"十四五"就业促进规划》词云分布

从词云分布图以及结合前 30 位高频词可以看出《西藏自治区"十四五"就业促进规划》的主要故事线（表 3-27）。

表 3-27　西藏"十四五"就业促进规划前 30 位高频词

序号	单词	词频	序号	单词	词频	序号	单词	词频
1	创业	134	11	市场	39	21	城镇	26
2	企业	74	12	人才	39	22	人员	26
3	政策	64	13	毕业生	37	23	制度	26
4	机制	47	14	职业技能	36	24	品牌	25
5	失业	46	15	劳动力	35	25	农牧民	24
6	劳动者	46	16	健全	35	26	体系	24
7	技能	45	17	落实	33	27	服务业	24
8	人力资源	42	18	农牧区	28	28	重点	23
9	能力	42	19	计划	28	29	风险	23
10	高校	41	20	载体	27	30	乡村	23

《西藏自治区"十四五"就业促进规划》针对重点关注人群，如高校毕业

生、农牧民、就业困难等人群，从职业技能入手，加强政策和机制建设，建立人力资源服务市场，特别是通过创业、引入市场机制、鼓励企业吸纳就业、加强劳务品牌建设等方式，提高劳动者技能，实现城乡统筹协调发展。

具体到非农就业，大致有如下要求或目标：①每年农牧民参加职业技能培训 8 万人次，转移就业 60 万人；②拓宽农牧区劳动力转移就业渠道，充分发挥产业吸纳就业的作用；③将农牧民转移就业与全面推进乡村振兴主动对接，持续推动农牧民转移就业基地建设，不断提升农牧民稳定就业的能力和质量，支持外出务工人员返乡入乡创业带动就业，加强创业服务能力建设和创业载体建设，吸引农牧区劳动力就地就近创业就业；④加大组织化转移就业力度，将搬迁（不含抵边搬迁）群众作为重点对象，大力开展有组织劳务输出。

同时，为深入实施就业优先战略，加强农牧民转移就业基地建设，促进农牧民就业增收，西藏确定 15 家单位为自治区级农牧民转移就业基地，通过就业补贴等方式，带动农牧民就近创业就业（表 3-28）。

表 3-28 西藏自治区级农牧民转移就业基地名单

序号	推荐地市	单位名称
1	拉萨市	拉萨城关区洁达园林绿化投资工程有限公司
2	拉萨市	西藏巨龙铜业有限公司
3	拉萨市	西藏蕃才人力资源服务有限公司
4	日喀则市	西藏乔穆朗玛劳务服务管理有限责任公司
5	日喀则市	仁布县康雄乡亚德细褐羊毛织品农民专业合作社
6	日喀则市	日喀则市创业劳务派遣有限公司
7	山南市	西藏山南平安建筑工程有限责任公司
8	山南市	西藏怀德农林科技有限公司
9	山南市	隆子县聂雄乳业有限公司
10	林芝市	西藏工布江达志远环保科技有限公司
11	昌都市	类乌齐县达多阳光建筑商贸有限责任公司
12	昌都市	左贡县阿妥益喜措嘉综合农民专业合作社
13	那曲市	索县喀嘎尔实业有限公司
14	那曲市	西藏那曲市国旺保安服务有限责任公司
15	阿里地区	阿里福利生态开发有限责任公司

在西藏各级政府的大力推动下，西藏农牧民转移就业取得了较好的成绩。

3.6.2　西藏农牧民转移就业的基本现状

对照"十二五"时期和"十三五"时期的西藏农牧民转移就业情况,可以看到西藏在农牧民转移就业上所做的努力。"十二五"期间,西藏全区累计转移农牧业劳动力 467 万人次,转移农牧区劳动力 249 万人;"十三五"时期,西藏全区农牧民转移就业累计达 283.9 万人,较"十二五"期间增加 34.9 万人。尤其是 2021 年农牧民非农就业 69.3 万人,为"十四五"开局奠定了坚实的基础。从 2015 年开始,西藏每年农牧民转移就业人数都在 50 万人以上,极大地带动了西藏农牧民的增收。2010 年西藏农牧民劳务收入仅为 16.5 亿元,到 2021 年劳务收入达到 58.1 亿元,年增长率为 6.18%,改善了农牧民的收入水平和生活状态,为西藏巩固拓展脱贫攻坚成果提供了有力保障(表 3-29)。

表 3-29　西藏 2006—2021 年西藏农牧民转移就业统计

项目	2006 年	2010 年	2012 年	2015 年	2019 年	2020 年	2021 年
人数(万人)	30	35.6	45	52	57.1	61	69.3
劳务收入(亿元)	7.6	16.5	18.5	25.6	34.8	47.1	58.1

3.6.3　西藏农牧民转移就业的特点

3.6.3.1　转移就业压力较大,地区差异明显

如前所述,西藏农牧区人口总数 2020 年末为 234.46 万人,非农就业仅占乡村人口的 26.02%,同时根据前文的测算,西藏 2020 年富余劳动力约为 84.5 万人,还有 23.5 万富余劳动力亟待转移,即仍有 10.02% 的富余劳动力难以实现转移就业。

另外,在农牧民的非农就业中,地区差异较大,每个地区转移就业情况不尽相同。就转移就业人次和人数而言,那曲市最少,日喀则市最多。就转移就业人数和人次之间的比较来看,阿里地区有 11.7 万人次转移就业,但仅有 0.4 万人真正实现转移就业,就业状况不稳定(表 3-30)。

表 3-30　西藏各地市转移就业统计

地区	区直	拉萨市	日喀则市	山南市	昌都市	那曲市	林芝市	阿里地区
人次(万人次)	0.25	26.1	37.1	19.3	15.5	3.0	4.4	11.7
人数(万人)	0.18	13.0	17.3	9.4	7.7	1.1	3.2	0.4
稳定就业比例(%)	72.00	49.81	46.63	48.70	49.68	36.67	72.73	3.42

计算得到西藏稳定就业的均值为 47.45％，即农牧民转移过程中，只有 47.45％的人在转移后实现了在城镇的稳定就业，更多的农牧民在选择进城短工后返回家乡。同时可以看到，牧区的稳定就业的比例更低，难度更大，需加大对牧区的转移就业的工作力度。

3.6.3.2 转移就业领域单一，区内就业意愿强烈

为了解西藏农牧民转移就业领域和工作区域，整理得到表 3-31。

表 3-31　西藏农牧民转移就业统计

就业	按行业划分				按区域划分	
	建筑业	餐饮服务业	生产制造业	其他行业	区内	区外
人次（人）	178 826	75 604	29 908	176 946	446 600	14 684
比例（％）	38.77	16.39	6.48	38.36	96.82	3.18

从转移就业人员的行业分布来看，主要集中在建筑业、餐饮服务业和生产制造业三个领域，尤其是建筑业，吸收了超过三分之一的转移就业，但随着西藏城镇化基础建设的日益完善，后续就业的吸纳能力还待进一步考虑。

就西藏农牧民工转移就业的地域而言，区域相对比较单一，区内就业占据了绝大多数，为 96.82％，区外就业的比例偏低。针对这一问题，西藏于 2020 年出台《关于促进农牧民有组织跨区域转移就业的工作方案》，明确加强与对口支援省市、中央企业和其他省市的劳务协作，2020 年实现跨省有组织转移就业 5 000 人，实现跨地市（自治区内）有组织转移就业 55 000 人。对农牧民工跨地市、跨省有组织劳务输出，且年度就业时间累计达到 6 个月及以上的，分别按照每人 500 元、1 000 元标准给予路费补贴，按照每人 300 元、500 元的标准给予求职创业补贴。

3.6.3.3 季节波动明显，稳定性较差

按月份分析农牧民转移就业的人次和人数，汇总如表 3-32 所示。

表 3-32　西藏自治区农牧民转移就业情况

月份	农牧民转移就业人次（人）	农牧民转移就业人数（人）
1	6 121	6 121
2	9 938	9 938
3	69 202	64 928
4	30 405	29 819

（续）

月份	农牧民转移就业人次（人）	农牧民转移就业人数（人）
5	175 536	142 564
6	104 115	55 405
7	189 943	37 134
8	171 499	22 092
9	59 804	28 762
10	73 089	17 015
11	24 067	15 666
12	43 465	28 762

为了更加直观地了解农牧民工转移就业的月变化规律，绘制曲线图进行分析（图 3-9）。

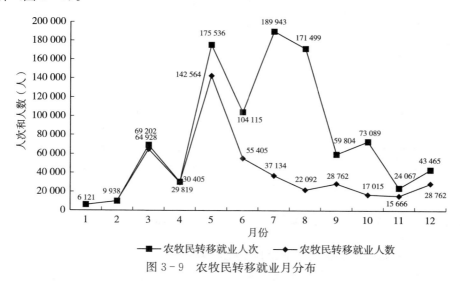

图 3-9　农牧民转移就业月分布

从图 3-9 中可知，农牧民转移就业在各个月份呈现出明显的差异性。5—8 月份转移就业相对比较活跃，转移就业的人次比较多，但转移就业的人数并未和人次呈正相关，这就表明转移就业人员的稳定性相对较差，特别是在 6—9 月份这一现象更加严重，人次很多的同时人数却呈现下降的趋势。而 9 月以后转移就业的人数明显下降，1—2 月达到最低。如前所述，农牧民有较多从事建筑业、旅游业等工作，随着气候的变动，工作的需求量明显变少。因此各月份的农牧民转移就业数也与青藏高原的气候、从事工作的特点以及农牧民的生活习惯具有密切的关系。保持工作供给方的稳定性，是需要加大力度建设的内容。

3.7　西藏农牧民非农就业面临的挑战

3.7.1　西藏富余劳动力转移较慢

西藏耕地面积有限，仅高于北京、天津、上海，位列全国倒数第四。虽然西藏人均耕地面积为 1.84 亩（2019 年），高于全国平均水平 1.38 亩，但随着西藏人口数量的增长，人均耕地面积明显下降（表 3-33）。特别是西藏人口自然增长率一直位居全国第一，2013—2019 年人口自然增长率均值达到10.58‰，而农牧民生育意愿高于城镇，导致第一产业中的人口数量增加更为明显，加剧了人地矛盾。

表 3-33　西藏人均耕地面积及人口自然增长率变动情况

项目	2013 年	2014 年	2015 年	2016 年	2017 年	2019 年
总耕地面积（万亩）	662.70	663.75	664.50	666.90	666.00	663.15
人口（万人）	317	325	330	340	349	361
人均耕地面积（亩）	2.09	2.04	2.01	1.96	1.91	1.84
自然增长率（‰）	10.38	10.55	10.65	10.68	11.05	10.14

同时根据前文的测算，按现有的转出速度，到 2025 年，富余劳动力数量仍然有 78.13 万人，叠加较高的人口生育率，转移就业形势依然严峻。

3.7.2　现有产业布局中第三产业还需加强

3.7.2.1　西藏产业结构及就业结构变化趋势分析

产业结构反映着一个国家或地区产业间的比例关系及其变化趋势。与产业结构相对应的就业结构是指国民经济各部门所占用的劳动力数量、比例及相互关系，反映了一个国家或地区对劳动力资源的利用状况。就业结构与产业结构关系协调与否是衡量一地区国民经济是否健康发展的标志。就业结构与产业结构的关系，一方面表现为产业结构在一定程度上决定了就业结构状况，产业结构的变动和调整必然会引起就业结构的变动；另一方面就业结构会对产业结构产生一定的反作用，主要表现在当就业人口的总量和素质不能适应产业结构演化的需求时，会延缓产业结构的演进。因而在考虑城镇化进程中必须权衡两者的状况及其相关关系。

根据表3-34中的数据，得到西藏产业结构和就业结构变动情况（图3-10）。

表3-34　2001—2020年西藏产业结构与就业结构（％）

年份	产业结构			就业结构		
	第一产业	第二产业	第三产业	第一产业	第二产业	第三产业
2001	26.2	23.0	50.8	71.0	6.5	22.5
2002	23.9	20.2	55.9	68.8	6.2	25.0
2003	21.3	25.5	53.2	64.1	9.3	26.6
2004	19.3	23.5	57.2	62.6	9.6	27.8
2005	18.5	24.9	56.6	60.1	9.5	30.4
2006	16.7	26.6	56.7	58.9	9.6	31.4
2007	15.2	27.7	57.1	56.0	10.8	33.2
2008	14.5	27.8	57.7	54.6	10.5	34.9
2009	13.6	29.2	57.2	54.5	10.8	34.7
2010	12.6	30.3	57.1	53.6	10.9	35.5
2011	11.4	32.0	56.6	50.3	12.2	37.5
2012	10.6	31.8	57.6	46.3	13.4	40.3
2013	9.8	32.7	57.5	45.1	14.1	40.8
2014	9.4	33.0	57.6	43.7	14.7	41.6
2015	9.0	32.8	58.2	41.2	13.3	45.5
2016	9.4	33.3	57.3	37.7	16.4	45.9
2017	8.8	34.8	56.4	37.3	17.7	45.0
2018	8.3	37.6	54.1	36.5	19.7	43.8
2019	8.2	37.4	54.4	35.7	21.7	42.6
2020	7.9	42.0	50.1	35.8	15.5	48.7

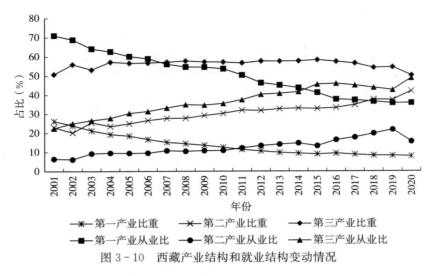

图 3 - 10　西藏产业结构和就业结构变动情况

由图 3 - 10 可知，在 2000 年后，西藏的产业结构中，第三产业一直稳居 50％以上的份额，特别在 2015 年达到 58.2％的高点，尽管之后有所回落，且叠加新冠疫情影响，但 2020 年仍然维持在 50.1％。第一产业被第二产业超越后，在整个 GDP 中的比重不断下降，已经下降到 7.9％。第二产业发展相对迅速，从 23％上升到 42％，其发展势头有望成为西藏的支柱产业和经济发展的领头军。但需要注意的是，第三产业比重超过了第一、二产业的比重之和。目前西藏第三产业比重超过了我国东部的不少地区，社会经济发展出现了无物质为基础的超前状态。

相对于产业结构的变动，就业结构的变化表现出明显的稳定性和滞后性。第三产业就业比重由 2001 年的 22.5％上升到 2020 年的 48.7％，年均增长 4.15％，位列第一；尽管第一产业的就业比重从 2001 年的 71.0％下降至 2020 年的 35.8％，年平均下降率为 3.54％，在 GDP 中所占比例最低，但就业人数仍位居第二；第二产业的就业比重缓慢上升，由 2001 年的 6.5％上升至 2020 年的 15.5％，年均增长率为 4.68％。西藏就业结构仍然维持了"三、一、二"排列的非典型"下坡"形态。

3.7.2.2　结构偏离度的变化趋势分析

结构偏离度通常是指就业比重与产业比重之差，用公式可以表示为：结构偏离度＝就业比重－产值比重。结构偏离度的大小及变动反映了相关产业产值比重与就业比重的平衡性，以及产业对富余劳动力的吸纳或排挤。如果结构偏离度变大，则意味着相关产业吸纳富余劳动力流入。结构偏离度为负值时，就业构成百分比滞后于产值构成百分比，劳动生产率较高，存在很大的就业吸纳空间，结构偏离度越小表明结构性失业产生的机会就越大；结构偏离度为正值时，就业构成百分比大于产值构成百分比，产业吸纳了较多的劳动力，劳动生产率较低，产业发展水平较低，存在富余劳动力，结构偏离度越大表明产业结构与就业结构越不平衡，产业部门存在大量亟待转移的劳动力；结构偏离度为零时，就业构成百分比等于产值构成百分比，表明产业结构与就业结构处于平衡状态。下面对 2001—2020 年西藏结构偏离度进行分析（表 3 - 35）。

表 3 - 35　2001—2020 年西藏结构偏离度

年份	第一产业			第二产业			第三产业		
	就业结构	产业结构	结构偏离度	就业结构	产业结构	结构偏离度	就业结构	产业结构	结构偏离度
2001	71.0	26.2	44.80	6.5	23.0	−16.50	22.5	50.8	−28.30
2002	68.8	23.9	44.90	6.2	20.2	−14.00	25.0	55.9	−30.90
2003	64.1	21.3	42.80	9.3	25.5	−16.20	26.6	53.2	−26.60
2004	62.6	19.3	43.30	9.6	23.5	−13.90	27.8	57.2	−29.40
2005	60.1	18.5	41.60	9.5	24.9	−15.40	30.4	56.6	−26.20
2006	58.9	16.7	42.20	9.6	26.6	−17.00	31.4	56.7	−25.30
2007	56.0	15.2	40.80	10.8	27.7	−16.90	33.2	57.1	−23.90
2008	54.6	14.5	40.10	10.5	27.8	−17.30	34.9	57.7	−22.80
2009	54.5	13.6	40.90	10.8	29.2	−18.40	34.7	57.2	−22.50
2010	53.6	12.6	41.00	10.9	30.3	−19.40	35.5	57.1	−21.60
2011	50.3	11.4	38.90	12.2	32.0	−19.80	37.5	56.6	−19.10
2012	46.3	10.6	35.70	13.4	31.8	−18.40	40.3	57.6	−17.30
2013	45.1	9.8	35.30	14.1	32.7	−18.60	40.8	57.5	−16.70
2014	43.7	9.4	34.30	14.7	33.0	−18.30	41.6	57.6	−16.00
2015	41.2	9.0	32.20	13.3	32.8	−19.50	45.5	58.2	−12.70
2016	37.7	9.4	28.30	16.4	33.3	−16.90	45.9	57.3	−11.40
2017	37.3	8.8	28.50	17.7	34.8	−17.10	45.0	56.4	−11.40
2018	36.5	8.3	28.20	19.7	37.6	−17.90	43.8	54.1	−10.30
2019	35.7	8.2	27.50	21.7	37.4	−15.70	42.6	54.4	−11.80
2020	35.8	7.9	27.90	15.5	42.0	−26.50	48.7	50.1	−1.40

从第一产业来看，结构偏离度均为正值，表明劳动生产率较低，容纳了大量的农村富余劳动力，有农村劳动力转出的需要。虽然结构偏离度的趋势越来

越小，从 2001 年的 44.80 下降到 2020 年的 27.90，但 2016 年后呈现平稳波动状态，表明农村富余劳动力存在转出和回流相互融合的趋势。

从第二产业来看，结构偏离度均为负值，表明部门劳动生产率高，吸纳就业的能力较强。总体来看，结构偏离度呈现下降的趋势，从 2001 年的 −16.5 下降至 2013 年的 −26.5，特别是 2020 年较 2019 年下降 10.8，整体表明第二产业的劳动生产率越来越高，吸纳就业的潜力也越来越大。但是否可以持续，还需持续进行观察。

从第三产业来看，结构偏离度为负值，表示劳动生产率高，吸纳就业的能力强，但结构偏离度呈现明显上升的趋势，特别是 2020 年为 −1.4，表明后续吸纳就业能力减弱，就业结构与产业结构的变化较为同步。

3.7.3 现有公共就业服务设施还需加强

西藏历来十分重视公共就业服务，先后建立西藏自治区和拉萨市、日喀则市、林芝市、山南市以及阿里地区人力资源市场和社会保险综合服务中心，新建 68 个县级就业和社会保障设施、5 个社区人力资源和社会保障综合服务中心、50 个乡镇就业和社会保障服务中心，同时西藏自治区人社厅利用信息技术，充分发挥网络优势，建立"西藏公共就业招聘网""西藏人力资源市场"等开展线上招聘，实现了岗位发布、用工备案等工作全流程"网上办""不见面"，为广大用人单位和农牧民等求职者搭建了线上招聘求职对接平台，通过线上线下结合的方式为西藏农牧民转移就业提供信息途径。

尽管西藏已经在构建公共就业服务设施方面加大投入，但距离农牧民的要求还存在着一定的差距。全国各地区从事人力资源服务的单位数如表 3-36 所示。

表 3-36 2020 年全国人力资源服务单位数

单位：个

地区	单位数	地区	单位数
全国	297 797	河南	14 739
北京	6 678	湖北	27 044
天津	4 614	湖南	9 870
河北	13 111	广东	17 241
山西	6 422	广西	7 884
内蒙古	5 471	海南	1 310
辽宁	6 314	重庆	9 482
吉林	1 884	四川	12 828

（续）

地区	单位数	地区	单位数
黑龙江	3 094	贵州	7 429
上海	4 564	云南	7 611
江苏	28 924	西藏	352
浙江	11 464	陕西	9 020
安徽	24 566	甘肃	3 376
福建	5 939	青海	3 815
江西	9 964	宁夏	2 871
山东	27 912	新疆	2 004

西藏人力资源服务机构数量为 352 个，与人口排名倒数第二位的宁夏进行对比。宁夏常住人口数是 725 万人，约为西藏的 2 倍，但人力资源服务机构数为 2 871 个，约为西藏的 8.2 倍。西藏地域辽阔，其人力资源服务机构大多集中在县级及以上，在实现对农牧区的有效覆盖和提供更全面、更精准的服务上还有待提高。

从表 3 - 37 可知，西藏在公共就业服务中心登记就职的农牧民数量偏少，仅占求职登记人数的 12.42%，对比甘肃、青海，这两省求职登记的农牧民比例均在 73% 以上，四川、云南的这一比例则为 46%。西藏公共服务设施不足，服务人数有限，也对农牧民非农就业有一定的制约。

表 3 - 37　2020 年全国各地区公共就业服务状况

单位：人

地区	本期单位登记招聘人数	本期登记求职人数				本期接受职业指导人次		本期接受创业服务人数
		总计	女性	应届高校毕业生	农村劳动者	总计	女性	
总计	53 530 487	31 879 408	12 684 764	4 903 968	10 816 029	19 492 792	7 767 523	5 038 441
四川	2 222 770	1 079 290	453 235	90 808	506 833	1 028 341	449 638	230 947
云南	1 525 169	671 272	268 648	83 528	314 645	1 089 974	481 410	147 271
西藏	56 717	33 832	7 913	18 879	4 201	21 616	8 721	6 232
甘肃	1 025 586	548 590	268 059	85 236	403 939	338 378	173 578	139 836
青海	130 840	218 127	82 590	14 902	165 154	195 581	74 805	10 651
宁夏	172 322	40 000	16 176	7 430	14 693	41 699	17 909	31 071

3.8 小结

西藏农牧民非农就业具有重要意义。西藏农牧民非农就业能有效破除城乡二元结构，实现融合发展；降低西藏公共服务成本，实现基本公共服务均衡化；提高农牧民收入，实现共同富裕。

从西藏人口分布特征来看，西藏的城镇人口和乡村人口比为 35.73：64.27，西藏更多的人口居住在农牧区。现有人口中 66.95% 的人年龄集中在 16～59 岁，人口结构偏年轻化；平均受教育年限为 6.75 年，低于全国平均水平 9.91 年；人口出生率长期位列全国前列，农牧民的生育意愿显著高于城镇。可见农牧民的非农转移面临较大压力。

在现有非农就业中，整体呈现上升趋势。西藏整体工业发展较为滞后，且以重工业为主，第二产业中的制造业、建筑业就业比例明显偏低，对吸纳就业的帮助有限。

为估计西藏农牧民非农就业转移的人数，利用标准结构法和边际收益法对农牧民富余劳动力人数进行估计，测算结果表明，边际收益相等的预测方法更加符合西藏实际。在此基础上，结合灰色系统理论，预测在现有转移速度下，到 2025 年西藏尚有农牧区富余劳动力 78.13 万人，转移就业形势依然严峻。

为分析现有非农就业的现状，梳理西藏非农就业的相关政策，在此基础上对转移就业现状进行分析，可以看到：西藏转移就业压力较大，地区差异明显；转移就业领域单一，区内就业意愿强烈；季节波动明显，稳定性较差。

由此归纳出西藏非农就业存在的挑战，即西藏富余劳动力转移较慢，现有产业布局中第三产业还需加强，现有公共就业服务设施还需加强。

综上所述，西藏非农就业取得了很大成就，但农牧民整体受教育年限较短，职业技能欠缺，缺乏了解信息的渠道和从事相关工作的能力，难以实现稳定就业的目的，迫切需要加强公共就业培训，推进更加充分、更高质量的非农就业。

第4章　西藏农牧民公共就业培训现状分析

如第 3 章所述，结合边际收益相等法和灰色系统理论，在现有转移速度下，到 2025 年西藏尚有农牧区富余劳动力 78.13 万人需要转移，且西藏 15 岁以上人口平均受教育年限为 6.75 年，距全国平均水平 9.91 年还有差距，因此在西藏开展公共就业培训意义重大。

4.1　西藏农牧民公共就业培训的重要性

4.1.1　是西藏产业结构升级的需要

在全国人民的共同努力下，西藏经济社会建设均取得显著成就。西藏GDP 增速已连续 5 年高于全国增速，特别是 2016 年以后，每年比全国的增长速度高 2～5.5 个百分点[①]。产业结构的有效调整是西藏经济社会发展的有力支撑。

如表 4-1 所示，西藏的产业结构呈现明显的"三二一"的产业格局。西藏第一产业的比重经过 11 年的发展，已与全国的比例大致接近。但西藏产业结构中第二、三产业的变化趋势与全国明显不同。第三产业一直稳居 50% 以上的份额，在 2015 年达到 58.2% 的高点后回落趋势明显，2020 年西藏已低于全国 54.5% 的水平。在新型城镇化和居民消费品质升级等背景下，服务业必将迎来新的机遇。西藏第二产业却是逆势增长。西藏主要是以矿产业、水电能源业、手工业、藏药业、农畜产品加工业、高原特色生物和绿色食（饮）品业等为主的工业生产体系，而工业碳减排是实现"碳达峰、碳中和"目标的重中

---

① 林毅夫. 过去五年西藏 GDP 增速均高于全国增速 未来西藏的经济发展速度可能继续领跑全国［EB/OL］. https：//baijiahao. baidu. com/s? id=1711838813306711489&wfr=spider&for=pc.

之重，工业碳排放量占全国总排放量的 80% 左右①，因此第二产业的比重应持续走低。这就迫切要求西藏工业使用先进制造技术、数字经济等技术手段完成低碳转型和升级再造，推进产业结构调整和升级。在这一过程中，作为产业主体的转移就业农牧民的高素质决定了西藏经济的健康发展。

表 4 - 1 2010—2020 年产业结构（%）

年份	西藏产业结构			全国产业结构		
	第一产业	第二产业	第三产业	第一产业	第二产业	第三产业
2010	12.6	30.3	57.1	9.3	46.5	44.2
2011	11.4	32.0	56.6	9.2	46.5	44.3
2012	10.6	31.8	57.6	9.1	45.4	45.5
2013	9.8	32.7	57.5	8.9	44.2	46.9
2014	9.4	33.0	57.6	8.6	43.1	48.3
2015	9.0	32.8	58.2	8.4	40.8	50.8
2016	9.4	33.3	57.3	8.1	39.6	52.4
2017	8.8	34.8	56.4	7.5	39.9	52.7
2018	8.3	37.6	54.1	7.0	39.7	53.3
2019	8.2	37.4	54.4	7.1	38.6	54.3
2020	7.9	42.0	50.1	7.7	37.8	54.5

随着西藏第三产业的复苏和第二产业的结构调整，势必对劳动者的素质提出更高要求。因此要求西藏自治区人民政府大力开展公共就业培训，改变农牧民原有的知识与技能结构，以使农牧民适应非农产业市场对劳动力素质的要求，提高第二、三产业的生产效率和效益。

4.1.2 是新型城镇化建设的需要

新型城镇化进程，就是要推动农民从传统农业中分离出来，实行专业化、规模化、产业化生产经营，更好地引导他们改变传统的生活方式和消费观念。城镇化不仅应是物的城镇化，更应是人的城镇化、教育的城镇化。

西藏城镇化进程已取得了较大的成就，对照西藏"十三五"规划，西藏到 2020 年的城镇化建设目标已经超额完成，如表 4 - 2 所示。

---

① 刘满平. 我国实现"碳中和"目标的意义、基础、挑战与政策着力点 [J]. 价格理论与实践，2021 (2)：8 - 13.

表 4 - 2　西藏城镇化发展的主要目标

类别	指标		2015 年	规划目标		完成情况	
				2020 年目标	年均增长	2020 年目标	年均增长
经济发展	地区生产总值		1 026 亿元	—	≥10%		8.97%
	地方财政一般公共预算收入		137 亿元	258 亿元	12.5%	221 亿元（-0.5%）	10.08%
	工业增加值增速		13.5%（13.3%）	—	13%		9.67%
	旅游总收入		280 亿元（281.9 亿元）	550 亿元	≥14%	366.42 亿元（-34.5%）	5.6%
	城镇化率	常住人口城镇化率	26%（27.74%）	30%	4%	32%	4.26%
		户籍人口城镇化率	17.4%（18.2%）	20%	2.6%	20%	1.8%
	服务业就业比重		42.7%（45.5%）	50%	≥7%	—	—

西藏 "十四五" 规划中明确提出 "十四五" 末期要达到 40% 的城镇化率的目标。这就对农牧民非农转移提出了更高要求。西藏与全国平均水平的对比情况如表 4 - 3 所示。

表 4 - 3　2011—2020 年西藏及全国城镇化率变动情况 （%）

年份	西藏城镇化率	全国城镇化率	年份	西藏城镇化率	全国城镇化率
2011	22.81	51.83	2016	29.56	51.83
2012	22.81	51.83	2017	30.89	51.83
2013	23.71	51.83	2018	31.14	51.83
2014	25.75	51.83	2019	31.5	51.83
2015	27.74	51.83	2020	35.73	51.83

西藏城镇化发展相对滞后，既有工业化进程相对滞后、产业结构不合理的原因，也有西藏农牧民面对新职业的适应性不强、融入城市困难等原因。新市民需要与之相应的市民素质和市民教育，因此公共就业培训是提高农牧民综合素质的重要抓手。通过加大公共就业培训力度，将知识化、专业化和职业化三者有机结合到培训过程中，既能通过培训使农牧民拥有适应当前社会生产的知

识技能，更能通过培训使得农牧民拥有现代化社会所需要的素质和能力，帮助农牧民尽快融入城市生活，更好地保障新型城镇化的实现。

4.1.3　是实现共同富裕目标的需要

"全体人民共同富裕迈出坚实步伐"是 2035 年国民经济和社会发展远景目标之一，而衡量共同富裕的标准包括基本公共服务均等化和收入分配状况等①。通过基本公共服务均等化，解决人民群众最直接最现实的利益问题，既体现了党"以人为本，执政为民"的执政理念②，也促进了社会稳定及公平正义，具有重大社会政治意义。因此基本公共服务均等化是实现共同富裕的逻辑前提、坚实基础和关键环节③。

从表 4-4 可知，西藏城镇居民 2010 年人均可支配收入为 14 980 元，农村居民人均可支配收入为 4 139 元，差距为 10 841 元，到 2020 年城乡居民人均可支配收入差距扩大到 26 559 元，两者差距以每年 9.37% 的速率扩大，如图 4-1 所示。

表 4-4　2010—2020 年西藏城乡居民人均可支配收入变动情况

单位：元

年份	城镇居民	农村居民
2010	14 980	4 139
2011	16 196	4 904
2012	18 028	5 719
2013	20 023	6 578
2014	22 016	7 359
2015	25 457	8 244
2016	27 802	9 094
2017	30 671	10 330
2018	33 797	11 450

---

① 曹莹. 基本公共服务均等化是实现共同富裕的必然要求［N］. 湖北日报，2022-03-14.
② 刘明中. 推进基本公共服务均等化的重要手段（上）：财政部副部长楼继伟答本报记者问［N］. 中国财经报，2006-02-07.
③ 姜晓萍. 基本公共服务均等化是实现共同富裕的着力点［N］. 光明日报，2021-10-07.

（续）

年份	城镇居民	农村居民
2019	37 410	12 951
2020	41 157	14 598

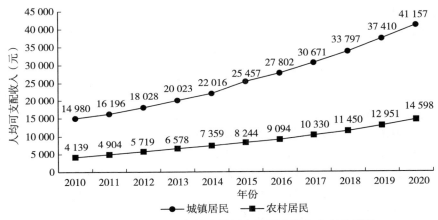

图 4-1　2010—2020 年城乡居民人均可支配收入变动情况

　　缩小城乡收入差距是当前亟待解决的问题。公共就业培训能有力改善人力资本状况，带动农牧民增收和生活水平改善。

　　首先，公共就业培训能提升岗位适应性。针对西藏农牧民受教育程度普遍偏低、就业技能缺乏、岗位替代性强、难以找到合适工作的现状，培训作为提升人力资本水平的重要形式之一，可以有效提高农牧民劳动技能，提升农牧民自身素质，积累智力资本，从而为农牧区劳动力摆脱就业限制、提高岗位适应性，扩大就业机会，实现西藏农牧民持续性增收奠定坚实基础。

　　其次，公共就业培训能促进就业稳定性。长期稳定工作的预期收入通常比职业转换或区域转换频繁的人的收入更高。通过公共就业培训，在技能提升的基础上，能显著提升工资水平以及岗位的匹配度，降低岗位的可替代性，降低被解雇风险。

　　最后，公共就业培训能和人力资本提升形成良性循环。如前所述，公共就业培训可以帮助改善农牧民工资收入水平，实现稳定的就业预期，而稳定就业又可以进一步促进农牧民参与培训的意愿，形成一个良性循环，能帮助农牧民形成终身学习的习惯和能力，最终带动西藏社会经济发展。

4.1.4　是构建服务全民的终身学习体系的需要

2019 年 2 月发布的《中国教育现代化 2035》提出"构建服务全民的终身学习体系"的教育战略目标。同年发布的《中共中央关于坚持和完善中国特色社会主义制度 推进国家治理体系和治理能力现代化若干重大问题的决定》提出"构建服务全民终身学习的教育体系"的战略计划。服务全民，则必须将农牧民纳入其中。事实上，构建服务农牧民终身学习的教育体系是整个服务全民终身学习的教育体系构建的关键和难点，尤其在西藏地区，相对较高的农村人口比和相对较低的社会经济发展水平加大了建设的难度。

西藏大力推行公共就业培训，其构建的覆盖自治区、市、县、街道（乡镇）、社区（村）的五级就业服务网络，在开展公共就业培训的过程中，不仅可以提高农牧民的就业技能，而且能改善农牧民的信息获取方式，提升农牧民的信息获取能力。农牧民通过参加公共就业培训，既可以通过老师的讲解，了解相应的政策法规，增强对信息的了解和认识能力，也可以利用学校和培训机构的资源，通过报纸、广播以及网络等更为现代化的途径获取就业信息、生活服务信息，对构建服务全民终身学习的教育体系，改善社会治理水平，加快我国学习型社会建设进程具有重要的意义。

因此，我国公共就业服务应以社会需求和群众需求为导向，适时将公共就业服务的重心转到公共就业培训中来，把促进劳动者职业能力和终身学习能力的提高放到首位，以改善当前公共就业培训不足的短板，满足西藏公众对公共就业培训不断增长的需求。

4.2　人力资本提升对西藏经济社会发展的实证分析

4.2.1　经济增长模型的设定

根据舒尔茨的人力资本理论，人力资本既包括教育培训所形成的人力资本，也包括通过医疗保健、迁徙等形成的人力资本。本节采用柯布-道格拉斯生产函数构建的模型和丹尼森（E. F. Denison）与麦迪逊（AMaddison）提出的教育对经济增长贡献测算方法，对西藏 2000—2020 年职业教育对经济增长的贡献率进行测算，并与全国的数据进行比较，判断西藏就业培训所带来的直接效果，从而判断人力资本提升对经济增长的影响。

柯布-道格拉斯生产函数是由美国数学家柯布和经济学家保罗·道格拉斯通过研究 20 世纪初美国资本投入和劳动投入对产量的影响而构建的一种生产函数，其基本结论为：假设土地数量没有变化，导致经济增长的因素可归纳为资本（K）、劳动力（L）和技术进步率（A），其中，劳动力和资本能够相互替换。具体公式如下：

$$Y_t = A_t L_t^{\alpha} K_t^{\beta} \qquad\qquad (4-1)$$

人力资本的重要构成是教育资本，劳动者受教育水平的提高能够使他们适应企业发展要求[①]。美国经济学家丹尼森（1957）认为劳动包括数量和质量两方面的构成因素，因此他将劳动力 L 分解为教育因素 E 和非教育因素 N（主要是劳动力数量），并且将柯布-道格拉斯生产函数扩展为：

$$Y_t = A_t N_t^{\alpha} E_t^{\gamma} K_t^{\beta} \qquad\qquad (4-2)$$

在上式中，Y 代表社会总产出，A 为全要素生产率，N 为劳动力数量，K 为资本投入，E 代表教育总投入，α 为产出的资本投入弹性，β 为产出的劳动投入弹性，γ 为产出的教育投入弹性。

对该式两边取自然对数之后，得到：

$$\ln Y_t = \ln A_t + \alpha \ln N_t + \beta \ln K_t + \gamma \ln E_t \qquad (4-3)$$

再求时间 t 的全导数，经过推导，得到：

$$y = a + (\alpha - 1) n + \beta k + \gamma e \qquad\qquad (4-4)$$

因此，教育对经济增长率的贡献值（R_e）可以表示

$$R_e = \frac{Ye}{Y} = \frac{\beta e}{y} \qquad\qquad (4-5)$$

其中，β 系数的确定主要有两种方法：一是通过时间序列回归法，构建回归模型求出 β 值，如公式 4-4 所示；二是通过工资总额和国民收入的比来计算。麦迪逊采用第二种方法，确定的 β 系数值为 0.7，即劳动投入每增加 1%，产出增加量为 0.7%。

4.2.2　主要经济指标测算

如前所述，为判断人力资本提升对西藏经济的拉动作用，现对历年西藏地区生产总值、资本形成总额、劳动力等要素整理、归纳和测算如下。

4.2.2.1　地区生产总值

地区生产总值是指一个国家或地区的所有常住居民一定时期内在国内和国外所生产的最终成果和提供的劳务价值。因此选用地区生产总值可以更准确地描述西藏经济增长状态。由于模型采用时间序列，故以 1950 年为基准，通过查询《西藏统计年鉴》整理如下（表 4-5）。

---

① 张越. 中国职业教育的经济增长效应研究：基于丹尼森系数法的实证分析 [D]. 武汉：华中科技大学，2019.

表 4-5 西藏 2000—2020 年地区生产总值变动

单位：亿元

年份	地区生产总值	年份	地区生产总值
2000	117.80	2011	611.52
2001	139.16	2012	710.16
2002	162.04	2013	828.20
2003	185.97	2014	939.74
2004	217.93	2015	1 043.00
2005	243.09	2016	1 173.00
2006	285.85	2017	1 349.00
2007	344.10	2018	1 548.39
2008	398.19	2019	1 697.82
2009	445.67	2020	1 902.74
2010	512.87		

4.2.2.2 资本形成总额

资本是经济增长的决定性要素，资本形成总额包括固定资本形成和存货增加。固定资本形成是常住单位建造、购置和转入的固定资产扣除销售和转出固定资产后的价值。存货增加包括原材料、燃料库存，生产单位产成品、半成品、在制品库存，销售单位商品库存期末价值减期初价值的差额[①]。

由于《中国统计年鉴》中，2017 年后不再出现地区资本形成的条目，为准确估算，根据 2018 年西藏约占全国份额的 0.003 进行估算，且根据支出法的调整，对数据进行部分修订，整理如表 4-6 所示。

---

① 杨志国.资本形成总额是什么 [EB/OL].https://www.gaodun.com/wenda/jjs/99910.html.

表 4 - 6　2000—2020 年西藏资本形成总额的变动

单位：亿元

年份	资本形成总额	年份	资本形成总额
2000	51.7	2011	542.60
2001	61.09	2012	708.70
2002	72.19	2013	824.74
2003	104.58	2014	884.48
2004	173.97	2015	892.80
2005	184.14	2016	955.60
2006	228.32	2017	1 074.36
2007	272.50	2018	1 208.82
2008	313.81	2019	1 280.99
2009	380.60	2020	1 326.51
2010	565.50		

4.2.2.3　劳动力

劳动力是指实际从事社会劳动的人口，如前所述，西藏劳动力定义为：户籍在西藏的人口中，18～59 周岁的具有劳动能力的男性和女性个体，但不包括其中的在校学生、服兵役人员，以及因身体原因不能劳动的人等。这里用从业人数指标来描述劳动力。

根据《西藏统计年鉴》，整理 2000—2020 年西藏就业人数（表 4 - 7）。整体来看，西藏劳动力数量随着人口的增加而逐年递增。

表 4 - 7　2000—2020 年西藏劳动力变动

单位：万人

年份	就业人数	年份	就业人数
2000	124	2011	171
2001	126	2012	174
2002	130	2013	175
2003	133	2014	176
2004	137	2015	181
2005	144	2016	185
2006	148	2017	187
2007	158	2018	187
2008	164	2019	190
2009	169	2020	193
2010	169		

4.2.2.4 教育总投入

《国家中长期教育改革和发展规划纲要（2010—2020 年)》中明确提出提高财政教育支出占公共财政支出的比重。因此教育经费投入可用西藏教育经费支出进行描述。整理《中国教育经费统计年鉴》，得到 2000—2020 年西藏教育经费支出（表 4-8)。

表 4-8　2000—2020 年教育经费支出变动

单位：万元

年份	教育经费支出	年份	教育经费支出
2000	80 904.1	2011	745 895.2
2001	106 431.0	2012	826 101.6
2002	144 262.4	2013	1 011 418.0
2003	187 130.5	2014	1 196 734.4
2004	236 017.4	2015	1 494 671.5
2005	303 798.5	2016	1 897 696.4
2006	284 090.0	2017	1 853 765.0
2007	406 351.5	2018	2 362 543.1
2008	495 831.8	2019	2 452 029.8
2009	597 130.3	2020	2 881 056.2
2010	665 688.8		

从表 4-8 可以看出，西藏非常重视教育，其教育经费从 2000 年的 80 904.1万元上升到 2020 年的 2 881 056.2 万元，年增长率为 19.56％，已建成从学前教育到高中教育的 15 年免费教育体系，农牧民子女享受包吃、包住、包学费的"三包"政策，贫困家庭子女还可以免费上大学，生均教育经费也远远高于全国平均水平。

同时《2020 年中国教育经费统计年鉴》的统计表明，西藏城乡间义务教育投入差距明显缩小，基本公共教育服务均等化水平明显提升（表 4-9)。

表 4-9　2020 年西藏城乡普通中小学生教育经费来源

项目	小学			初中		
	城镇（万元)	农村（万元)	城乡比	城镇（万元)	农村（万元)	城乡比
一般公共预算教育经费	1 001 732.0	771 573.0	1.30	488 376.7	315 731.3	1.55
教育事业费	955 442.3	743 512.4	1.29	481 709.5	310 694.3	1.55

（续）

项目	小学			初中		
	城镇（万元）	农村（万元）	城乡比	城镇（万元）	农村（万元）	城乡比
政府性基金预算安排的教育经费	1 454.0	1 425.0	1.02	243.0	238.0	1.02

数据来源：《2020 年中国教育经费统计年鉴》。

4.2.2.5　人力资本

人力资本的测算目前还没有公认有效的方法。教育年限法的评价标准相对客观统一，是当前较为常用的测算方法，同时为反映知识积累效应，探讨不同受教育程度劳动力的权重系数，考虑以不同受教育程度的劳动者收入比例来进行近似替代[①]，最终权重如表 4 - 10 所示。

表 4 - 10　不同受教育程度劳动力数量权重系数

教育程度	未上过学	小学	初中	高中	大专	本科	研究生
X	1	1.01	1.06	1.31	1.79	2.43	3.86

人力资本的计算公式为：

$$H = \frac{\sum_i W_i \times L_i}{L} \qquad (4-6)$$

其中，H 为人力资本，W_i 为权重系数，L_i 为既有 i 级受教育程度的从业人数，L 为总就业人数。

整理历年《中国劳动统计年鉴》得到西藏各教育文化程度分布比例（表 4 - 11）。

表 4 - 11　西藏总就业人数各受教育程度分布比例及人力资本

年份	未上过学	小学	初中	高中	大专	大学	研究生	人力资本
2020	13.3	55.4	12.3	5.6	5.8	7.4	0.2	138.049
2019	17.6	49.7	13.9	5.5	5.8	7.4	0.1	138.509
2018	21.9	44.1	15.4	5.4	5.7	7.4	0.1	138.696
2017	23.9	46.4	12.8	4.7	6.5	5.5	0.2	132.970

---

①　张越. 中国职业教育的经济增长效应研究：基于丹尼森系数法的实证分析 [D]. 武汉：华中科技大学，2019.

（续）

年份	未上过学	小学	初中	高中	大专	大学	研究生	人力资本
2016	23.1	46.5	12.8	5.1	6.7	5.6	0.2	133.859
2015	30.5	40.7	13.6	4.9	6.2	4.0	0.1	128.700
2014	31.8	40.6	13.5	4.6	5.9	3.6		126.958
2013	33.9	40.2	13.4	4.6	4.3	3.6		124.635
2012	35.8	39.9	13.1	4.6	3.2	3.3	0.1	122.008
2011	36.8	39.9	13.2	3.9	3.4	2.8		120.442
2010	36.6	38.6	13.6	4.1	4.0	2.9	0.2	121.655
2009	38.8	47.5	11.6	1.8	0.3			105.922
2008	35.6	51.9	11.2	1.0	0.3			105.210
2007	34.7	53.0	11.3	0.7	0.3			105.015
2006	44.9	45.2	8.3	1.1	0.5			104.609
2005	48.0	42.6	7.1	1.4	0.7	0.2		105.306
2004	39.4	50.9	8.0	1.0	0.7			104.780
2003	55.2	36.6	6.1	1.5	0.5	0.1		104.443
2002	41.2	48.2	8.5	1.7	0.4			105.032
2001	45.0	48.3	5.5	1.0	0.1	0.1		103.407
2000	56.3	38.4	4.8	0.5				102.267

4.2.3　人力资本提升对经济社会发展的结果分析

4.2.3.1　岭回归模型测算结果

把取自然对数后的资本形成总额等数据带入后，因为 $VIF > 10$，存在多重共线性问题，故采用岭回归的方法进行计算，以放弃最小二乘法的无偏性，得到更符合实际的回归方程。最终岭回归结果如表 4-12 所示。

表 4-12　Ridge 系数

系数	资本形成总额	从业人数	教育经费的投入	人力资本
$\lambda = 0.04$	0.234	0.235	0.439	0.396

从回归结果来看，对西藏经济社会发展影响最大的是教育经费的投入，其次是人力资本，从业人数和资本形成总额对经济社会的发展影响相差不大。上述结果也表明，人力资本提升的作用要高于简单的劳动者数量的增加。这突显

了培训对西藏经济社会发展的重要性，尤其对农牧民而言，其知识水平较低，只要通过就业培训提升其人力资本，就能为西藏经济社会发展提供支撑。

4.2.3.2　人力资本提升对西藏经济增长的贡献率

接下来应用公式 4-6，以 2000 年为基期，探讨劳动力受教育水平变动对经济增长率的贡献比例（表 4-13）。

表 4-13　2000 年和 2020 年西藏 GDP 和从业人员学历构成（%）

年份	GDP（亿元）	未上过学	小学	初中	高中	大专	大学	研究生
2000	117.80	56.3	38.4	4.8	0.5			
2020	1 902.74	13.3	55.4	12.3	5.6	5.8	7.4	0.2

考虑学习年限，小学 6 年，初中、高中、大专 3 年，大学 4 年，研究生 3 年（不考虑 2 年制专硕）。故 2000 年从业人员中小学阶段的平均学习年限为 $(38.4+4.8+0.5)\times6/100=2.622$ 年，同样可以求出初中阶段的平均学习年限为 $(4.8+0.5)\times3/100=0.159$ 年，高中阶段的平均学习年限为 0.015 年。综合指数为平均受教育年限与不同教育程度劳动力数量权重系数之和，故 2000 年计算得到为 2.84，同样求得 2020 年为 8.07，如表 4-14 所示。

表 4-14　2000 年和 2020 年西藏从业人员教育综合指数

年份	未上过学	小学	初中	高中	大专	大学	研究生	综合指数
2000	0	2.622	0.159	0.015				2.84
2020	0	5.202	0.939	0.57	0.174	0.304	0.006	8.07
X	1	1.01	1.06	1.31	1.79	2.43	3.86	

结合表 4-13 可以求得 GDP 年增长率为 14.92%，结合表 4-14 可以求得教育综合指数年均增长率为 5.37%，带入式 4-5，其中 β 系数值为 0.7，故

$$R_e = \frac{0.7\times5.37\%}{14.92\%}=25.19\%。$$

2000—2020 年西藏人力资本提升对经济贡献增长了 25.19%，由此可以看到人力资本提升对西藏的重要性，也验证了培训对西藏经济发展的突出作用。

4.3　西藏农牧民公共就业培训现状

如前所述，对西藏农牧民开展公共就业培训具有极其重要的意义，能有效

带动西藏经济社会发展。从 20 世纪 80 年代开始，西藏自治区人民政府在国家的政策指引下，就开始了农牧民公共就业培训工作的探索，取得了显著的成就。

4.3.1 西藏农牧民公共就业培训政策分析

4.3.1.1 国家层面的公共就业培训政策

农业部、劳动保障部等六部门发布的《2003—2010 年全国农民工培训规划》的数据表明，在农村劳动力中，受过专业技能培训的仅占 9.1%。缺乏转岗就业技能的农村富余劳动力的就业难度越来越大，农民工素质亟待提高。因此政府必须加大对农村富余劳动力的职业技能培训力度，提高农民工职业技能。2006 年国务院发布《国务院关于解决农民工问题的若干意见》，同年，劳动和社会保障部发布《关于印发农村劳动力技能就业计划的通知》。一系列文件的发布为农民公共就业培训提供了政策支撑，现将部分政策文件汇总如下（表 4 - 15）。

表 4 - 15   国家层面的农民公共就业培训相关政策文件

文件名称	相关内容
依靠科学技术促进农村经济发展的计划（1986）	根据农村经济发展的需要，围绕普及科学技术、传播科学知识、提高农民素质开展人才培训工作，坚持"实际、实用、实效"的原则，培养农村技术和管理人才，造就农民企业家和技术能手
劳动和社会保障部、国家发展计划委员会等七部门关于进一步开展农村劳动力开发就业试点工作的通知（劳社部发〔2000〕15 号）	大力组织转移培训。结合实行劳动预备制，完善农村劳动力职业培训制度；制定和推行相关职业技能培训标准，规范教材开发，开展技能鉴定，建立相关职业资格的基本制度和科学的培训考核评估制度
国务院办公厅关于做好农民进城务工就业管理和服务工作的通知（国办发〔2003〕1 号）	流出地和流入地政府要充分利用全社会现有的教育资源，委托具备一定资格条件的各类职业培训机构为农民工提供形式多样的培训。为农民工提供的劳动技能性培训服务，应坚持自愿原则，由农民工自行选择并承担费用，政府可给予适当补贴
国务院办公厅转发农业部等部门 2003—2010 年全国农民工培训规划的通知（国办发〔2003〕79 号）	加快农村富余劳动力转移就业的关键在于加强农民工培训。开展引导性培训和职业技能培训
国务院批转教育部 2003—2007 年教育振兴行动计划（国发〔2004〕5 号）	大力发展农村职业教育。农村职业教育要以就业为导向，实行灵活的教学和学籍管理制度。实施"农村劳动力转移培训计划"，对进城务工农民进行职业教育和培训

（续）

文件名称	相关内容
关于组织实施农村劳动力转移培训阳光工程的通知（农科教发〔2004〕4号）	各部门要按照"政府扶持、齐抓共管，统筹规划、分步实施，整合资源、创新机制，按需培训、注重实效"的原则做好转移培训的各项工作。各级财政要根据中央要求，安排专门的培训资金
关于印发《农村劳动力转移培训计划》的通知（教职成〔2004〕1号）	充分利用职业教育与成人教育资源，全力推进农村劳动力转移培训工作，努力提高农村转移劳动力的就业能力和创业能力，加快农村劳动力有序、稳定地向非农产业和城镇转移，促进农民增收，促进城镇化和新型工业化的发展，为全面建设小康社会服务
国务院关于解决农民工问题的若干意见（国发〔2006〕5号）	进一步做好农民转移就业服务工作。各级人民政府要把促进农村富余劳动力转移就业作为重要任务。要建立健全县乡公共就业服务网络，为农民转移就业提供服务。输出地和输入地要加强协作，开展有组织的就业、创业培训和劳务输出
教育部关于切实做好返乡农民工职业教育和培训等工作的通知（教职成〔2009〕5号）	充分认识做好返乡农民工职业教育、技能培训和子女入学工作的重要意义。努力招收返乡农民工接受中等职业教育
关于进一步实施特别职业培训计划的通知（人社部发〔2010〕13号）	实施特别职业培训计划，要以促进就业和服务经济发展为出发点，以企业吸纳农民工培训、劳动预备制培训和创业培训为工作重点，大力开展在岗农民工和困难企业职工技能培训
国务院关于进一步做好为农民工服务工作的意见（国发〔2014〕40号）	实施农民工职业技能提升计划。加大农民工职业培训工作力度，对农村转移就业劳动者开展就业技能培训，对农村未升学初高中毕业生开展劳动预备制培训，对在岗农民工开展岗位技能提升培训，对具备中级以上职业技能的农民工开展高技能人才培训，将农民工纳入终身职业培训体系
人力资源社会保障部关于印发《农民工职业技能提升计划——"春潮行动"实施方案》的通知（人社部发〔2014〕26号）	适应农村转移就业劳动者实现就业和稳定就业的需要，通过开展培训将农村转移就业劳动者培养成为符合经济社会发展需求的高素质技能劳动者。力争使具备一定创业条件或已创业的农村转移就业劳动者有机会接受创业培训

（续）

文件名称	相关内容
教育部 中华全国总工会关于印发《农民工学历与能力提升行动计划——"求学圆梦行动"实施方案》的通知（教职成函〔2016〕2号）	通过建立学历与非学历教育并重、产教融合、校企合作、工学结合的农民工继续教育新模式，实施"求学圆梦行动"，提升农民工学历层次和技术技能水平，帮助农民工实现体面劳动和幸福生活，有效服务经济社会发展和产业结构转型升级
国务院关于印发"十三五"促进民族地区和人口较少民族发展规划的通知（国发〔2016〕79号）	加强就业援助，加大对农村转移劳动力的职业技能培训力度。鼓励少数民族返乡人员创业就业。支持少数民族妇女居家灵活就业。维护少数民族劳动者合法权益
国务院办公厅关于印发兴边富民行动"十三五"规划的通知（国办发〔2017〕50号）	促进已转移农村贫困劳动力在动态中稳定就业。推进政府购买培训服务，大力推行订单式培训、定岗培训、定向培训等与就业紧密联系的培训模式，提升职业培训质量，边境地区农民工免费接受职业培训行动
人力资源社会保障部关于印发农民工稳就业职业技能培训计划的通知（人社部函〔2020〕48号）	以企业为主，组织开展在岗和待岗农民工以工代训，实现以训稳岗；以输入地为主，组织转岗和失业农民工开展定向定岗培训，提升农民工就业能力；以输出地为主，组织返乡农民工开展就业创业培训，促进农民工就近就业创业

　　根据有关文件要求，我国先后启动了"跨世纪青年农民科技培训工程""农村劳动力转移培训阳光工程""农村劳动力技能就业计划""农村劳动力转移培训计划""雨露计划""农民工职业技能提升计划——'春潮行动'实施方案"以及2020年启动的"农民工稳就业职业技能培训计划"，为促进农民工职业技能提升，改善农民工就业结构，将农民工培育成为重要的人力资源奠定了坚实基础。

4.3.1.2　自治区层面的公共就业培训政策

　　西藏自治区在中央政策的指导下，结合西藏实际，出台了一系列的政策制度文件，为西藏农牧民转移就业提供了政策指引和行动支持，部分文件如表4-16所示。

表 4-16　西藏农牧民公共就业培训相关政策文件

文件名称	相关内容
中共西藏自治区委员会、西藏自治区人民政府关于提高农牧业综合生产能力促进农牧民增加收入的意见（2005）	抓好职业技能培训。要结合农牧业结构调整、发展特色农牧业和劳务输出的需要，开展针对性强、务实有效、通俗易懂的农牧业科技和技能技术培训，提高农牧民素质，增强农牧民的就业竞争力。要逐步调整农牧区教育结构，充分利用现有教育、培训资源，广泛开展定向培训、用前培训
西藏自治区人民政府办公厅关于成立西藏自治区农牧民培训工作领导小组的通知（藏政办发〔2008〕84 号）	为加强农牧民培训工作的领导，研究制定农牧民培训政策措施，整合资源，提高效率，建立统筹协调的农牧民培训领导体制和分工负责、相互协作的工作机制，使我区农牧民培训工作朝着科学化、规范化、制度化方向发展，自治区人民政府决定成立西藏自治区农牧民培训工作领导小组
西藏自治区农牧民培训规划（2008 年—2015 年）（藏政办〔2008〕8 号）	计划在 7 年内将对农牧民技能培训投入 5.725 亿元。主要用于农牧业实用技术培训、新型农牧民科技培训和劳动力转移就业培训三方面
关于开展 2011 年公共就业人才服务专项活动的通知（藏人社办〔2010〕674 号）	以进城务工的农村劳动力为重点对象，联合工会、妇联等团体共同开展"春风行动"，促进农村劳动力转移就业，缓解企业"招工难"问题
西藏自治区人力资源和社会保障厅关于进一步加强农牧民技能培训工作的意见（藏人社厅发〔2011〕40 号）	根据我区经济社会发展、产业结构调整和企业岗位用工需求，以实现农牧业增产增收和转移就业为目标，组织开展灵活多样的订单式、定向式、校企合作、企业在岗等培训，不断创新培训方式，突出培训重点，实施分类培训
西藏自治区财政厅、西藏自治区人力资源和社会保障厅关于印发西藏自治区农牧民技能培训补助资金管理办法（试行）的通知（藏财农字〔2013〕66 号）	劳动力转移培训。涵盖职业资格认证、非职业资格认证两大类。培训时长按照培训项目技能任务情况制定，原则上不少于 30 天。转移就业率达 80% 以上，用人单位与农牧民签订的劳动合同期限不低于 3 个月
西藏自治区人民政府办公厅关于增进农牧民工等社会成员返乡创业的执行建议（藏政发〔2016〕106 号）	强化农牧民工等返乡人员创业培训工作。紧密结合农牧民工等返乡人员创业特点、创业需求和地域经济特色，开发有针对性的培训项目，加强创业师资队伍建设，组织实施新型职业农牧民培育行动、农牧民工职业技能提升计划、农牧区青年电商培育工程等专项培训计划，对参加培训的农牧民工等返乡人员给予培训补贴
西藏自治区人民政府关于建立推行终身职业技能培训制度的实施意见（藏政发〔2018〕28 号）	对农牧民工继续实施职业技能培训，着力抓好就业前的基础教育、职业基础培训和引导性培训与就业后的职业技能提升，将农牧区转移就业人员和新生代农牧民培养成为技能劳动者，促进农牧区劳动力转移就业和稳定就业

（续）

文件名称	相关内容
西藏自治区职业培训补贴资金使用管理实施细则（试行）	针对工种类型，如列入国家职业资格目录清单的职业（工种）、未列入国家职业资格目录清单的职业（工种），结合培训合格率，分别确定补贴，同时约定结业后初次就业率（连续就业时间不低于 3 个月，跟踪就业记录不少于 2 次）不得低于 30%
西藏自治区人民政府关于做好当前和今后一个时期促进就业工作的实施意见	加大农牧民技能培训和转移就业力度。从 2019 年 1 月 1 日起，各地市（市）、县（区）"订单定向式"农牧民培训人数不低于培训总人数的 30%，并逐年提高，力争用 5 年时间达到 60% 以上
关于促进农牧民有组织跨区域转移就业的工作方案（2020）	加大精准培训力度。各地市要用足用活用好就业补助资金、农牧民培训补助资金和职业技能提升行动资金，针对区内和输入省市用工需要和岗位需求，以初中以上文化程度农牧民为重点，集中送到工地、厂房、企业开展"以工代训"，通过培训实现有技能、有组织的规模化精准化输出

从西藏政策演进历程来看，可以归纳出如下特点。

（1）西藏农牧民培训主要采用公共就业培训方式

西藏非常重视农牧民的就业培训工作，在出台的一系列政策中，从西藏的区情实际出发，在各个政策中都提到了财政资金的支持力度。因此可以归纳出西藏针对农牧民的就业培训工作主要采用政府补贴的方式进行，即采用公共就业培训方式开展。

（2）西藏的就业培训呈现多样化的特点

西藏针对农牧民的培训内容，除了农牧业实用技术培训、高素质农牧民科技培训和劳动力转移就业培训等内容外，还包括普通话、职业礼仪等课程内容，体现了西藏地区的实际需求；同时在开展培训过程中，采用订单式、定向式、校企合作、企业在岗等方式，实施分类培训，切实为农牧民的转移就业、增产增收提供了有力的保障。

（3）适时调整培训政策

从西藏就业培训的政策演进过程可以看到，随着社会环境的变化，针对农牧民的就业培训政策也在适时调整中。从 2016 年开始，随着返乡创业就业的农牧民的数量日益增加，西藏通过培训补贴的方式，开展多种形式的就业创业能力培训，为农牧民就近就业提供帮助，同时开展有组织跨区域转移就业的专项活动，并于 2021 年结合援藏省市、中央企业提供的"精准"就业岗位，把农牧民西藏自治区外就业路费补助标准从 1 000 元提高到 2 000 元，实现区外就业 5 500 人，切实保障农牧民转移就业。

4.3.2　西藏农牧民公共就业培训运行现状分析

西藏在 2008 年就成立了西藏自治区农牧民培训工作领导小组，以西藏自治区副主席为组长，西藏自治区人民政府副秘书长为副组长，区农牧厅、财政厅、发展改革委、教育厅、劳动保障厅、科技厅、建设厅、团委、妇联等单位为成员，指导全区农牧民培训工作，研究培训工作的重大问题，制定农牧民培训优惠政策，落实培训项目和资金，督导检查培训工作和劳动力转移就业开展情况。具体运行过程中，各部门相互合作，共同完成公共就业培训工作。

4.3.2.1　自治区层面的公共就业培训工作程序

在领导小组确定培训规划后，通常由西藏自治区的农业农村、人力资源和社会保障、林业和草原部门等来具体决定培训内容、培训方式。而西藏自治区的科技、教育部门主要根据培训内容，选择和确定符合培训要求的师资力量，同时将职业院校、需求企业、农业技术推广中心、专业合作社等企事业单位纳入管理范畴，以更好地从用工单位需求出发，确保培训取得实效。具体工作如表 4 - 17 所示[①]。

表 4 - 17　西藏培训组织机构及职能

培训组织机构	承担的涉及农牧民培训的任务
区教育厅	负责农牧民职业教育，以及劳动力转移培训、农村实用技术培训
区农牧厅	主要负责农牧业实用技术和涉农产业培训的组织实施工作
区人社厅	主要负责农牧民转移就业技能培训政策制定和组织实施，并对全区技能培训工作进行监督指导。各类技能培训，以农村劳动力转移培训为主
区农牧科学院	主要负责农牧业新技术、新品种推广培训
区畜牧总站	主要畜牧养殖业实用技术培训
区住房和城乡建设厅	负责住房和城乡建设行业承担的农牧民工建筑实用技术培训的管理工作

在公共培训具体开展过程中，自治区级政府部门根据培训规划，从整体角度出发，统筹兼顾，将培训目标层层分解并下发到地市、县以确保培

---

① 李中峰．西藏农牧民培训精准化研究［J］．西藏大学学报（社会科学版），2016，31（2）：120 - 125.

训范围的全面性和政策的一致性，从而为人才培养和长远发展提供智力支持。

4.3.2.2　地市、县层面的公共就业培训工作程序

各地市、县依据自治区级部门分配的指标，组织开展相应的培训活动。各地区的培训机构，主要由团委、妇联、农牧局等单位相互协调，负担起农牧民的职业技能培训工作，其中，农业技术推广中心、职业技术学校、农业科技协会等相关单位共同承担农牧民的培训工作。通过层层落实的培训模式，更好地保证了农牧民相关培训工作能够顺利开展。

4.3.2.3　较为有效的运行保障体系

农牧民公共就业培训顺利运行的关键在于行之有效的保障体系。西藏自治区人民政府首先通过一系列的政策制定，从组织上确保培训工作的顺利开展。各政府部门则从部门实际出发，为公共就业培训提供相应保障。

区人社厅通过开展政府购买服务，引导和规范职业培训机构拓展就业培训项目的内容，提高培训的师资力量和水平，规范培训行为，同时将农牧民参与就业培训后的技能提升、实现非农就业与资金拨付挂钩，如在购买合同中约定职业资格证书获得率、培训完成半年后的就业率等指标，确保农牧民公共就业培训取得实效。

区教育厅充分发挥教育资源优势，加大职业技术学院的建设力度。2006年《西藏自治区人民政府贯彻国务院关于大力发展职业教育决定的实施意见》（藏政发〔2006〕29号）发布，2021年西藏自治区贯彻落实《国家职业教育改革实施方案》的行动方案出台，明确要求大力开展进城务工人员、农牧区转移劳动力等的就业技能培训，鼓励其持续获得适应经济社会发展需要的职业培训证书。通过实施高职扩招和职业技能提升三年行动，办好西藏技师学院，在部分央企建立西藏职教（技工教育）实习实训基地，完善职业教育产教融合、校企合作支持措施，有力提升了农牧民的专业技术技能。

区财政厅先后出台了《西藏自治区农牧民技术培训津贴资金管理办法（试行）》《西藏自治区职业培训补贴资金使用管理实施细则（试行）》以及《西藏自治区财政衔接推进乡村振兴补助资金管理办法》（藏财农〔2021〕19号）等文件，对公共就业培训相关资金的落实和运用提出了具体的要求。特别是在《西藏自治区职业培训补贴资金使用管理实施细则（试行）》中，对培训对象、内容、补贴标准进行了详细的规定，并对申报与审批流程、培训补贴资金来源及管理、监督检查及绩效管理等方面进行了明确的说明，为农牧民的公共就业培训开展提供了资金保障和政策依据。

4.3.3　西藏农牧民公共就业培训的组织管理模式分析

4.3.3.1　政府主导型公共就业培训

根据前面的政策梳理，西藏农牧民公共就业培训的开展，可追溯到根据 2003 年 9 月农业部、劳动和社会保障部等部门联合出台的《2003—2010 年全国农民工培训规划》而开展的农村劳动力转移培训"阳光工程"。"阳光工程"作为由政府公共财政支持开展的农村劳动力转移前的职业技能培训，以市场需求为导向，以受训农民转移就业为目标，以有转移意愿的农村富余劳动力为主要培训对象，着力提高农村劳动力职业技能（表 4 - 18）。

表 4 - 18　西藏"阳光工程"培训任务

单位：万人

项目	2004 年	2005 年	2006 年	2007 年	2008 年	2009 年
西藏培训任务数	0	1	2	2	3	3

随着"阳光工程"的顺利实施，2006 年劳动和社会保障部开始组织实施"农村劳动者技能就业计划"，以提高农村劳动者就业技能、促进其向非农产业转移和在城镇稳定就业为目标，结合企业用工需要，综合运用职业培训补贴、职业介绍补贴等相关扶持政策，动员并组织社会各类职业培训机构、就业服务机构为农村劳动者提供有效服务，使农村劳动者掌握就业技能，实现转移和稳定就业。西藏在"农村劳动者技能就业计划"支持下，2006 年实现公共就业培训 2 万人，其中劳动预备制培训 1 万人，劳务输入培训 1 万人。西藏农牧民培训合格率达到 90%，就业率达到 80%，基本做到了使被培训者顺利实现就业。

2005 年起开始实施的"雨露计划"，主要针对贫困地区开展人力资源开发工作。西藏在具体执行过程中，以政府为主导、社会参与为特色，以提高素质、增强就业和创业能力为宗旨，以中职（中技）学历职业教育、劳动力转移、创业培训、农业实用技术培训、政策业务培训为手段，开展了一系列的公共就业培训工作。2013 年西藏山南市"雨露计划"投资金额为 130 万元。培训内容覆盖烹饪（厨师）、中式面点师、氆氇编织、装载机维修等 4 个项目，培训人数 195 人，带动了山南市的非农就业工作。

此后，2016 年由教育部主导的农民工学历与能力提升行动计划——求学圆梦计划，以及由人社部主导的农民工返乡创业培训五年行动计划（2016—2020 年），都为西藏农牧民素质的提升打下了坚实基础。

纵观以上的公共就业培训项目，都有明显的特点，即以国家有关培训工程项目为引导，西藏根据中央要求不断出台相关培训的具体操作办法，同时加大配套资金投入，进行相应的人员师资组织，从而保证培训工作的顺利开展。但西藏自身财政收入能力有限，西藏 2020 年一般公共预算收入仅 220.99 亿元，为第一位广东的 17%。有限的财政收入使得西藏在整体经费投入上受到较大制约，必须依赖中央财政的专项支持才能顺利完成培训任务。

将西藏的财政预算收支与涉藏区域进行比较，可以明显看到西藏的财政自给率最低，仅为 9.99%，而青海的财政自给率为 15.42%，云南和四川的财政自给率分别为 30.35% 和 38.05%，因此西藏公共就业培训也给西藏自治区人民政府增加了较大资金等方面的压力。同时，由于项目来自不同部门，在具体操作过程中容易出现低质量、低层次的重复培训，对项目管理者的素质要求也比较高。这导致政府主导型公共就业培训的压力也越来越大。

4.3.3.2 职业院校主导型公共就业培训

总体来看，西藏职业院校数量偏少，以技工院校为例和涉藏省份进行比较（表 4-19）。

表 4-19 涉藏省份技工院校综合情况比较

地区	技工院校数（所）	职业培训定点培训机构数（家）	在职教职工人数（人）	文化技术理论课教师数（人）			
				总计	高级讲师	讲师	助理讲师
全国	2 423	1 170	279 290	153 120	39 891	52 691	37 844
四川	96	47	12 144	6 207	1 531	2 101	1 608
云南	35	26	5 298	3 386	1 160	1 122	993
西藏	4	2	360	133	23	39	10
甘肃	38	16	3 220	1 688	396	525	467
青海	14	9	1 147	627	238	167	129

如表 4-19 所示，西藏仅有 4 所技工院校，仅占全国总数的 0.17%；在职教职工 360 人，仅占全国的 0.13%，而高级讲师仅占全国的 0.06%。由此可以看到，不管是院校数量，还是师资数量或师资水平，西藏较全国其他省份都存在着明显的差距。西藏的职业院校主导型公共就业培训的培训能力有限，更多采用"学院型"培训，以课堂讲授为主，对受训农牧民提供非学历的职业技能培训。

综上所述，西藏的职业院校主导型公共就业培训只能是公共就业培训的重要组成部分和有益补充，不能成为西藏公共就业培训的主导力量。

4.3.3.3 民办培训机构主导型公共就业培训

西藏先后出台《西藏自治区民办职业技能培训学校（机构）管理暂行办

法》（藏人社厅发〔2012〕58 号）和《西藏自治区职业技能培训管理办法》，对社会力量开展培训服务进行引导与规范，在带动民办培训机构发展的同时，也在农牧民非农就业以及公共就业培训等方面取得较大成绩①。

从表 4-20 中可以看到，2020 年西藏有民办培训机构 127 家，约占全国培训机构总数的 0.49%；教职员工 3 290 人，兼职教师 1 514 人，承担了全国 0.97% 的农村劳动者的培训工作。可以看到：①西藏培训的需求大部分来自农牧民，2020 年西藏共培训 83 766 人，其中 73.82% 为农村劳动力，失业人员仅占 0.14%。西藏公共就业培训主要对象应为农牧民的非农就业，应主要考虑农牧民转移就业中的职业需求。②西藏培训的时限主要以短期培训为主，93.21% 的培训时间在半年以内，半年到一年的培训约占总数的 6.64%，一年以上的培训仅占 0.15%。③西藏培训的层次较低，主要以初级职业资格证书为主，92.95% 的培训对象考取的是初级职业资格证书，只有 7% 的培训人员参与中级职业资格证书的考试，高级职业资格证书的培训比例仅为 0.5%，技师和高级技师则比例为 0。对比青海，青海考取初级职业资格证书、中级职业资格证书、高级职业资格证书、技师和高级技师的比例分别为 93.80%、4.76%、1.42%、0.02%，可以看到西藏的培训层级较低。究其原因，一方面，西藏整体教育水平特别是农牧民的教育水平相对较低，使得培训的内容主要以初级职业资格证书为主；另一方面，师资力量也约束了培训的层次，培训机构很难有能力开设具有较高职业要求的课程。

表 4-20　2020 年涉藏省份民办培训机构比较

项目	全国	四川	云南	西藏	甘肃	青海
机构数（家）	25 851	1 456	75	127	732	218
在职教职工总人数（人）	382 501	22 206	17 814	3 290	9 980	3 214
教师人数（人）	219 910	13 444	12 866	2 402	5 912	2 126
兼职教师人数（人）	170 788	9 518	11 815	1 514	4 429	1 557
经费来源（亿元）	262.9	12.1	13.7	2.8	4.4	1.0
财政补助费（亿元）	11.9	0.6	0.2	0.4	0.2	0.1
职业培训补贴（亿元）	147.0	6.0	13.5	2.3	4.3	0.7
培训人数（人）	18 121 122	1 027 397	1 275 606	83 766	419 309	109 904
结业人数（人）	14 857 865	932 491	1 237 417	82 842	402 394	86 866

①　唐静，冯子君，修凯．西藏政府购买公共服务的现状、问题及对策研究［J］．西藏发展论坛，2021，3（181）：78-84.

（续）

项目		全国	四川	云南	西藏	甘肃	青海
按培训对象 分组（人）	劳动预备制学员	443 045	30 288	24 747	1 728	24 503	1 019
	失业人员	1 263 697	68 226	61 025	120	16 276	5 117
	农村劳动者	6 402 612	432 736	780 937	61 837	198 397	67 941
	在职职工	7 216 537	306 457	302 254	2 418	89 101	27 891
	其他人员	2 357 339	172 263	106 643	9 629	91 032	5 865
按培训期限 分组（人）	六个月以下	16 528 763	893 001	1 254 839	67 779	419 309	83 883
	六个月至一年	545 924	50 660	19 202	4 828		2 590
	一年以上	262 594	32 972	1 565	111		1 611
按获取证书 分组（人）	初级职业资格	3 730 716	227 751	519 362	29 992	86 031	16 687
	中级职业资格	1 360 822	144 768	126 186	2 259	16 384	847
	高级职业资格	403 394	29 560	13 638	15	26 183	252
	技师和高级师资格	99 791	2 229	2 228		9 964	4
就业人数（人）		9 245 261	503 885	468 839	43 936	183 470	7 633

上述结论也可以通过表 4-21 进行验证。

表 4-21　2020 年涉藏省份职业技能鉴定机构比较

项目	全国	四川	云南	西藏	甘肃	青海	宁夏
职业技能鉴定机构数（个）	8 205	554	191	20	46	80	75
鉴定所数（个）	5 387	484	182	6	46	34	70
鉴定站数（个）	2 700	70	9	14		45	5
其他鉴定机构（个）	118					1	
考评人员人数（人）	155 935	12 172	4 108	120	2 314	126	3 325
本年鉴定考核人数（人）	10 704 734	455 298	525 841	21 935	176 710	23 454	65 802
初级（人）	3 733 911	166 377	298 163	19 294	95 747	15 218	33 512
中级（人）	4 543 395	258 651	166 655	1 028	71 708	7 824	26 393
高级（人）	2 130 435	22 552	52 078	1 603	7 386	270	4 943
技师（人）	208 112	5 817	7 891	9	1 550	117	789
高级技师（人）	88 881	1 901	1 054	1	319	25	165
本年获取证书人数（人）	8 659 731	408 104	487 532	19 346	160 943	20 730	56 489
初级（人）	3 278 478	152 499	281 702	17 157	87 933	13 647	30 270

（续）

项目	全国	四川	云南	西藏	甘肃	青海	宁夏
中级（人）	3 862 870	229 831	151 347	814	65 156	6 786	22 035
高级（人）	1 323 861	20 080	46 233	1 365	6 630	169	3 594
技师（人）	134 474	4 308	7 289	9	996	105	462
高级技师（人）	60 048	1 386	961	1	228	23	128

从表 4-21 可以看到，不管是鉴定机构数量，还是考评人员的人数，西藏排名均靠后。从参与鉴定考核的人数来看，西藏也是最后一位。参与鉴定考核的人中，87.96% 的参与者是参与初级职业资格证书的考核，这一比例是所有省份中最高的。通过考核获得初级证书的人数占比也居全国第一位，为 88.68%。

4.3.4　公共就业培训运行模式

从"阳光工程"伊始，西藏就开始向农牧民提供公共就业培训服务，也进行了非常多有益的尝试。目前，公共就业培训中主要如下几种运行模式。

4.3.4.1　政府直补模式

政府直补模式是一种较为常用的运行模式，即西藏各级政府根据上级政府要求、当地用工企业的实际需求和农牧民转移就业培训的愿望，确定培训内容和培训指标，并下发给满足条件的公办或民办培训机构，由培训机构对符合条件、在指标范围内的农牧民开展培训。待培训结束之后，政府依据既定评估标准对培训后的农牧民进行考核并做出质量评估，依据农牧民考核结果和实际培训指标向培训机构发放培训经费。

这种模式在实际运行中有三种情况。第一种情况是政府将培训指标下发至政府主办的培训机构，如技工院校，鼓励技工院校更多地承担政府补贴性技能培训任务，发挥技能培训主力军的作用。如 2020 年为满足川藏铁路等重大项目的用工需求，将培训指标下发到西藏技师学院，根据培训结果再拨付培训经费；林芝市有 137 人实现培训后就业，月工资在 6 000 元以上。第二种情况是政府将培训指标下发至民办培训机构，根据考核合格率等指标拨付就业培训资金。当前这种模式逐渐被政府购买模式所取代。第三种情况是政府将培训指标下发给企业，即以工代训，农牧民在具体岗位上以实际操作方式接受技能培训。西藏人社部门按照每人每月不超过 2 000 元的标准给予培训补贴，补贴时间最长不超过 6 个月。

4.3.4.2　培训券模式

　　1955 年弗里德曼在《政府在教育中的作用》中首先提到"教育券模式"这个词语。2003 年浙江在借鉴美国教育券的基础上，最先使用"就业培训券"实施农民工就业培训工程。西藏在培训券运行过程中，政府向有培训需求的农牧民发放培训券，农牧民再到定点培训机构进行培训，培训完成后经审核符合补贴条件的，由资金管理部门将补贴资金拨付至定点培训机构。

　　2021 年发布的《人力资源社会保障部办公厅关于深入推进职业技能提升行动全面推广职业培训券有关工作的通知》（人社厅发〔2021〕21 号）提出要求，西藏 2021 年需发放职业培训券 3 万张，年底需用完 0.3 万张。可见培训券运行模式由于在培训中引入竞争机制，能促进培训机构提高服务质量，有利于切实提升西藏农牧民的培训质量，已经成为西藏公共就业培训中一种重要的运行方式。

4.3.4.3　订单定向培训模式

　　订单定向培训模式是指以明确的市场需求为导向，政府收集企业提供的需求工种和需求人数等数据后，面向农牧民招收学员，委托有资质的培训学校开展有针对性的技能培训，培训考核完成后由合作方安排就业，做到"每一份培训技能都有用武之地"。在具体培训过程中，需求企业往往还会参与进来，提出具体的培训要求和目标，所以这种运行模式可以概括为"企业下单、学校接单、政府买单、农牧民受益"，教学内容针对性强，较好地实现了培训和就业相统一。仅 2020 年林芝市就有 724 名高校毕业生和农牧民通过"订单式培训＋定向式就业"模式实现就业，受到了广泛好评。

　　但这种模式需要及时了解企业在经营过程中的用工需求，对政府和企业之间的就业信息传递要求较高，同时在培训过程中培训内容多针对具体企业的实际需求，忽略了多种职业技能的培养以及农牧民整体素养的提升。

4.3.4.4　政府购买公共就业培训服务运行模式

　　《西藏自治区政府购买服务管理办法》等一系列政策措施的出台，明确提出要"进一步规范我区政府购买服务行为，促进政府职能转变，改善公共服务供给，全力推进全区共建共治共享的社会治理创新"。在此办法的指导下，西藏开展了较多的政府购买公共就业培训服务工作。其具体运行模式为：首先根据市场需求、财政预算等因素编制采购购买计划，并报同级财政部门审批；接下来按确定的采购方式，如公开招标、邀请招标、竞争性谈判等方式遴选培训机构，并与培训机构签订合同；培训机构根据合同约定履行培训义务，各级政府部门根据履约验收情况以及购买合同的约定支付培训资金。

　　作为西藏当前公共就业培训运用较多的一种运行模式，将在第 5 章对其进行更细致的分析。

4.4　西藏农牧民公共就业培训取得的成效

4.4.1　培训人数显著增加

如前所述，2016—2020 年，西藏累计转移农牧民就业近 500 万人次，年均就业培训 10 万人次，培训人数明显增加。其中民办培训机构承担了大部分的农牧民公共就业培训任务。而其他的培训机构只是其中的有益补充，如基层以上工会的职业培训机构 2019 年培训农牧民 185 人次、2018 年培训农牧民 57 人次，西藏中等职业学校培训农牧民在第二产业上结业 1 909 人、在第三产业上结业 5 776 人。因此，接下来以参与民办培训机构的培训数为例，探讨其变化规律（表 4-22）。

表 4-22　西藏民办培训机构 2015—2020 年培训对象及数量

单位：人次

年份	劳动预备制学员	失业人员	在职职工	农牧民	其他人员
2015	1 355	3 698	14 183	30 517	2 522
2016	5 467	3 308	2 416	48 621	312
2017	293	3 896	6 180	49 483	2 307
2018	1 919	3 098	3 649	39 134	1 935
2019	6 418	1 390	19 200	43 635	
2020	1 728	120	2 418	61 837	

从表 4-22 中可知，参与培训的农牧民数量显著增加，从 2015 年的 30 517 人增加到 2020 年的 61 837 人，尽管中间出现了波动，但年增加率依然达到了 15.17%。同时从占比来看，参与培训的农牧民占总培训人数的比例从 2015 年的 58.38% 迅速提升，2016 年达到 80.87%，到 2020 年高达 93.55%。随着越来越多的农牧民参与公共就业培训，为西藏的经济社会发展提供了有力的人才保障。

4.4.2　培训内容显著拓展

考虑到西藏农牧民的受教育水平，西藏农牧民的培训领域最初主要集中在初级劳动技能的培训中，包括制造业技术培训、建筑业技术培训、服务业技术培训（家政服务、餐饮、美容）、其他类技术培训等领域。通过将 2010 年和 2020 年培训内容进行归纳，得到表 4-23。

表 4-23　民办培训机构为农牧民开展的就业培训内容

2010 年的培训领域	2020 年的培训领域
制造业技术培训，如初级电工、钳工、焊工等的培训	
服务业技术培训，如美容美发师、酒店与服务管理员、藏式建筑绘画、藏式家具绘画、烹调师（中、西式）、面点师（中、西式）、服装制作（裁剪、缝纫、制版）、唐卡绘画、民族歌舞、主持、家政服务等的培训	除左述内容外，还增加了：初、中、高级农机具维修，初、中、高级医疗辅助护理员，人力资源开发管理人员，合作社运营能力提升，计算机操作员，3D 打印，电子商务师，初、中、高级 SYB、IYB，育婴师，养老护理，职业规划师，初、中级建（构）筑物消防员等培训内容
建筑业技术培训，如初级建砌筑工、架子工、钢筋工、混凝土工等的培训	
其他类技术培训，如初级汽车驾驶员、挖掘机操作员、装载机操作员等的培训	

从表 4-22 中可以看到，针对农牧民的公共就业培训领域呈现两大特点。一是培训的层次明显提高，2010 年培训的内容主要围绕着初级职业技能展开，到 2020 年已经能提供初级、中级、高级的职业技能培训，能更好地满足农牧民转移就业过程中职业技能持续提高的需求。二是培训的领域明显增多。随着信息技术的不断发展和电子商务的蓬勃兴起，计算机操作员和电子商务师等培训日益受到农牧民的欢迎；人力资源开发管理人员、职业规划师、合作社运营能力提升等培训内容更体现了新生代农牧民的知识水平不断提升，不再仅满足于具体的操作岗位，也有兴趣且有余力向管理岗位转型；"大众创业，万众创新"背景下开展的 SYB（创办你的企业）、IYB（改善你的企业）培训，更是为以创业带动就业、实现多渠道就业奠定了坚实基础。如阿里地区选派 55 名农牧民到河北、陕西参加电子商务培训，通过电子商务培训有效带动就业。

通过给农牧民提供更多的培训内容，让农牧民在非农转移过程中能根据自身特点，选择最为适合自己的培训内容和职业发展方向，为农牧民"移得出、稳得住、生活好"提供有力的保障。

4.4.3　劳动力素质切实提升

对农牧民的公共就业培训力度不断加大，农牧民劳动力素质有了明显提升，具体可通过获得职业资格证书的人数来进行判断（表 4-24）。

表 4 - 24 民办培训机构 2015—2020 年培训对象及获取证书情况

单位：人次

年份	劳动预备制学员	失业人员	在职职工	农村劳动者	其他人员	初级职业资格	中级职业资格	高级职业资格	技师和高级技师资格
2015	1 355	3 698	14 183	30 517	2 522	13 145	5 268	345	
2016	5 467	3 308	2 416	48 621	312	10 825	1 449	449	1
2017	293	3 896	6 180	49 483	2 307	25 663	1 605	110	
2018	1 919	3 098	3 649	39 134	1 935	17 571	839	6	
2019	6 418	1 390	19 200	43 635		29 992	2 259	15	
2020	1 728	120	2 418	61 837		82 842	29 992	2 259	15

如表 4 - 24 所示，西藏人力资本提升较为明显，不论是从初级职业资格的获得数量，还是从高技能人才的认证通过数量，都可以明显地看出这一点。带入 SPSS 中，计算 Person 系数，如表 4 - 25 所示。

表 4 - 25 相关性

项目	农村劳动者	初级职业资格	中级职业资格	高级职业资格	技师高级技师
Pearson 相关性	1.000	0.785	0.679	0.728	1.000**
显著性（双侧）		0.065	0.138	0.101	
N	6	6	6	6	2

注：** 表示在 0.01 水平（双侧）上显著相关。

一般认为，Person 系数在 0.6～0.8 为强相关，0.8～1.0（含 0.8）为极强相关。因此，可以判断出农村劳动者培训的数量与职业资格证书的获得具有较强的相关性，即参与公共就业培训，能显著提高农牧民的职业技能和职业素养，带动其实现高质量稳定就业。

4.4.4 培训增收效益明显

为了解培训对农牧民增收的具体影响，将农牧民每年实现转移就业人数、劳务收入和接受培训数汇总，得到表 4 - 26。

表 4 - 26 西藏 2018—2021 年农牧民转移就业变动情况

年份	农牧民实现转移就业数（万人）	劳务收入（亿元）	培训农牧民数（人）
2021	69.3	58.1	
2020	61	47.1	61 837
2019	57.1	34.8	43 635
2018	54	32.6	39 134

将数据代入 SPSS 中,求得 Person 相关性系数如表 4 - 27 所示。

表 4 - 27   相关性

项目		转移人数	劳务收入	培训人数
转移人数	Pearson 相关性	1	0.950	0.964
	显著性(双侧)		0.201	0.171
	N	3	3	3
劳务收入	Pearson 相关性	0.950	1	0.999*
	显著性(双侧)	0.201		0.030
	N	3	3	3
培训人数	Pearson 相关性	0.964	0.999*	1
	显著性(双侧)	0.171	0.030	
	N	3	3	3

注:* 表示在 0.05 水平(双侧)上显著相关。

通过相关性系数可以看到,培训人数与转移人数的相关性系数为 0.964,为强正相关,即参与培训的农牧民人数越多,越能有效带动农牧民的非农转移;而培训人数与劳务收入的相关性系数为 0.999,表明培训人数能非常显著地提升劳务收入。

西藏 2020 年农村人口 234.46 万人,劳务收入 47.1 亿元,可以看到农牧民非农就业能极大地促进农牧民增收,从而缩小城乡收入差距,最终实现共同富裕。

4.5   西藏农牧民公共就业培训的特点

4.5.1   涉及职能部门多

西藏高度重视农牧民的培训工作,专门设立了西藏自治区农牧民工作领导小组,负责农牧民培训的开展与监督工作。具体承担农牧民培训工作的职能部门包括区人社厅、农业农村厅、教育厅以及团委、妇联、残联等多个职能部门和机构。

4.5.2   培训机构造血能力尚需加强

从培训资金的投入来看,整体资金投入有下降的趋势。如表 4 - 28 所示,虽然整体来看,西藏培训经费随着培训的人数增长而逐年增加,但对比 2019

年和 2020 年数据可以看到，人均培训经费从 2019 年的 0.46 万元下降到 2020 年的 0.33 万元。同时，从经费来源可以看到，职业培训补贴增加显著，说明培训机构的自我造血能力有所增强。

表 4 - 28　西藏培训机构经费来源及培训人数

年份	经费来源（亿元）			培训人数（人）	人均培训经费（万元）
	总计	财政补助费	职业培训补贴		
2020	2.8	0.3	2.3	83 766	0.33
2019	3.8	2.9	0.9	83 230	0.46
2018	1.2	0.1	0.8	49 735	0.24

对比全国及涉藏地区的数据，西藏的差距依然明显。如表 4 - 29 所示，首先，西藏是人均财政补助经费和职业培训补贴最高的，人均财政补助经费达到 423.32 元，比全国平均水平 65.79 元高出很多。这一方面说明了西藏对培训的重视程度，另一方面也说明了培训机构的自身造血能力较弱，更多需要政府补贴来完成培训任务。

表 4 - 29　2020 年涉藏省份培训机构经费来源及培训人数

地区	经费来源（万元）			培训人数（人）
	总计	财政补助经费	职业培训补贴	
全国	2 629 467	119 227	1 469 567	18 121 122
四川	120 516	6 055	60 246	1 027 397
云南	137 221	2 174	135 046	1 275 606
西藏	28 088	3 546	23 362	83 766
甘肃	44 306	1 750	42 556	419 309
青海	9 750	1 068	6 869	109 904

4.5.3　农牧民参与培训的积极性还需加强

2020 年西藏自治区人力资源和社会保障厅、财政厅印发的《西藏自治区职业培训补贴资金使用管理实施细则（试行）》中明确指出，为鼓励农牧民参与公共就业培训，仍然按照《西藏自治区农牧民技能培训补助资金管理办法（试行）》进行申报，其中劳动力转移培训（职业资格认证类）补助 2 000~3 500元/人次（A 级 2 000 元/人次，B 级 2 500 元/人次，C 级 3 500 元/人次），劳动力转移培训（非职业资格认证类）补助 1 600 元/人次，创业培训补助 3 000 元/次。2020 年明确要求享受农牧民技能培训补助资金补贴的人员，不得重复参加同等级的工种培训，且每年接受的各种农牧民技能培训总计不得超过 1 次。

在政府大力补贴的情况下，西藏农牧民参与公共就业培训的积极性和其他涉藏省份还有差距。如表 4-30 所示，西藏参与培训的农牧民占比位于云南和青海之后，仅为 2.64%。

表 4-30　2020 年涉藏省份培训机构培训人数

项目	四川	云南	西藏	甘肃	青海
培训的农村劳动者（人）	432 736	780 937	61 837	198 397	67 941
农业人口数（人）	36 209 000	23 586 000	2 344 657	11 952 499	2 364 594
占比（%）	1.20	3.31	2.64	1.66	2.87

究其原因，首先，培训内容缺乏针对性是主要因素，大部分的培训内容是由培训相应的职能部门或援藏省份发起的，不是特别符合当地农牧民的实际。其次，部分农牧民认为培训时间较短，学不到什么东西。此外，培训大部分是建筑、汽车驾驶、餐饮服务或者旅游服务等项目，培训完成后并不能立刻有效提升就业能力，降低了农牧民参与的兴趣和积极性。

4.5.4　培训师资还需提升

整理 2020 年公办技工院校和民办培训机构关于教师的基本信息，如表 4-31 所示。

表 4-31　涉藏省份培训基本信息

地区	技工院校数（所）	职业培训定点培训机构数（家）	在职教职工数（人）	文化技术理论课教师数（人）	高级讲师数（人）	讲师数（人）	助理讲师数（人）	民办机构数（个）	在职教职工总数（人）	教师数（人）	兼职教师数（人）
四川	96	47	12 144	6 207	1 531	2 101	1 608	1 456	22 206	13 444	9 518
云南	35	26	5 298	3 386	1 160	1 122	993	750	17 814	12 866	11 815
西藏	4	2	360	133	23	39	10	127	3 290	2 402	1 514
甘肃	38	16	3 220	1 688	396	525	467	732	9 980	5 912	4 429
青海	14	9	1 147	627	238	167	129	218	3 214	2 126	1 557

从表 4-31 可以看到，西藏的培训机构数量、师资数量都处于全国相对落后水平，同时从师资水平来看，西藏高层次的教师数量也明显偏少。以高级讲

师为例，西藏高级讲师数仅为甘肃的 1/17、青海的 1/10。这使得培训的内容更侧重于初级技能，也使得很多课程需要由对口支援地区具体负责培训，如3D 打印培训、电子商务培训等都是援藏单位的援助项目，并由其负责培训实施[①]。

4.5.5　授课模式较为单一

西藏农牧民培训的形式较为单一，不管是技工院校还是民营培训机构，均受制于培训单位的场地、设施设备等条件，农牧民公共就业培训中实践性操作较少，基于企业实地培训的较少。尽管"以工代训"模式逐渐推行，但"集中＋现场式"的主要授课模式还未能全面推行，再叠加农牧民自身受教育程度较低，更影响其培训效果。

同时培训过程中，政府只是明确按培训合格率和职业技能鉴定合格率来进行事后监督，缺乏对培训机构培训过程的管理和评价，特别是评价体系中未能考虑到学员的反馈，对整体培训质量造成不利影响。

4.6　小结

西藏大力推行公共就业培训，是西藏产业结构升级的必然要求，也是西藏新型城镇化建设的必然结果，同时是实现西藏共同富裕目标，构筑服务全民的终身学习体系的需要。

西藏通过推行公共就业培训，提升人力资本，能获得更高的经济增长贡献率。通过引入柯布-道格拉斯函数，运用岭回归计算结果表明，对西藏经济社会发展影响最大的是教育经费的投入，其次是人力资本，从业人数和资本形成总额对经济社会的发展影响相差不大。同时计算得到，2000—2020 年人力资本提升对西藏经济贡献率为 25.17％，高于全国平均水平，由此可以看到人力资本提升对西藏经济社会发展的重要性，也验证了培训对西藏经济发展的突出作用。

西藏公共就业培训现状分析首先从相关政策入手，归纳出西藏政策制定的三大特点，分别是西藏农牧民培训主要采用公共就业培训方式、西藏的就业培训呈现多样化的特点以及适时调整培训政策。其次分析了西藏农牧民公共就业培训中政府主导型、职业院校主导型以及民办培训机构主导型公共就业培训的实施现状，具体运行模式则包括政府直补模式、培训券模式、订单定向培训模

---

① 何妍. 西藏公共就业培训服务现状评价与对策［J］. 管理观察，2019（25）：34-37.

式以及政府购买公共就业培训服务运行模式。

在运行现状分析的基础上，从培训人数、培训内容、劳动力素质和增收效益等方面分析了西藏农牧民公共就业培训所取得的成效，并探讨其公共就业培训的特点。

第 5 章　西藏政府购买农牧民公共就业培训的现状分析

5.1　西藏推进政府购买农牧民公共就业培训的必要性

5.1.1　政府职能转变的必然要求

　　一方面，如前所述，随着经济社会发展，西藏公众对公共服务的需求日益增加，公众多样化诉求、服务复杂化领域以及照顾差异化感知的特点对西藏公共服务供给能力提出了新的要求。另一方面，政府存在失灵的情况。福利国家理论中，政府通常承担社会公共管理的责任，公共服务是由政府主导并全权负责的，但这一理论夸大了国家和政府的能力而忽视了"第三方治理"的现实。传统按职能分工的金字塔组织结构使得公共部门很难高效快速响应社会公共需求，政府在为公众服务的流程中，在政策制定、资源组织、服务提供等公共管理过程中，有可能因种种原因而失灵①。因此，将政府的部分职能剥离出来，交给专业的企业、社会组织等去完成，改善资源配置方式，实现政府与市场的分工合作，有利于向"有所为、有所不为"的服务型政府转变。

　　西藏积极贯彻党中央部署要求，充分考虑西藏实际，在总结国内其他地区和西藏以往购买经验的基础上，出台了一系列政策措施。2015 年出台的《西藏自治区人民政府办公厅关于政府向社会力量购买服务的实施意见》明确提出，要转变政府职能，向社会力量购买服务。至此标志着西藏政府购买服务工作正式拉开帷幕。2017 年出台的《关于行业协会商会承接政府购买服务工作

---

　　① 王名，刘求实. 中国非政府组织发展的制度分析 [J]. 中国非营利评论，2007（1）：92 - 145.

有关问题的通知》，将行业协会纳入政府购买项目的承接主体中，为政府购买服务项目的顺利实施提供了有力保障①。2020 年印发的《西藏自治区政府购买服务管理办法》，旨在改善公共服务供给，规范政府购买服务行为，更好地满足公众的公共服务需求。经过多年的建设，西藏政府购买服务项目已涵盖 6 个领域，分别是基本公共服务、社会管理性服务、行业管理与协调性服务、技术性服务、政府履职所需的辅助性事项和其他适宜由社会力量承担的服务事项等。其中购买数量排前三的是政府履职所需的辅助性事项、基本公共服务和技术性服务三类。依据金额排序，西藏政府购买服务支出最多的前三项分别是基本公共服务、技术性服务和政府履职所需的辅助性服务，如表 5-1 所示。

表 5-1　西藏 2018 年政府购买服务项目资金统计

项目	项目数（个）	执行数（万元）
基本公共服务	247	30 148.88
社会管理性服务	21	789.06
行业管理与协调性服务	15	1 196.87
技术性服务	219	28 969.04
政府履职所需的辅助性事项	279	22 243.45
其他适宜由社会力量承担的服务事项	71	10 188.65
合计	852	87 803.59

数据来源：西藏自治区财政厅。

5.1.2　西藏自治区财政支出的要求

2020 年西藏一般公共预算收入为 220.99 亿元，为全国最后一位，仅为广东一般公共预算收入的 17%。2020 年西藏一般公共预算支出为 2 210.92 亿元，高于宁夏、青海和海南。2020 年西藏的地方财政自给率为 9.995%，为全国最低，而全国地方财政自给率最高的上海达到 86.969%。对比 2018 年数据，2018 年西藏一般公共预算收入 230.4 亿元，地方财政自给率 11.68%，转移支付与一般公共预算财政收入之比为 863.27%。可见西藏公共预算收入呈现下降趋势，对转移支付的依赖度明显增强（表 5-2）。

_____

① 周冉．西藏政府购买公共服务的问题与对策研究［D］．拉萨：西藏大学，2020.

表 5 - 2　2020 年涉藏地区一般公共预算收入和预算支出

地区	地方一般公共预算收入（亿元）	地方一般公共预算支出（亿元）	自给率（%）
西藏	220.99	2 210.92	9.995
四川	4 260.89	11 198.54	38.049
云南	2 116.69	6 974.02	30.351
甘肃	874.55	4 163.40	21.006
青海	297.99	1 932.84	15.417

　　将西藏的财政预算收支与其他涉藏省份进行比较，可以明显看到西藏的财政收入最低，但由于教育等公共服务事业的发展，西藏的支出还在不断增多，迫切需要优化支出结构。

　　在西藏的财政支出中，政府的一般公共服务支出从 2015 年的 205.92 亿元上升到 2020 年的 294.60 亿元，年增长率为 6.15%。可见为满足人民群众日益增长的公共服务需求，西藏一般公共服务支出明显增加。2015—2020年西藏一般公共服务支出增加 1.43 倍，因此必须借助政府购买公共服务来降低行政成本，并提供更专业的服务以满足民众需求（图 5 - 1）。

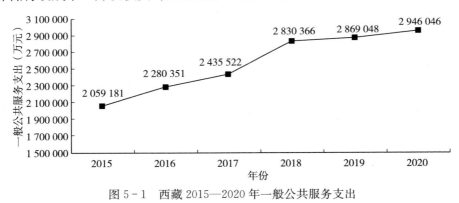

图 5 - 1　西藏 2015—2020 年一般公共服务支出

5.1.3　带动社会组织发展的需要

　　自 1990 年 5 月 19 日西藏自治区民政厅成立社会团体登记管理处，专门负责全区社会组织的登记和管理工作开始，西藏社会组织管理进入了规范化发展阶段，此后总体呈现平稳上升趋势。截至 2020 年 12 月，在西藏各级民政部门登记注册的社会组织共有 559 家，已经初具规模。从社会组织的构成类型来看，与全国社会组织的构成有较大差异。全国社会组织占比最高的是民办非企业，而西藏社会团体数量占据绝对优势，共计 491 家，约占西藏社会组织总量的 87.84%；基金会 22 家，约占 3.93%；民办非企业共计 46 家，约占总量的 8.23%（表 5-3）。

表 5-3　西藏和全国 2020 年社会组织类型分布

项目	社会组织类别			社会组织注册所在地		
	社会团体	基金会	民办非企业	县级	地市级	省级
西藏数量（家）	491	22	46	82	138	339
西藏占比（%）	87.84	3.93	8.23	14.67	24.69	60.64
全国数量（家）	374 771	8 432	510 959	681 626	157 384	52 860
全国占比（%）	41.91	0.94	57.14	76.23	17.60	5.91

从社会组织的层次来看，在西藏登记注册的社会组织中，县级最少，共有 82 家，占西藏社会团体总数的 14.67%，而全国社会组织注册最多的是县级；西藏地市级社会组织共有 138 家，占比 24.69%；西藏省级社会组织共有 339 家，占比 60.64%。总体来看，西藏注册层次分布与全国的情况完全颠倒。

从社会组织的服务领域来看，在登记的社会组织中，布局不断优化，覆盖了教育培训、医疗卫生、文化、体育、法律服务等众多领域。以民办非企业为例，在教育、文化、商务服务、科技与研究、社会服务等领域都已经发挥了重要的服务作用，但在生态环境、农业及农村发展等领域还呈现明显的空白状态，如表 5-4 所示。

表 5-4　西藏 2020 年民办非企业服务领域分布

单位：家

科技与研究	生态环境	教育	卫生	社会服务	文化	体育	商务服务	公共设施管理	农业及农村发展	其他
2		18	2	9		3	1			11

数据来源：《西藏统计年鉴》。

从图 5-2 中可以看到，西藏 39% 的民办非企业集中在教育领域，可以承接政府购买公共就业培训服务，利用其更加专业化的培训能力，提升农牧民非农就业的能力。

从社会组织的构成和层次来看，西藏社会组织以社会团体为主，原来大多

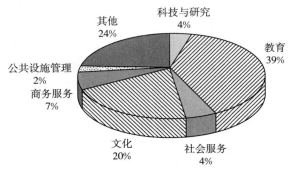

图 5 - 2　西藏 2020 年民办非企业服务领域分布

隶属于政府部门，以政府财政拨款作为主要的资金来源，独立性较弱，主动服务的意识和能力还较为欠缺；同时西藏大部分的社会组织集中在省会拉萨市，而县级领域非常少，间接增加了农牧民参加公共就业培训的成本，不利于就近转移就业的工作开展。

从社会组织的人员构成来看，西藏社会组织的专业化能力还有待加强（表5－5）。

表 5 - 5　西藏社会组织人员基本情况

年份	单位数（家）	年末职工数（人）	女性（人）	大学专科人数（人）	大学本科及以上人数（人）	助理社会工作师人数（人）	社会工作师人数（人）
2013	589	9 529	3 395	585	174		
2014	600	12 452	4 398	656	469		
2015	572	11 970	4 476	748	666		
2016	627	12 664	4 789	1 313	1 182	1	2
2017	604	12 442	4 697	1 294	1 240	1	2
2018	612	14 292	4 799	2 110	3 291	15	52
2019	536	6 797	1 919	2 029	3 223	45	10
2020	559	7 081	1 866	2 191	3 391	10	36

虽然从受教育程度来看，2013—2020 年社会组织的人才素质有了明显的提升，大学本科及以上学历的职工人数占总职工人数的比例从 2013 年的1.83%提高到 2020 年的 47.89%，但从人数和专业性来看，社会组织的人员有减少的趋势。同时，具有职业资格技能的专业人才数占总从业人数的比例

2018 年为 0.47%，2019 年为 0.81%，2020 年下降为 0.65%，说明专业性也制约了公共就业培训的有效开展。

通过政府购买公共就业培训，使得西藏社会组织尤其是教育培训领域的社会组织获得更多的资金来源，同时通过项目运作和管理，提升培训能力和管理水平，能为西藏人才整体素质的提升奠定坚实基础。

5.2 西藏政府购买农牧民公共就业培训的实践探索

5.2.1 西藏政府购买公共服务发展历程

公共部门各项活动要顺利开展，离不开科学的政策和制度。同样的，西藏要大力发展政府购买公共服务，也必须制度先行，按相应的规章制度来开展活动。从制度的建设过程来看，西藏政府购买公共服务事宜起步相对较晚，经历了起步—探索试点—全面推广—深化规范四个阶段，如表 5-6 所示。

表 5-6 政府购买公共服务的相关文件

阶段	年份	发文部门	文件名称	相关内容
起步	2001	西藏自治区人民政府	西藏自治区政府采购管理办法（暂行）	规定了政府采购过程的组织管理、采购方式、招投标程序以及监督检查等内容
	2005	西藏自治区人民政府	西藏自治区区级政府采购管理工作规程	规定了自治区政府采购管理办公室和政府采购中心的具体职责，以及自治区区级政府采购类型、政府采购预算及采购计划的编制与审批、采购计划的实施、采购统计信息的发布、监督检查等内容
	2005	西藏自治区财政厅	西藏自治区本级政府采购验收管理暂行办法	对政府采购验收方法、基本程序、监管方式以及验收工作涉及的相关单位和人员的职责和法律责任等作出了规定
	2005	西藏自治区人民政府	西藏自治区政府采购供应商管理暂行办法	在保证政府采购效率的同时，为维持健康、平稳的政府采购工作市场秩序，有效保护供应商的合法权益创造了良好的法律环境。同时对供应商提出了相应的规范准则

（续）

阶段	年份	发文部门	文件名称	相关内容
探索试点	2015	西藏自治区人民政府办公厅	关于政府向社会力量购买服务的实施意见（藏政办发〔2015〕16号）	详细规定了承接主体的具体条件，列示了政府购买服务指导性目录，并对购买方式和程序、预算管理、绩效监督进一步作出更加具体的规定
	2016	西藏自治区财政厅	关于进一步推进全区政府购买服务有关工作的通知（藏财综字〔2016〕33号）	就重要性和紧迫性、主要目标和重点领域、具体的工作任务以及相关要求提出了要求
	2016	西藏自治区财政厅、文化厅、新闻出版广电局、体育局	关于做好政府向社会力量购买公共文化服务的实施意见（藏政办发〔2016〕54号）	提出继续完善政府向社会力量购买公共文化服务的工作体系，形成与自治区社会经济发展相适应的资源配置和供给机制，提高政府向社会力量购买公共服务的水平
全面推广	2017	西藏自治区财政厅、民政厅、工商行政管理局	西藏自治区政府购买服务管理暂行办法（藏财综字〔2017〕2号）	已废止
	2017	西藏自治区财政厅	关于完善政府购买服务信息报送机制有关工作的通知（藏财综字〔2017〕13号）	明确了政府购买服务数据统计范围、信息报送内容、报送具体要求和其他事项
	2017	西藏自治区财政厅	关于做好行业协会商会承接政府购买服务工作有关问题的通知（藏财综字〔2017〕52号）	支持行业协会商会承接政府购买服务工作，对于稳妥推进行业协会商会与行政机关脱钩，加快政府职能转变、促进行业协会商会优化发展、服务经济社会发展具有重要作用
	2017	西藏自治区财政厅、西藏自治区机构编制委员会办公室	关于做好事业单位政府购买公共服务改革工作的实施意见（藏财综字〔2017〕64号）	将政府购买服务与事业单位改革两项重点改革任务相关联，在实践中构建起机构编制管理与政府购买服务管理的互动协调机制，同步推进和有机衔接两项改革

（续）

阶段	年份	发文部门	文件名称	相关内容
深化规范	2020	西藏自治区财政厅	西藏自治区政府购买服务管理办法（藏财综〔2020〕40号）	进一步规范西藏政府购买服务行为，促进政府职能转变，改善公共服务供给，全力推进全区共建共治共享的社会治理创新
	2020	西藏自治区财政厅	关于进一步规范和加强政府购买服务工作的通知（藏财综〔2020〕54号）	从购买内容、预算编审、指导性目录管理、购买服务合同及履约管理、绩效管理等方面对政府购买服务进行了约束
	2021	西藏自治区体育局	西藏自治区政府购买公共体育服务实施办法（试行）（藏体字〔2021〕155号）	明确购买主体和承接主体、购买内容及指导目录、购买方式及程序、预算及财务管理、监督管理和绩效等内容

具体到每个阶段，西藏做了如下工作。

一是起步阶段（2000—2014年）。这一阶段主要是以政府采购管理为主要抓手。1999年4月17日财政部颁布了《政府采购管理暂行办法》，西藏在该暂行办法的引导下出台了《西藏自治区政府采购管理办法（暂行）》，规定了政府采购过程的组织管理、采购方式、招投标程序以及监督检查等内容。随后出台了《西藏自治区区级政府采购管理工作规程》，规范自治区区级政府采购职责及工作流程。还出台了《西藏自治区本级政府采购验收管理暂行办法》，规定项目验收方法、基本程序、监管方式等。一系列的文件出台，为西藏政府采购工作的不断推进，提供了坚实的制度保障。

二是探索试点阶段（2015—2016年）。根据《国务院办公厅关于政府向社会力量购买服务的指导意见》以及《政府购买服务管理办法（暂行）》精神，出台了《西藏自治区人民政府办公厅关于政府向社会力量购买服务的实施意见》，明确提出"积极稳妥，有序实施"的原则，在条件成熟的地区和项目中开展购买"三核查""两评估"服务、教育系统城市"三包餐"服务、法律援助服务、会计审计服务等试点项目。《关于进一步推进全区政府购买服务有关工作的通知》则就政府购买服务的重要性和紧迫性、主要目标和重点领域、具体的工作任务提出了要求。随着这些文件的相继出台，试点项目数量增加到8个，范围拓展到行业统计分析、政府课题研究等。因此西藏政府购买公共服务已经初见成效，并逐渐向更深、更广泛的范围进行拓展。

　　三是全面推广阶段（2017—2019 年）。西藏政府购买公共服务进入全面推广阶段的标志性事件是《西藏自治区政府购买服务管理暂行办法》的出台。该办法明确指出，基本公共服务等六大类事项应纳入政府购买服务指导性目录中，同时明确自治区各级政府报送六大类购买服务数据统计范围、信息报送内容和报送具体要求。在此基础上，将行业协会商会纳入承接主体的范围，切实推动购买服务的进程。由此，西藏政府购买公共服务的数量开始大幅度增长。在区财政厅指导下，2017 年全区 41 家区直单位政府购买服务指导性目录全面编制完成，购买服务领域由政府履职所需辅助性事项扩大到基本公共服务、技术性服务和政府履职所需辅助性事项等领域。各地市政府也在区财政厅的指导下，从自身实际出发，编制本级政府的购买服务指导性目录。通过政府购买的就业培训、养老助残、义务教育以及第三方绩效评估等专业性服务工作，提升了公共服务的服务质量和服务效率，而购买的保洁、安保等后勤服务，既降低了办公成本，又提供了更高的后勤保障质量。

　　四是深化规范阶段（2020 年至今）。区财政厅依据《政府购买服务管理办法》（财政部令第 102 号）文件精神，从西藏实际出发，出台了《西藏自治区政府购买服务管理办法》，明确提出要"进一步规范我区政府购买服务行为，促进政府职能转变，改善公共服务供给"。这一管理办法不仅明确了不得纳入政府购买服务范围的事宜，同时对购买的流程、从预算到最终的评价等都进行了进一步的明确化。而《关于进一步规范和加强政府购买服务工作的通知》（藏财综〔2020〕54 号）的发布，更加凸显从自治区的实际出发，强调过程管理和绩效评价的规范性。2021 年区体育局出台了《西藏自治区政府购买公共体育服务实施办法（试行）》，延续了深化和规范化的要求，明确了只能从如下方面进行购买：公共体育赛事以及政府组织的群众性体育活动的组织实施、公共体育基础设施的运营维护、政府组织的体育职业技能、国民体质监测等项目，全民健身与运动训练竞赛宣传与推广，以及政府委托的其他体育类服务等。同时强调，购买主体根据购买项目实际，采取日常考核、专项考核、随机抽查、第三方监管、行业管理考核及相关职能部门督查等方式进行履约验收。

　　综上所述，西藏因自身特殊的历史文化、地理条件及社会发展水平等因素的限制，在政府购买公共服务方面起步较晚，即便与同为民族地区的广西、青海等地区相比，仍然存在一定差距。仅从政策发布时间上就可以看到，《西藏自治区人民政府办公厅关于政府向社会力量购买服务的实施意见》的发布时间为 2015 年 3 月，而广西在 2014 年 4 月就发布了《广西壮族自治区人民政府办公厅关于政府购买服务的实施意见》，青海则在 2014 年 6 月发布了《青海政府向社会力量购买公共服务实施办法》等政府购买服务的指导性文件。三者对照，在政策规定的购买范围、内容、监督评估机制以及制度建设等方面都凸显出西藏积极稳妥、有序实施、逐步拓展的特点。

通过试点到全面推行，西藏初步形成了以《西藏自治区政府购买服务管理办法》为核心的涵盖承接主体规定、购买流程规定、监督管理机制等较为完备的政府购买服务的政策体系，初步形成了统一有效的购买服务平台和机制，政府购买公共服务工作在西藏已经初见成效。

经过发展，政策制度不断完善，尤其是 2020 年 9 月《西藏自治区政府购买服务管理办法》的出台，既是对 2020 年 3 月 1 日实施的《政府购买服务管理办法》的快速响应，也是从西藏实际出发，规范了西藏政府购买服务的流程和监督管理、业绩评价的机制，为西藏政府购买服务的可持续发展奠定了坚实基础。购买范围从最初的教育系统城市"三包餐"服务、购买"三核查""两评估"服务、会计审计服务、法律援助服务等 4 项服务逐步扩大到医疗、培训、助残、养老等多方面的民生项目。在购买服务的同时，孵化和带动了西藏社会组织、行业协会、企业等承接主体的迅猛发展。监督评估机制进一步完善，实行"采管分离"、日常考核、专项考核、随机抽查、第三方监管、行业管理考核及相关职能部门督查等方式，切实提高政府购买公共服务的效率，带动了西藏公共服务质量的全面提升。

根据"积极稳妥，有序实施"的原则，西藏政府购买服务的深度和广度在不断增加。尤其是 2018 年随着最后 24 家区直机关单位政府购买服务指导目录的印发，区财政厅已分四批完成了适合编制政府购买服务指导性目录的 65 家单位的编制印发工作。同时各地市也将购买服务范围延伸到更多基本公共服务领域中，从本地实际出发，编制完善本级政府购买服务指导性目录，以期为政府购买服务提供更多便利。

5.2.2　西藏政府购买公共就业培训的探索

区财政厅印发的《西藏自治区政府购买服务管理办法》（藏财综〔2020〕40 号）明确指出，基本公共服务类包含公共教育、劳动就业、人才服务、社会保险、社会救助、养老服务、儿童福利服务、残疾人服务、优抚安置、医疗卫生、人口和计划生育、住房保障、公共文化、公共体育、公共安全、公共交通运输、"三农"服务等领域适宜由社会力量承担的服务事项。针对农牧民的公共就业培训，很显然属于基本公共服务类的范畴，非常适合借助社会力量承担。西藏开展了一系列的政府购买农牧民公共就业培训的活动，并取得了不错的效果。

党的十九大报告提出：转变政府职能，深化简政放权，创新监管方式，增强政府公信力和执行力，建设人民满意的服务型政府。根据中央要求，西藏将政府职能重心转移到公共服务领域，力求提供满足人民需求的优质服务。

在就业培训领域，西藏自治区政府转变角色，由"划桨者"转变为"掌舵者"，通过吸引社会组织的参与，利用社会组织的专业优势，提供更高质量的服务。

首先是出台一系列政策，如《职业培训补贴资金使用管理实施细则（试行）》（藏人社发〔2018〕157号）、《西藏自治区职业技能培训管理办法》（藏人社发〔2019〕65号）以及《西藏自治区人力资源和社会保障厅　西藏自治区财政厅关于做好职业技能提升行动专账资金使用管理工作的通知》（藏人社发〔2020〕64号）等文件，积极鼓励社会组织参与承接职业技能培训。

其次是鼓励更多的社会组织进入购买就业培训领域中。如5A级社会组织西藏自治区天骄职业技能培训学校，根据"大众创业，万众创新"的要求，早在2015年就开始承接区劳动就业服务局的SYB创业培训，切实增强了农牧民等群体的创业意识和创业能力。

再次是扩大购买领域，让更多的购买主体参与到购买公共就业培训中来，如西藏吉萨职业技能培训学校以承担各级政府和人社、民政等部门的政府购买的培训项目及全区各单位订单式、合同式实施的有关培训为主，如表5-7所示。

表5-7　近年来西藏吉萨职业技能培训学校承担政府购买服务项目

序号	时间	项目名称	购买主体	金额（元）
1	2022年1月7日	区商务厅机关2021年度农牧民技能培训补助资金合同公告	区商务厅	1 600 000.0
2	2022年1月6日	区商务厅2021年农牧民培训项目委托协议书	区商务厅	
3	2021年12月15日	区商务厅机关2021年度农牧民技能培训补助资金结果公告	区商务厅机关	1 600 000.0
4	2021年5月27日	2021年基层农技推广队伍能力提升培训项目竞争性磋商邀请书	区农业农村厅	
5	2020年12月10日	拉萨市大学生信息化技能培训项目成交公告	拉萨市经济和信息化局	1 130 400.0

（续）

序号	时间	项目名称	购买主体	金额（元）
6	2018 年 11 月 18 日	共青团西藏自治区委员会 2019 年度全区共青团农牧民技能培训项目中标公告	共青团西藏自治区委员会	703 500.0
7	2018 年 6 月 24 日	西藏森林消防总队大型工程机械操作手培训服务项目成交公告	区森林消防总队	186 000.0

通过以上政府购买培训的活动，既让当地农牧民掌握了专长技能，实现了高质量就业或创业，又有力地促进了社会组织特别是民办非企业的发展。以西藏吉萨职业技能培训学校为例，近年来承接政府购买公共服务项目 7 项，累计获得购买资金 5 219 900 元，不仅提高了师资队伍水平，带动了自身发展，而且获得了更好的服务经验和良好的社会形象，得到了社会各界的认可。

最后，西藏注重引进区外的社会组织，以期产生"鲇鱼效应"。如中央政策支持社会组织参与社会服务示范项目西藏立项 67 项，其中自治区的社会团体获得 46 项，另外 21 项被全国性的社会组织或注册在天津、重庆、四川等其他省份的社会组织所获得。通过引入外部社会组织，既为西藏社会组织打造了强大的竞争对手，也为西藏社会组织建立了标杆。在竞争中学竞争，提升了西藏社会组织的自我发展能力，为后续积极参与到社会服务中提供了持续动力。

如 2022 年 7 月 1 日，由人力资源和社会保障部职业能力建设司主办，中国就业技术指导中心和西藏自治区就业服务中心协办，西藏创新双语职业技术学校承办的人力资源和社会保障部援藏项目西藏自治区创业培训师资培训班在拉萨市正式开班。对 80 多名优秀学员进行为期 10 天的集中封闭性培训，采取统一标准、统一考核、统一发放证书的方式进行。此次培训班学习期满后，经现场试讲、笔试等环节考核合格的学员，获得由人力资源和社会保障部颁发的"创业培训讲师培训合格证书"，经西藏自治区就业服务中心审核通过后，列入自治区本级创业师资库，并参与到今后的创业培训服务工作中，为创新创业工作注入新的活力。

综上所述，西藏购买公共就业培训，切实转变了政府职能，提高了就业培训质量，更好地满足了农牧民专业就业的需要，同时带动了社会组织的发展。

5.3 西藏政府购买农牧民公共就业培训的总体概况

从公共服务供给方式来看，政府购买公共就业培训是合作治理背景下政府履职方式上的一种创新；从法律关系基本构造上看，政府从直接提供公共服务转向外部购买公共服务，是由二元主体结构迈向三元主体结构的演绎过程[1]，特别是新的承接主体的加入，对当前政府服务流程带来了巨大的冲击。具体而言，政府购买公共就业培训中，三元主体分别为购买主体、消费主体和承接主体，以下进行具体分析。

5.3.1　公共就业培训的购买主体

根据《西藏自治区政府购买服务管理办法》，可以看到西藏自治区政府购买公共服务的购买主体的规范性要求日益明确。该管理办法明确指出，各级国家机关是政府购买服务的购买主体。各级国家机关既包括各级行政机关、各级人民代表大会及其常务委员会机关、各级监察机关、各级审判机关、各级检察机关，也包括承担行政职能的事业单位、各民主党派的各级机关以及纳入行政编制管理的群团组织机关。

具体到农牧民的公共就业培训的购买主体，区人社厅是最重要的主体，其他部门如妇联、民政部门等也具有购买职能。区人社厅除负责购买之外，还负责根据国家法律法规和自治区有关规定制定相关政策、发布补贴培训职业（工种）目录，负责认定创业培训机构、检查各地落实职业培训政策情况、培训资金使用及培训实施情况、培训资金使用的绩效考核情况。各地人社部门负责辖区内补贴培训工作的统筹规划，对职业培训补贴进行审核，建立审核流程内部监控制度，负责区域内定点培训机构的认定、管理及指导服务。

区财政厅负责培训资金的预算安排和筹措，会同区人社厅做好资金使用管理办法、职业培训补贴标准，确定绩效考核的指标以及评价结果的应用等工作。各级财政部门负责落实辖区内职业培训补贴资金，以及对辖区内职业培训补贴工作进行监督检查[2]。

同时，区财政厅还会同区人社厅确定了相应的政府购买服务的指导性目录，其中涉及农牧民非农就业服务和培训的如表5-8所示。

表 5-8　区人社厅政府购买服务指导性目录（部分）

一级目录	二级目录	三级目录
基本公共服务		
	劳动就业	

---

① 邓蔓. 政府购买公共服务的主体结构及其程序构造之展开 [J]. 南京社会科学，2019（7）：98-105.

② 王萌. 吉林省政府购买就业培训服务问题研究 [D]. 长春：中共吉林省委党校，2018.

（续）

一级目录	二级目录	三级目录
		就业和创业培训
		就业指导、就业援助、就业见习服务
		公益性招聘活动的组织实施
		公共就业信息的收集与统计分析
		劳动职业技能培训
		就业咨询、信息发布、职业介绍等就业服务
		职业技能培训教材开发
		职业技能鉴定培训、实操考核等服务
		职业技能大赛服务
		公益性管理及后续服务
		创业指导团队建设及服务
		创业培训教材购买、翻译创业项目库建设服务
		其他公共就业服务
	人才服务	
		人才信息收集、统计、分析
		人才交流活动的组织与实施
		流动人才社保接续服务
		流动人才党支部服务
		人事考试辅助性工作
		技能人才培养工程
		其他公共人才服务
技术性服务		
	技术评审鉴定服务	
		劳动职业技能鉴定服务

  由表 5-8 所知，区人社厅政府购买服务指导性目录共分为"基本公共服务""社会管理性服务""行业管理与协调服务""技术性服务"和"政府履职所需辅助性事项"以及其他服务事项六大模块。"基本公共服务"划分为劳动就业、人才服务、社会保险、医疗 4 个二级目录，共 31 项服务职能；"社会管

理性服务"划分为公共公益宣传1个二级目录,共5项具体服务职能;"行业管理与协调服务"划分为行业规划1个二级目录,共1项具体服务职能;"技术性服务"划分为技术评审鉴定服务1个二级目录,共1项具体职能;"政府履职所需辅助性事项"划分为法律服务、课题研究和社会调查、财务会计审计服务、会议和展览、绩效评价、咨询、机关信息系统建设与维护、后勤和其他9个二级目录,共39项具体职能;"其他服务事项"则只有1个二级目录,为其他服务事项,共5项具体职能。

从表5-8可以看到,西藏购买农牧民公共就业服务是依据政府购买服务指导性目录的要求,对就业创业培训、教材购买、劳动职业技能培训、职业资格鉴定等一系列的购买活动。

5.3.2 公共就业培训的消费主体

根据《西藏职业培训业务流程及操作指南》以及《西藏自治区职业培训补贴资金使用管理实施细则(试行)》(藏人社发〔2018〕157号)文件精神,可以知道,西藏公共就业培训的消费主体主要是就业困难人员(含残疾人)、农牧区转移就业劳动者特别是建档立卡贫困劳动者、"两后生"、登记失业人员和转岗职工、退役军人、毕业年度高校毕业生、离校2年内未就业高校毕业生(含技师学院、中职毕业生)、确有就业能力和培训需求且未按月领取城镇职工基本养老金的人员。

具体到非农就业的公共就业培训,其消费主体为具有西藏农牧区户籍,具有转移就业意愿,且有一定就业创业能力和培训意愿的农牧民。

5.3.3 公共就业培训的承接主体

根据《西藏自治区政府购买服务管理办法》的要求,承接主体应当是依法成立的企业、社会组织(不含由财政拨款保障的群团组织),公益二类和从事生产经营活动的事业单位,农村集体经济组织,基层群众性自治组织,以及具备条件的个人。承接主体应当符合政府采购法律、行政法规规定的条件。公益一类事业单位、使用事业编制且由财政拨款保障的群团组织,不作为政府购买服务的承接主体。

具体到西藏公共就业培训的承接主体,西藏的高等院校、职业院校、技工院校等各类教育培训机构、具备资质的社会团体和企业等,都可以成为西藏公共就业培训的承接主体。涉藏地区技工院校的具体情况如表5-9所示。

表 5-9　涉藏地区技工院校基本情况

地区	技工院校数（所）	职业培训定点培训机构数（家）	在职教职工数（人）	文化技术理论课教师数（人）	高级讲师数（人）	讲师数（人）	助理讲师数（人）
全国	2 423	1 170	279 290	153 120	39 891	52 691	37 844
四川	96	47	12 144	6 207	1 531	2 101	1 608
云南	35	26	5 298	3 386	1 160	1 122	993
西藏	4	2	360	133	23	39	10
甘肃	38	16	3 220	1 688	396	525	467
青海	14	9	1 147	627	238	167	129

可以看到，西藏技工院校在学校数量、规模以及教职工的职称分布状况方面，都位居全国的最后一位，对公共就业培训的保障和支持力度较为有限。同时，全国有 2 622 家就业培训中心，年培训 2 663 211 人，培训补贴收入 15.5 亿元，而西藏没有 1 家就业培训中心。因此，仅靠公办的高等院校、职业院校、技工院校，很难满足农牧民公共就业培训的需求，急需引入民办培训机构，使民办培训机构成为重要的承接主体。2020 年涉藏地区民办培训机构基本情况如表 5-10 所示。

表 5-10　2020 年涉藏地区民办培训机构基本情况

地区	机构数（个）	在职教职工总数（人）	在职教师数（人）	兼职教师数（人）	经费来源（亿元）	财政补助经费（亿元）	职业培训补贴（亿元）	培训人数（人）
全国	25 851	382 501	219 910	170 788	262.9	11.9	147.0	18 121 122
四川	1 456	22 206	13 444	9 518	12.1	0.6	6.0	1 027 397
云南	750	17 814	12 866	11 815	13.7	0.2	13.5	1 275 606
西藏	127	3 290	2 402	1 514	2.8	0.4	2.3	83 766
甘肃	732	9 980	5 912	4 429	4.4	0.2	4.3	419 309
青海	218	3 214	2 126	1 557	1.0	0.1	0.7	109 904

其中，西藏的民办培训机构名称及业务范围可参见表 5-11。

表 5-11　西藏民办培训机构基本信息

序号	名称	注册时间	地址	业务范围
1	西藏自治区天骄职业技能培训学校	2010 年 12 月 16 日	拉萨市堆龙德庆区	经营范围包括初中级农机具维修、美容美发师、水电工、钢筋工、酒店与服务管理公关员、藏式建筑绘画、藏式家具绘画、养老护理、烹调师（中、西式）、面点师（中、西式）、服装制作（裁剪、缝纫、制版）创业培训

（续）

序号	名称	注册时间	地址	业务范围
2	西藏拉智职业技能培训学校有限公司	2018 年 9 月 13 日	拉萨市堆龙德庆区	初、中、高级医疗辅助护理员培训，唐卡绘画培训，高素质农牧民种植养殖培训，创业培训、人力资源开发管理人员，家政服务人员，合作社运营能力提升
3	西藏新东方职业技能培训学校有限公司	2021 年 11 月 17 日	拉萨市堆龙德庆区	营利性民办职业技能培训机构（依法须经批准的项目）
4	西藏启慧职业技能培训学校	2020 年 12 月 21 日	拉萨市堆龙德庆区	前厅服务员、客房服务员、中式烹调师、维修电工、创业培训（除依法须经批准的项目外，自主开展法律法规未禁止、限制的经营活动）
5	西藏科城职业技能培训学校	2017 年 6 月 5 日	拉萨市柳梧新区	初、中级建（构）筑物消防员、砌筑工、架子工、钢筋工、电工、混凝土工的培训
6	西藏唯创职业技能培训学校	2018 年 7 月 17 日	拉萨市柳梧新区	建筑木工、砌筑工、电工、焊工、钢筋工、抹灰工、架子工、酒店服务员、计算机操作员、SYB 创业培训、电子商务师、餐厅服务员
7	西藏他喜职业技能培训学校有限公司	2019 年 5 月 27 日	拉萨市柳梧新区	初、中、高级 SYB、IYB，电子商务（不含金融、电信、银行的延伸业务），计算机操作员，唐卡绘画、古建彩画的培训
8	西藏瑞丰职业技能培训学校有限公司	2019 年 6 月 5 日	拉萨达孜工业园	初级农作物栽培
9	西藏智融职业技能培训学校有限公司	2018 年 10 月 18 日	拉萨市城西区	初级混凝土工、砌筑工、畜禽养殖培训
10	西藏金新职业技能培训有限公司	2020 年 9 月 17 日	拉萨市蔡公堂街道	维修电工、装载机操作员、挖掘机操作员、叉车驾驶员、中式烹调师、中式面点师、电子商务师的职业技能培训

（续）

序号	名称	注册时间	地址	业务范围
11	西藏嘉悦星美职业技能培训学校有限公司	2021 年 7 月 30 日	拉萨市城关区	创业培训、西式面点师、美容师、缝纫工、育婴师的技能培训
12	西藏树人职业技能培训有限公司	2016 年 3 月 17 日	那曲市文化路	餐饮及酒店管理等职业的技能培训，美容、美发、美甲、足疗、彩妆、传统手工业、民族服饰制作、唐卡绘画、就业指导、歌舞、主持、电商基本操作等培训
13	西藏华图职业技能培训学校	2012 年 1 月 13 日	拉萨市城北区	初级汽车驾驶员、电子商务师、挖掘机操作员、种植养殖实用技术培训
14	西藏赢启职业技能培训有限公司	2021 年 1 月 5 日	拉萨市堆龙德庆区	装载机操作员、挖掘机操作员、中式烹调师、民族歌舞、砌筑工、餐厅服务员的培训

结合表 5-10 和 5-11 可知，整体来看，西藏民办培训机构成立时间较短，培训能力较弱，专职教师人员为 888 人，仅高于青海的 569 人；同时从培训内容来看，侧重于初级技能的培训，培训技能偏重旅游、烹饪、建筑、电子商务等内容，培训范围较为单一。

5.3.4　公共就业培训的购买流程

根据《西藏自治区政府购买服务管理办法》，可以看到西藏对政府购买公共就业培训的流程提出了明确要求，即政府购买服务项目所需资金列入同级财政预算，在相关部门预算中统筹安排，并与中期财政规划相衔接，未列入预算的项目不得实施。首先，强调必须先有预算、后有项目，没有预算的项目不允许实施，政府购买服务项目所需资金应当在相关部门预算中统筹安排，从而避免现有管理过程中出现的先有项目、后补预算的情况。其次，强化中期管理。由于政府购买公共服务的项目中，有些培训项目周期较长，所以这一管理办法明确要求预算要与中期财政规划相衔接，以保障购买项目和服务的连续性。最后，强调承接主体同样需要"开展事前绩效评估，定期开展绩效评价，探索运用第三方评价评估"，通过预算与事后评估相结合，切实提高购买服务项目资金的使用效益。

根据西藏政府购买公共就业培训的实际，绘制出西藏政府购买公共服务流程，如图5-3所示。

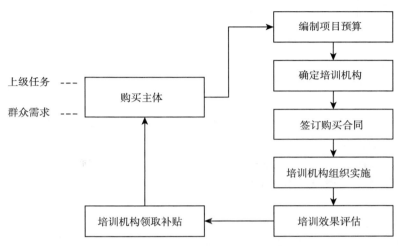

图5-3 西藏政府购买公共服务流程

西藏政府购买公共服务的程序如下。

①汇总需求。购买主体根据上级任务或农牧民的培训需求，明确购买服务标准、培训目标、培训方式和具体操作流程，形成购买项目的采购招标文件。

②编制项目预算。编制预算是整个购买活动的起点，未列入预算的项目不得进行购买和实施。因此，在参照政府购买服务指导性目录所列二、三级目录的基础上，购买主体填报下年度政府购买公共就业培训项目表，与部门预算一并报送同级财政部门审核。审核通过后的购买公共就业培训项目表，随部门预算批复一并下达给相关购买主体。

③选择承接主体。选择合适的培训机构是决定购买效果良好的重要环节。各购买主体应当根据培训项目的具体特点、项目可量化程度以及市场成熟度等因素，按照方式灵活、程序简便、公开透明、竞争有序、结果评价的原则确定承接主体，即培训机构。同时采用竞争性谈判、竞争性磋商、邀请招标、单一来源采购、公开招标等方式，公开、公平、公正、程序合法合规地确定培训机构，并接受过程监督。

④签订购买合同。购买合同规定了购买主体和培训机构的权利和义务，对购买项目的履行具有重要的保障作用。因此，在购买主体按规定程序确定培训机构后，应当根据培训项目的需求特点，通过合同方式明确培训服务的内容、

数量、质量、价格、时间期限等具体要求，以及资金结算方式、双方的权利义务事项和违约责任等内容[①]。

⑤组织实施。组织实施是确保培训项目最终落地以及确保培训目标顺利实现的关键环节。购买主体应当严格按照合同约定，及时监督检查培训机构是否严格按合同实施项目，并明确项目实施过程中存在的问题。购买主体应根据发现的问题和购买合同的约定积极与农牧民沟通，了解接受培训的农牧民的需求和反馈，同时严格按照国库集中支付管理有关规定、合同执行进度进行结算，以便监督保障培训机构能按照合同要求实施服务项目，确保服务的内容质量和效果，最终按时完成服务项目。

⑥效果评估。在项目完成后，购买主体还应及时组织或邀请第三方评估机构对履约的情况进行检查验收，并依据现行财务管理制度加强管理，主动接受有关部门、服务对象及社会监督。

⑦支付购买经费。购买主体根据其对培训效果的检查情况、购买合同约定的合格证书以及就业率等指标要求，核定最终达标的培训人数，并支付购买经费。

现在西藏政府购买公共就业培训项目中，通常由培训机构先行垫资开展培训，待第三方评估通过验收后再支付给培训机构整个购买合同款的70%，6个月后续跟踪结束后根据就业率和专业对口率再支付给培训机构整个购买合同款剩余的30%。

5.3.5 公共就业培训的购买方式

根据《西藏自治区政府购买服务管理办法》，购买主体购买公共就业培训服务项目时，应按照政府采购法律法规规定，采用公开招标、邀请招标、竞争性谈判、竞争性磋商、单一来源采购等方式确定相应的培训机构。

为进一步了解西藏政府购买农牧民公共就业培训所采用的方式，查询西藏自治区政府采购网（http：//www.ccgp-xizang.gov.cn/）的数据，得到2020年西藏政府采购公共服务的单位、内容及购买方式（部分），具体如表5-12所示。

---

① 王书娟．地方立法委托第三方起草实效之影响机理分析［J］．河北法学，2019，37（5）：107-120.

表 5 - 12　2020 年西藏政府购买公共服务的购买内容及方式（部分）

单位	内容	方式
区人社厅	全区"三支一扶"人员能力提升专项培训服务项目	公开招标
区妇女联合会机关	巾帼家政服务劳动技能大赛	竞争性谈判
区人社厅	12333 电话咨询购买服务	公开招标
区民政厅	编制《西藏城乡社区服务体系建设规划》	竞争性谈判
区劳动就业服务局	民族特色职业培训教材开发	公开招标
区文化厅机关	西藏自治区小微文化企业创新创业服务基地运营项目	竞争性磋商
区商务厅	农牧民创业技能培训师资班	公开招标

由表 5 - 12 可知，西藏在进行政府购买公共服务常采用的购买方式有公开招标、竞争性磋商、竞争性谈判等方式。其中公开招标是使用最多的方式。单一来源采购这种没有竞争性的购买方式几乎没有采用。这表明西藏政府购买公共就业培训中，由于承接主体相对较多，能较好地引入市场化竞争机制和竞争性购买方式，能吸引更多、更优秀的培训机构参与到公共就业培训中来，实现社会资源的优化配置，提升公共服务质量，更好地改善民生[1]。

5.3.6　公共就业培训的绩效管理方式

根据《人力资源社会保障部办公厅　财政部办公厅关于做好职业技能提升行动专账资金使用管理工作的通知》（人社厅发〔2019〕117 号）和《西藏自治区人力资源和社会保障厅　西藏自治区财政厅关于做好职业技能提升行动专账资金使用管理工作的通知》（藏人社发〔2020〕64 号）精神，结合《西藏自治区职业培训补贴资金使用管理实施细则（试行）》（藏人社发〔2018〕157号）执行要求，西藏对公共就业培训的资金管理方式和绩效方式进行了相应的规定，具体如表 5 - 13 所示。

---

① 梁晓彤．政府购买公共服务市场化机制构建研究［J］．黑河学刊，2020（2）：18 - 20.

表 5 – 13　西藏政府购买农牧民公共就业培训的绩效评价和资金划拨方式

培训类型	绩效标准	资金划拨
就业技能培训	①列入国家职业资格目录清单的职业（工种），培训合格率达80%及以上，且职业技能鉴定合格率达10%及以上的，按照实际参加培训人数给予全额补贴；培训合格率达80%及以上，但职业技能鉴定合格率未达到10%的，按照培训合格人数给予全额补贴。②未列入国家职业资格目录清单的职业（工种），培训合格率达90%及以上的，按实际参加培训人数给予全额补贴；培训合格率达80%未达到90%的，按培训合格人数给予全额补贴。③培训合格率在80%以下的，不予核拨培训补贴	劳动力转移培训（职业资格认证类）补助2 000～3 500元/人次（A级2 000元/人次，B级2 500元/人次，C级3 500元/人次），劳动力转移培训（非职业资格认证类）补助1 600元/人次 那曲市、昌都市、阿里地区农牧民技能培训补助标准在上述基础上上浮10%
创业类培训	①创业师资培训、创业精英特别培训，经考核合格取得相应证书，按培训合格人数给予全额补贴。②创业培训，对于SYB培训，经考核合格取得相应证书，按补贴标准70%给予补贴，6个月后每班次学员创业率达到10%的，拨付剩余30%补贴，未达到的不予拨付剩余30%补贴资金。对于GYB、IYB、EYB培训，经考核合格取得相应证书，按培训合格人数给予全额补贴	创业培训补助3 000元/次 那曲市、昌都市、阿里地区农牧民技能培训补助标准在上述基础上上浮10%

　　由表 5 – 13 可知，西藏主要是以培训合格率和就业率作为绩效评价的主要标准，同时对年度内累计 3 个班次就业率或创业率不达标的培训机构，取消承接政府补贴培训资格；劳动合同或灵活就业、创业证明材料造假的，取消其办学资质。区人社厅、财政厅根据工作需要开展绩效目标执行监控工作，定期不定期委托第三方对地市、县直相关部门培训补贴资金使用管理情况进行绩效评价，将评价结果作为下一期资金分配的重要依据。

5.4　西藏政府购买农牧民公共就业培训的成效

　　西藏政府购买公共服务经过多年的探索，在《政府购买服务管理办法》（财政部令第 102 号）的指导下，出台了《西藏自治区政府购买服务管理办法》，为西藏政府购买农牧民公共就业培训提供了政策依据和行动指南。纵观从 2013 年到 2021 年的 9 年探索，西藏政府购买农牧民公共就业培训取得了极大的成效。

5.4.1　政府职能逐步转变，培训效益显著提升

在 2015 年以前，西藏自治区政府改变传统大包大揽的做法，逐步将政府"管不细""管不好"的事项从政府职能部门剥离出来，交由社会力量承担，使政府能够回归本位，能够集中精力增加人民福祉，做好决策及社会管理工作，维护公共利益。通过政府购买公共服务，面向社会公开、竞争、择优选择承接主体，以契约方式明确权利义务、资金支付与服务相挂钩，以整合市场社会资源方式提供专业技术支持，提高政府服务质量及效益，促进政府职能转变。

如 2020 年区劳动就业局购买西藏自治区天骄职业技能培训学校的 2020 年区直创业培训工作项目，合同金额 20 万元，该项目共包含两期培训班，每期培训 25 人，共计培训 50 人。西藏自治区天骄职业技能培训学校根据学员的学习需求，以 ILO 编写的 SYB 为教材，结合西藏就业创业优惠政策等内容设计培训课程，对每期学员展开为期 10 天的封闭式教学和管理培训。对学员们培训完毕后开展创业指导、开业辅导、协助创业者进行工商登记、跟踪学员创业情况等不少于 6 个月的后续服务，于 2021 年 5 月前完成。经第三方评估机构西藏恒远会计师事务所监督评估，50 人均拿到培训合格证书，服务期创业成功率 10%，达到了培训前预设的目标，取得了良好的培训效果①。

通过上述例子可以看到，政府购买公共服务不仅能够大大提升培训的效果，还能有效地带动政府职能转变。区劳动就业局通过项目的发包、第三方评估机构的参与，对项目进行全过程的管理和监督，显著提升了政府履职能力。

5.4.2　培训数量明显增多，资金使用效率提升明显

为降低政府机关的服务成本，西藏各级政府通过政府购买公共服务方式，购买技术性服务、政府履职所需辅助性事项等内容，在保障服务质量的基础上，有效降低了行政成本。

在推行政府购买农牧民公共就业培训前，受制于人力和财力的限制，作为官方培训机构的政府部门往往需要将大量的培训任务委托给西藏各大专院校或培训中心。如 2008—2015 年为帮助农牧民向非农产业和城镇转移，提升转移就业技能，西藏每年投资 1 665 万元，对 5 万名农牧区劳动力开展培训，但受制于西藏的公办院校数量较少，师资、场所等承接能力有限，使得培训的人数较少，资金整体使用效率不高（表 5 - 14）。

---

① 曹苗苗. 西藏社会组织参与政府购买公共服务的研究［D］. 拉萨：西藏大学，2021.

表 5 - 14　西藏公办院校的基本情况

年份	学校数（所）		教师数（人）		学生教师数比	
	普通高等学校	职业学校	普通高等学校	职业学校	普通高等学校	职业学校
2000	4	12	813	742	6.73	8.87
2007	6	7	1 755	507	15.25	37.39
2010	6	6	2 195	591	14.17	38.26
2018	7	11	2 629	1 754	14.39	13.01
2019	7	11	2 610	1 869	14.82	13.59
2020	7	12	2 712	2 544	15.37	12.63

通过加大政府购买农牧民就业培训的力度，让更多的具有较好办学资质的民营企业和民营非企业加入进来，同时以培训合格率和就业率作为资金支付方式的主要依据。2016—2020 年西藏累计转移农牧民就业近 500 万人次，年均就业培训 10 万人次，培训人数明显增加，使用效率提升明显。

通过以上例子可以看出，通过政府购买公共服务，西藏各单位逐渐实现了从"养人"到"办事"的转变，提高了财政资金的使用效益，在一定程度上减轻了财政支出负担[①]。

5.4.3　助力社会组织高质量发展

西藏大力推行政府购买公共服务，为西藏社会组织的迅猛发展提供了新动能。社会组织通过承接政府购买公共服务项目，获得财政资金，获得更多与政府、公众合作发展的机会。

以 2010 年 12 月成立的西藏自治区天骄职业技能培训学校为例，该校作为西藏成立较早的民办非企业社会组织，致力于"技能培训＋创业培训＋创业孵化"，在不断承接政府购买公共培训项目中，逐渐摸索出一整套行之有效的培训课程和管理机制，切实带动了自身的发展。以 SYB 课程设置为例，该校结合西藏实际，设定了相应的课程内容，如表 5 - 15 所示。

---

① 西藏自治区财政厅．西藏政府购买服务实现"养人"向"办事"转变［EB/OL］．http：//www. xizang. gov. cn/zwgk/xxfb/zcjd _ 435/201901/t20190117 _ 52812. html.

表 5 - 15 西藏自治区天骄职业技能培训学校 SYB 课程设置

课程安排	课程名称	课时
前序	开学典礼、SIYB项目介绍	1
第一节	评价你是否适合创业	4
第二节	建立一个好的企业构思	5
第三节	评估你的市场	13
第四节	企业的人员组织	2.5
第五节	选择你的企业法律形态	1
第六节	企业的法律环境和责任	4
第七节	预测启动资金需求	2.5
第八节	制定你的利润计划	10.5
第九节	判断你的企业能否生存	1.5
第十节	开办企业	5
结业	结业仪式、颁发证书	1
合计上课时间		51

　　同时，要求老师在授课后填写 SYB 创业培训教师执行授课任务情况信息反馈表，学员们填写每日培训意见反馈表、培训满意度调查表，最终得到 50 位学员对课程设置的满意度为 96%，对老师的满意度为 100%[①]。通过一系列的就业培训项目的承接活动，该校不仅获得了资金来源，加强了与政府之间的沟通联系，还锻炼出了优质师资和课程，促进了自身的高质量发展。该校先后被评为 5A 级社会组织、拉萨市优秀培训机构、西藏自治区创业就业定点培训机构等。

　　同时，西藏注重引进区外的社会组织，以产生"鲇鱼效应"。如中央政策支持社会组织参与社会服务示范项目西藏立项 67 项，其中区内社会团体获得 46 项，另外 21 项被全国性的社会组织或注册在天津、重庆、四川等其他省份的社会组织所获得。通过引入外部社会组织，既为西藏社会组织打造了强大的竞争对手，也为西藏社会组织建立了标杆。通过在竞争中学竞争，提升了西藏社会组织的自我发展能力，为后续积极参与到社会服务中提供了持续动力。

---

　　① 曹苗苗．西藏社会组织参与政府购买公共服务的研究［D］．拉萨：西藏大学，2021.

5.5 基于访谈法的西藏政府购买农牧民公共就业培训分析

如前所述,西藏已经向培训机构开展了针对农牧民的政府购买公共就业培训活动,通过"放管服"促进政府职能转变,提高就业培训的效率与效益,且已取得了较大的效果。但购买过程中政府、农牧民和培训机构还存在定位不清、工作流程冗长、培训质量亟待提高等问题。为深入了解西藏政府购买农牧民公共就业培训中存在的不足,采用访谈法对承接过政府购买项目的培训机构的校长和老师进行访谈,以了解当前购买过程中存在的问题,从而提出改进对策及建议。

访谈主要以个人深度访谈为主,辅以焦点小组方式。为聚焦"培训机构承担政府购买农牧民公共就业培训存在的问题"主题,采取半结构化访谈形式,先确定访谈提纲而不具体化问题,部分访谈提纲如表5-16所示。

表5-16 社会组织访谈提纲

访谈主题	部分访谈问题
培训机构基本情况 社会组织在政府购买农牧民公共就业培训中的地位	成立时间、业务范围,人员、收入来源等基本情况 您对政府购买农牧民公共就业培训的相关政策是否清楚 您认为培训机构在政府购买中是什么样的角色
培训机构在政府购买农牧民公共就业培训中的作用	现在在承接政府购买农牧民就业培训中做了哪些工作,提供了哪些服务,服务效果如何
培训机构参与政府购买农牧民公共就业培训的阻碍因素	培训机构在参与承接政府购买农牧民公共就业培训的过程中存在哪些问题(包括流程、资金、人员等方面) 承接的培训项目具体实施过程中遇到哪些问题

为深入了解培训机构在承担政府购买农牧民公共就业培训中的发展状况及其在承接过程中所遇到的实际问题,所选择的访谈对象均从承担过政府购买项目的培训机构中选择,遴选标准要求是培训机构的核心成员,最好是负责人。最后有2名培训机构负责人及3名专职工作人员接受了访谈。

5.5.1 培训机构认可度还需加强

西藏经济社会发展主要靠两种力量拉动:一种是政府力量主导资源配置,如中央政府出台一系列优惠政策,并通过人才援藏、资金援藏、项目援藏等方式,促进各生产要素在西藏高效集聚,从而带动西藏经济社会发展;另一种是市场力量，通过市场合理配置各要素资源，通过市场竞争、优胜劣汰来提高资源的配置效率，改善经济结构性矛盾。市场和政府对资源配置的作用并不是对立的。"使市场在资源配置中起决定性作用和更好发挥政府作用，二者是有机统一的，不是相互否定的。"但第一种力量，即政府主导在西藏经济社会发展中起到了更加重要的作用，这突出表现在群众对社会培训机构尤其是民营非企业的培训机构存在着较大疑虑，如访谈中有被访谈者提到"政府要求培训50人，做招生宣讲时就有很多人不信任我们，没有听说过学校，看了资格和简介也不相信，要费老大的劲去动员"。究其原因，农牧民认为民营非企业的培训机构的服务能力和服务态度较政府直管的职业技术院校有差距，且由于培训机构主要注册和办学地在拉萨市，其他地市的群众对培训机构了解较少，这使得作为接受服务主体的农牧民对培训机构参与度和认可度不高，间接影响了培训的效果。

5.5.2　购买流程的导向性还需增强

政府购买农牧民公共就业培训，是提高农牧民职业技能和文化素养、改善民农牧民收入水平、实现公共服务均等化的重要途径。但在西藏现有购买流程中，导向性尚显不足。

民生性是购买内容的基本属性之一，因此，购买流程中首先应以农牧民的培训需求为导向，体现民生性的要求。农牧民由于文化水平相对较低，对个人的发展存在较多的不确定，而政府购买的培训往往具有由上至下的特点和时效性的要求，对农牧民的培训真实需求了解不足。政府在购买就业培训时，应更多地关注农牧民的需求，在多方征集意见的基础上，对需求进行充分整合，并据此确定政府购买公共就业培训的内容和编制政府购买就业培训的计划，以农牧民真实需求为购买流程的出发点，更好地提高培训质量。

5.5.3　购买流程的规范性还需增强

西藏政府购买公共服务已经建立了较为完备的政策体系和运行流程。如访谈者提到"现在购买流程也很规范了，先招标，我们要签订合同，中间还有检查，还有验收评估，并且学员培训完了我们还有6个月的辅导期"；政府部门的工作人员也参与了较多的培训，不断提升政府购买的业务熟悉程度和业务处理能力，访谈者说"前段时间他们参加了区财政厅组织的培训"；同时给社会组织提供了较多的帮助，访谈者说"社会组织管理局也开过多次社会组织能力建设的培训班"。

但在具体购买过程中还存在着诸多问题，需要优先业务流程，加强业务指导，建设统一的信息交流平台。

5.5.4　购买评估应用还需增强

财政部明确要求，受益对象为社会公众的政府购买公共服务项目，应当积极引入第三方机构开展绩效评价工作[①]。西藏在购买过程中，引入了第三方绩效评价机制，邀请了独立的第三方对购买的项目进行评估，但仍存在着一定的不足。

首先是评价主体的单一性、不完备性。现有评价系统中，主要以政府或第三方机构作为评价主体，而农牧民作为服务的接受者，并没有参与到对购买项目的绩效评估中来。其次是缺乏科学、系统、具体、可量化的评价指标体系。再次是缺乏有效的监督管理手段。在第三方评价时，会依据政府对培训机构的过程管理来打分，但政府部门在与培训机构签订合同后，往往难以对合同的具体执行情况进行有效的评价和监督，过程评价较为缺乏。最后是绩效的评价与资金的拨付存在部分脱节现象，如培训机构的收款周期较长，承担了较大的资金压力。因此西藏政府购买农牧民公共就业培训的第三方评价机制还尚待完善。

5.5.5　培训机构自身建设还需加强

随着政府购买公共就业培训的项目不断深入，对培训机构提出了更高的要求。培训机构应加强政策把握能力、师资队伍和教材建设能力，以及市场营销和财务管理能力的建设。

培训机构应加强对国家政策的学习，深刻了解和把握政策内涵。应加强人才建设，招录一些高素质的专业人才。应根据农牧民的实际出发，根据岗位的需求出发，加强教材的选用工作。

5.6　小结

西藏推行政府购买农牧民公共就业培训服务，是西藏转变政府职能的必然要求，也是西藏各级政府缓解财政支出压力、带动社会组织发展的基本要求。

西藏政府购买公共就业培训服务的探索中，首先出台了一系列政策，确保购买的规范性和有效性；其次是鼓励更多的培训机构进入购买公共就业培训领域；再次是扩大购买领域，让更多的购买主体参与到购买公共就业培训中；最

[①]　张玮. 政府购买养老服务监管法律问题研究［D］. 重庆：西南大学，2020.

后是引入区外培训机构，为区内培训机构提供样板和参考。

从购买的整体状况来看，公共就业培训呈现典型的三元主体结构，但现有承接主体中，西藏培训机构力量较弱，成立时间较短，购买的内容侧重于初级技能的培训。购买流程以财政预算为依据，将预算与事后评估相结合，切实提高购买服务项目资金的使用效益。购买项目完成后以培训合格率和就业率作为绩效评价的主要标准，定期不定期委托第三方对地市、县直相关部门培训补贴资金使用管理情况进行绩效评价。

从购买的结果来看，促进了西藏各级政府的"放管服"改革，公共服务的效益效率显著改善；行政成本尤其是运行成本控制成效明显，财政资金使用效率显著提升；社会组织实力不断增强，提供培训的范围稳步提升。

最后通过访谈法，对西藏政府购买农牧民公共就业培训的现状进行归纳总结，主要体现在：购买主体和消费主体对培训机构的认可度需提升，购买流程的导向性、规范性需加强，绩效评估的针对性不够等。

第6章 西藏农牧民公共就业培训满意度及影响因素

如前所述，农牧民的满意度是公共就业培训最重要的绩效评价指标。为进一步了解西藏农牧民对公共就业培训的满意度，了解西藏公共就业培训的绩效状况及其影响因素，采用问卷方式开展调查。

6.1 问卷设计与发放

6.1.1 问卷设计

由于国内尚没有比较成熟的公共就业培训满意度的评价量表，同时考虑到西藏群众受教育程度相对较低，量表的适用性尚待验证，故采用自行开发设计问卷的方式进行调研。根据杜凤君等[①]和蒲晓琴等[②]的研究可以看出，个体特征变量、认知特征变量以及培训特征变量对农牧民公共就业培训满意度具有重要影响，故调查问卷设计包括被调查者的基本信息、就业现状调查和培训满意度三个部分，以期了解当前西藏农牧民公共就业培训的现状、培训对就业的影响因素和作用机理。

被调查者的基本信息包括民族、性别、年龄、户籍、工作所在地、婚姻状况、家庭成员数、子女人数、文化程度、语言、就业状态等11个题项。

就业现状调查部分包括当前工作岗位、行业类别、工资性收入、收入满意

---

① 杜凤君，郑军，张明月. 新型职业农民培训满意度影响因素分析：基于山东的调查 [J]. 山东农业大学学报（社会科学版），2020，22（3）：36-46.

② 蒲晓琴，杨锦秀. 公共资助农民就业培训满意度的实证研究：基于四川省成都市农民的调查 [J]. 广东农业科学，2013（8）：226-230.

度、就业难度、就业信息渠道等 7 个题项。

培训满意度部分包括培训频率、培训内容、培训满意度、培训地点、培训服务内容等 13 个题项。

6.1.2　问卷发放

本次调查于 2020 年 7—8 月进行，共发放问卷 260 份，收回有效问卷 225 份，问卷有效回收率为 86.5%。被调查者基本情况如表 6-1 所示。

表 6-1　被调查者基本情况（N=225）

指标	选项	人数（人）	比重（%）	指标	选项	人数（人）	比重（%）
民族	汉族	14	6.22	户籍	拉萨市	66	29.33
	藏族	203	90.22		昌都市	22	9.78
	其他民族	8	3.56		山南市	42	18.67
性别	男	103	45.78		日喀则市	38	16.89
	女	122	54.22		那曲市	2	0.89
年龄	16 岁及以下	6	2.67		西藏外	54	24.44
	17～35 岁	157	69.78	工作地	拉萨市	73	32.44
	36～50 岁	55	24.44		昌都市	24	10.67
	51 岁及以上	7	3.11		山南市	30	13.33
文化程度	小学及以下	35	15.56		日喀则市	43	19.11
	初中	30	13.33		那曲市	5	2.22
	高中（中专、职技校）	117	52.00		西藏外	50	22.22
	大专及以上	43	19.11	掌握语言	藏文	26	11.56
婚姻状况	已婚	115	51.11		汉语	16	7.11
	未婚	110	48.89		藏文＋汉语	183	81.33
家庭人口数	3 人以下	87	38.67	就业状态	在单位工作	155	68.89
	3～5 人	84	37.33		自主创业	46	20.44
	5 人以上	54	24.00		打零工	22	9.78
子女数	0 人	115	51.11		务农或放牧	2	0.89
	1 人	68	30.22				
	2 人	33	14.67				
	3 人以上	9	4.00				

从被调查者基本情况来看，本次调查对象中绝大多数为藏族，占比

90.22%。从性别来看，男性 103 人，女性 122 人。年龄集中在 17～35 岁，接近 70% 被调查者位于此年龄段。

在文化程度方面，由于学历层次较低的群众不太愿意参与本次调研，所以超过半数的被调查者学历为高中（中专、职技校），占比为 52.00%，其次是大专及以上学历，占比为 19.11%。调查组通过邀请当地藏族同胞翻译等方式，尽可能多吸纳学历较低的群众参与，最终有 15.56% 的被调查者文化程度为小学及以下，有 13.33% 的被调查者仅有初中文化程度。

被调查者中，已婚和未婚人数相差不多，已婚 115 人，未婚 110 人。从家庭人口数来看，分布较为均匀，3 人以下、3～5 人、5 人以上的家庭各自占比分别为 38.67%、37.33% 和 24.00%。被调查者中已婚占比稍高，现实拥有子女的有 110 人，占比 48.89%；尚未有子女的人数为 115 人，占比 51.11%。在有子女的被调查者中，大部分家庭仅有 1 个子女，占比 61.82%；拥有 3 个及以上子女的人仅 9 人，占比 8.18%。

从被调查者的户籍来看，西藏户籍的被调查者主要集中在拉萨市、山南市和日喀则市三地，占比分别为 29.33%、18.67% 和 16.89%。类似于户籍，在西藏工作的被调查者工作地也主要集中在这三个地方，但日喀则市人数超过山南市人数，排名第二。其中，在拉萨市工作的被调查者占比上升 3.11 个百分点，在日喀则市工作的被调查者占比上升 2.22 个百分点，在山南市工作的被调查者占比下降 5.34 个百分点。

从掌握语言来看，被调查者大都能同时使用藏文和汉语进行交流，占比超过 80%。同时，依然有 11.56% 的被调查者仅能掌握藏文，有 7.11% 的被调查者仅能掌握汉语。

从当前状态来看，大多数被访者在单位工作，占比 68.89%；其次为自主创业和打零工，占比分别为 20.44% 和 9.78%。由于本次调查主要针对非农就业培训，所以被调查者仅有 2 人为在家务农或放牧。

6.1.3　问卷信度与效度

信度分析检验测量的可靠性，是问卷编制中需要考虑的首要问题。对于问卷中满意度测量部分，通过计算 Cronbach's α 系数进行信度检验。

Cronbach（1951）提出的 Cronbach's α 系数是目前使用最广泛的信度指标，用于反映测量条目的一致性程度和内部结构的良好性。通常认为，信度只要达到 0.70 就可接受，0.70～0.98 属于高信度，而低于 0.35 则为低信度，必须予以拒绝。具体求 α 系数的公式如下①。

$$\alpha = \frac{K}{K-1}(1 - \frac{\sum S_i^2}{S_x^2}) \qquad (6-1)$$

通过 SPSS 软件计算，其各维度和整体数据的 $Cronbach's\ \alpha$ 系数均在 0.7 以上，满足信度要求（表 6-2）。

表 6-2　问卷数据的信度分析

系数	就业现状分量表	培训满意度分量表	总量表
量表 α 信度	0.762 1	0.702 6	0.749 3

为了检测满意度测量的效度，选择了 8 位专家进行内容效度检验。其中，政府部门专家 4 位，研究专家 4 位。在请专家对满意度测量项目进行相关性评审和打分后，从检验结果来看，所有项目的 $I-CVI$ 均在 0.8 以上，$S-CVI/AVE$（所有被评定为 3 或 4 的次数除以评定总次数）大于 0.9，内容效度较好。

综合信度、效度分析结果，表明调研结果具有一定的可靠性和准确性，可以为西藏改善公共就业培训服务提供数据支撑。

6.2　基于问卷数据的西藏农牧民非农就业现状

6.2.1　非农就业基本情况

6.2.1.1　工作行业分布

从被调查者就业的行业类别来看，占比最多的是医药（藏医、藏药）行业，有 24.5% 的被调查者在该行业就业；其次是文化、体育和娱乐业，在该行业就业的被调查者占比为 16.1%；再次为租赁和商务服务业，在该行业就业的被调查者占比为 13.2%（图 6-1）。

整体来看，西藏农牧民非农就业更多集中在第三产业，尤其是文化、体育和娱乐业，租赁和商务服务业、住宿和餐饮业以及旅游业吸纳的非农就业较多，累计为 38.8%。究其原因，旅游作为西藏的支柱产业之一，除 2020 年受新冠疫情影响下降明显外，西藏旅游整体发展增长势头较好，吸纳就业能力显著增强（表 6-3）。

---

① 郭志刚．社会统计分析方法：SPSS 软件应用［M］．北京：中国人民大学出版社，1999.

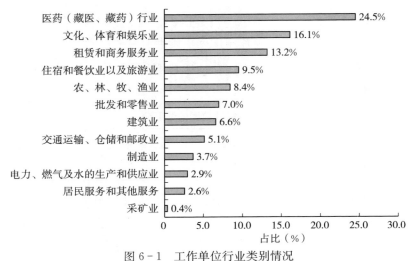

图 6-1　工作单位行业类别情况

表 6-3　2010—2020 年西藏旅游发展数据

年份	接待旅游者人数（人次）	旅游收入（万元）
2010	6 851 390	714 401
2011	8 697 605	970 568
2012	10 583 869	1 264 788
2013	12 910 568	1 651 813
2014	15 531 413	2 039 989
2015	20 175 305	2 819 203
2016	23 159 418	3 307 512
2017	25 614 300	3 793 700
2018	33 687 256	4 901 421
2019	40 121 522	5 592 801
2020	35 050 100	3 664 179

　　结合工作地来看，在拉萨市工作的被调查者更多从事住宿、餐饮业以及旅游业，占在拉萨市工作总人数的 23.2%；在山南市、昌都市和日喀则市工作的被调查者均更多从事医药（藏医、藏药）行业，尤其是在昌都市工作的被调查者 73.9% 所在行业为医药行业，在日喀则市从事医药行业的工作者占比为

46.5%。这一数据表明：农牧民的非农就业主要集中在第三产业，且农牧民的非农就业体现出就近趋势，大部分转移就业集中在当地的优势产业中。如拉萨市主要以旅游及相关产业吸纳就业；山南市则拥有以曲松县琼嘎藏药产品生产基地、金珠雅砻藏药厂、雍布拉康藏药厂等为代表的一大批藏药企业，实现了从药材种植到加工、销售的一体化运营，带动了农牧民的非农就业集中在这一领域。可见，产业发展才是带动农牧民非农就业的关键，而农牧民非农就业的实现，也为产业发展提供人力资源保障。

6.2.1.2 工作岗位分布

从工作岗位来看，如图6-2所示，被调查者大都为普通工人，共计85人，占比为37.8%；随后是技术人员、卫生保洁等后勤保障人员和管理层，占比分别为21.3%、18.7%和14.2%；一般行政人员占比较少，为7.1%。从管理层的占比可以看到，西藏农牧民接受职业教育，特别是职业院校开展学历教育的探索，切实带动了西藏农牧民职业技能的发展，提高了农牧民就业质量，为农牧民后期的职业发展奠定了较为坚实的基础。

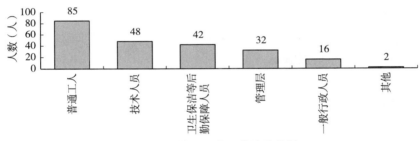

图6-2 被调查者工作岗位统计

6.2.2 工作满意度情况

6.2.2.1 非农就业的月收入情况

从被调查者的月收入情况来看，大多数被调查者的月收入在3 001～5 000元，占比为54%；月收入在2 000元及以下的被调查者和月收入在5 000元以上的被调查者较少，其占比分别为14%和13%（图6-3）。整体来看，被调查者的平均收入约为3 616元，该收入水平略低于西藏2020年城镇居民人均月可支配收入3 875元，比西藏2020年农村居民人均月可支配收入1 216.5元高出2 658.5元[①]。

---

① 西藏2020年城镇和农村居民人均月可支配收入根据《2021年西藏自治区国民经济和社会发展公报》的人均可支配收入除以12得到。

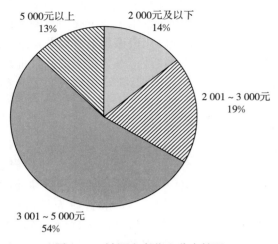

图 6 - 3 被调查者收入分布情况

结合收入数据分析，可以看到西藏农牧民人均可支配收入增速连续 5 年领跑全国，其主要增长来自农牧民非农就业所带来的工资性收入，并且其工资性收入和城镇居民收入水平接近，可见农牧民非农就业为消除西藏城乡差距，实现共同富裕提供了重要保障。

6.2.2.2 收入满意度

针对满意度的统计结果显示，超过半数的被调查者（60%）对当前收入是满意的，但同时，对当前收入不满意的被调查者为 40%（图 6 - 4）。由此可见，在非农就业的收入水平上，依然有部分农牧民的满意度有待提高。

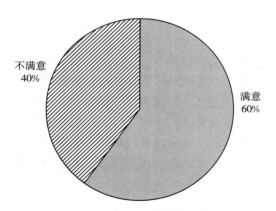

图 6 - 4 对收入的满意情况统计

结合上述收入分析，农牧民非农就业的收入水平略低于城镇居民的工资收入水平，除月收入 2 000 元及以下的占比 13%的这部分人群之外，仍有 27%的人群收入较高，但满意度较低。由此可见，工资水平并不是决定满意度的唯一因素。在发放问卷的过程中也了解到，农牧民非农就业时，普遍存在工作环境较差、工作时间较长等问题，特别是工作时间长所带来的不适应感较强，可见工作条件等同样会引发对收入的不满意情绪，这也为后续提高农牧民非农就业稳定性指明了较好的改进方向。

6.2.3　非农就业所面临的困难分析

6.2.3.1　非农就业求职难度分析

在被调查者的主观感受上，普遍感觉就业难度大。如图 6-5 所示，超过半数的被调查者认为就业"非常难"，选择"非常难和有难度"的被调查者合计占比为 95%，仅有 5%的被调查者认为就业比较容易，没有被调查者选择"非常容易找到工作"。由此可见，对于西藏农牧民而言，在非农就业过程中感觉到寻找工作的难度较大。

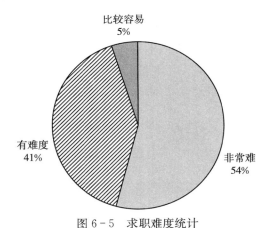

图 6-5　求职难度统计

6.2.3.2　非农就业求职难原因分析

在关于就业困难的原因方面，如图 6-6 所示，受文化层次影响、受专业技能影响和当地就业机会少是被调查者认为最主要的三个原因，分别有 126人、118 人和 101 人选择。由此可见，在就业困难方面，被调查者认为首先受到个人自身素质的影响，其次受到经济社会发展中就业机会的影响。因此，对于西藏农牧民非农就业而言，通过就业培训等方式提升农牧民的专业技能和文化层次，是增强其就业竞争力、降低就业难度的关键所在。

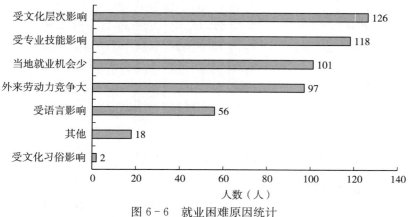

图 6-6　就业困难原因统计

但也能看到，西藏整体的经济社会发展水平较低，制约了非农就业的转移，特别是西藏整个工业体系以采矿业、水电业、农畜产品加工业、藏医药和民族手工业为支撑，而这些行业较少属于劳动密集型行业，同时对技术水平有一定的要求，这对非农就业的农牧民而言较为困难，使得当地就业机会供给不足。

农牧民非农就业过程中，由于语言能力和文化风俗的影响，使得其在求职过程中不愿意跨区流动，特别是不愿意去西藏外寻求就业机会。尽管西藏政府一直努力和援藏地区进行沟通以实现组团式区外市场就业，但整体就业数量还有待提升。

6.2.3.3　就业信息获取途径分析

对于就业而言，信息的获取非常重要。从调查统计结果来看，如图 6-7

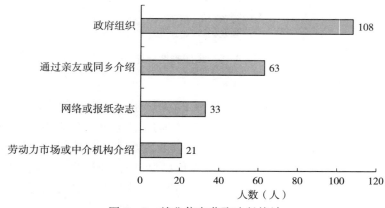

图 6-7　就业信息获取途径统计

所示，首先，被调查者获取信息的主要渠道为政府组织，占比为 48%。这可能和当地商业经济不发达有关，更多岗位来自政府组织提供的相关岗位。其次，就业信息来自亲友或同乡介绍，有 28% 的被调查者主要依靠此渠道获取就业信息。相对而言，通过网络或报纸杂志、劳动力市场或中介机构获取信息的较少。

对政府组织而言，西藏非常重视"两微一端"平台的建设，但存在重建设、轻运营管理的现象。如对政府网站和政务新媒体抽查中，29 家网站内容更新不及时，另外"西藏政府购买服务""西藏财税法规政策""西藏自治区教育厅"等微信公众号信息发布频率低。因此，加大政府组织的相关网站建设和信息发布工作，是当前西藏政府组织亟待解决的问题。

6.2.4　政府促进非农就业的措施选择

如图 6-8 所示，从统计结果来看，被调查者普遍认为地方政府采取的四个方面的措施对于促进农牧民非农就业均具有重要作用。

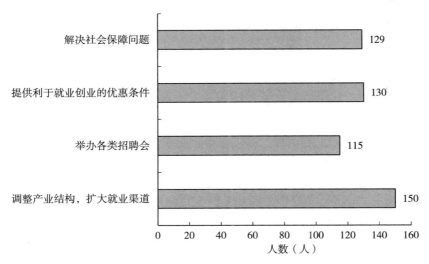

图 6-8　政府促进非农就业措施重要性统计

其中"调整产业结构，扩大就业渠道"在所有的措施中被选择次数最多，有 66.7% 的被调查者认为该措施对于促进非农就业最为重要。从表 6-4 可知，第一产业 GDP 仅占全区 GDP 的 7.9%，却吸纳了 35.8% 的劳动者；第二产业贡献了 GDP 的 42.0%，却仅吸纳了 15.5% 的就业人口。因此改变当前产业结构，是促进西藏农牧民非农就业中最急迫的问题。

表 6-4　2020 年西藏产业结构与就业结构（%）

年份	产业结构			就业结构		
	第一产业	第二产业	第三产业	第一产业	第二产业	第三产业
2020	7.9	42.0	50.1	35.8	15.5	48.7

认为"提供有利于就业创业的优惠条件"和"解决社会保障问题"重要的被调查者占比分别为 57.8% 和 57.3%。西藏已经采取了全面深化农民工实名制管理，采用工资保证金、农民工工资专用账户，精准实施全民参保计划，完善社会保险关系登记和转移接续措施等，帮助农牧民非农就业。

相对而言，"举办各类招聘会"的认可度稍低，但认为该措施具有重要性的被调查者占比达 51.1%。由此可见，地方政府在促进农牧民非农就业中采取的措施取得了一定效果，得到当地农牧民的普遍认可。

6.3　基于问卷数据的西藏农牧民公共就业培训现状

6.3.1　公共就业培训现状分析

6.3.1.1　参与培训动机分析

针对培训动机的统计结果显示，获得补贴、增加收入和提高技能是参加培训的主要目的，其中获得补贴是被调查者参加培训的最主要目的，在被访者中共有 161 人选择该项，占所有调查对象的 71.6%。这说明培训补贴对于西藏农牧民而言具有一定的吸引力，培训补贴在促进农牧民参与公共就业培训方面起到了较大的作用。增加收入和提高技能也是被调查者参与培训的重要目的，分别有 51.6% 和 46.7% 的被访者期望通过参加培训提高自己的收入，增强就业技能（图 6-9）。由此可见，在公共就业培训中应该考虑到农牧民对于实用技能的需求，让农牧民通过培训提升就业能力，促进增收。

从上述结果来看，西藏农牧民参加公共就业培训的目的性较强。为鼓励在西藏全区形成全民终身学习的氛围，西藏制定了《西藏自治区职业培训补贴资金使用管理实施细则（试行）》。根据该文件规定，农牧民等受就业补助资金补贴的人员，每人每年可享受 1 次培训补贴，享受培训补贴的培训期限最长不超过 12 个月，且每年接受的各种农牧民技能培训总计不得超过 1 次。因此，农牧民在接受公共就业培训的时候，不仅能提升技能，还能获得一定的培训补贴，该补贴视培训项目有所区别。整体来看，在公共就业培训中，如何激发受训者的内在动力，是当前西藏开展公共就业培训亟待解决的问题。

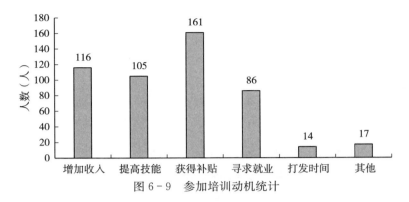

图 6-9 参加培训动机统计

6.3.1.2 培训内容分析

从被调查者接受过的培训内容统计来看，如图 6-10 所示，总体上西藏公共就业培训的内容较为丰富，除专业技能外，还提供创业技能、法律知识、学历教育以及生活常识等相关培训，给农牧民更多的培训选择空间。其中，创业技能、法律知识和专业技能是受训者参与最多的培训内容。

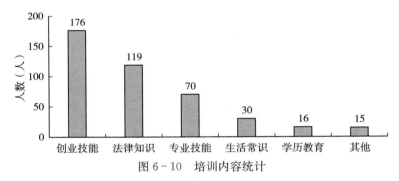

图 6-10 培训内容统计

西藏农牧民接受最多的是关于创业技能的培训，有 78.2% 的被调查者接受过有关创业技能的培训。可以看到，西藏非常重视农牧民的创业就业工作，明确规定把农民工回乡创业纳入招商引资范围，回乡创业农民工与外地客商享受同样的优惠政策，并给予 3 年扶持期，扶持期内参照就业再就业政策的规定实行税费和小额担保贷款优惠。在落实经济扶持政策的同时，西藏也积极为农牧民提供相应的就业培训服务，包括为返乡入乡创业带头人开展创业能力提升培训、为创业人员开发特色专业和示范性培训课程等。因此本项数据也验证了西藏政府创业工作开展的有效性。

有 52.9% 的被调查者接受过法律知识培训。西藏在各地农村开展"法律明白人"培训，在开展公共就业培训过程中，将《劳动法》《劳动合同法》等法律法规作为培训的重要内容，对农牧民在非农就业时关于劳动合同、权益保障、安全生产等方面进行培训，引导农牧民工以合法理性方式维护自身权益，为农牧民非农就业提供法律保障。

值得一提的是还有 13.3% 的被调查者参加过生活常识的培训。在调查中也发觉，生活常识包括礼仪、沟通技巧等培训内容，能帮助农牧民更好地融入城市生活。

6.3.1.3　培训地点分析

从图 6-11 中可以看到，农牧民参加培训的地点主要集中在培训机构，占所有被访者的 65%；然后是企业内部的培训，占比为 21%；在田间地头的培训约占 8%，而家中开展的培训占比最少。由此可见，西藏农牧民主要以参与培训机构的培训为主，而企业在培训方面的系统化还有待加强。田间地头的培训，主要是满足就业领域中在农牧产品的生产、加工环节以及藏医药的种植加工环节的需求。

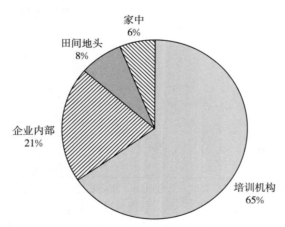

图 6-11　培训地点统计

此外，在家中接受培训的比例仅为 6%，可见线上培训模式开展较少。在新冠疫情影响下，线下的培训受到较多制约。为保证新冠疫情下的稳就业工作，西藏于 2020 年 7 月印发《西藏自治区应对新冠肺炎疫情加快农牧民转移就业促进农牧民增收的实施方案的通知》，明确提出要加强农牧民转移过程的精准技能培训。应增强培训的灵活性，特别是加强线上培训资源的建设，让部分培训可以通过网络进行，让农牧民在家中即可接受培训。线上培训既可以使农牧民足不出户就能接受培训，降低农牧民的培训负担，也给农牧民自主选择适合自己的培训项目提供了自主权，有助于提升农牧民参与培训的积极性。

6.3.1.4　就业单位培训现状分析

总体来看，西藏就业单位在提供系统培训方面有待加强。西藏鼓励企业的在岗职工开展职业技能提升培训，凡是由企业依托培训机构或联合培训机构进行转岗或职业技能提升培训，并取得培训职业（工种）相应等级职业资格证书的，按照初级工（五级）1 000 元/人、中级工（四级）1 500 元/人、高级工（三级）2 000 元/人的标准给予补贴。

企业培训能与职工实际工作紧密联系，以技术提升为核心，将理论与实践结合，切实解决实际问题，对农牧民职业技能的提升具有最直接、最重要的影响，为农牧民稳定就业提供重要保障。如图 6 - 12 所示，32％的被调查者表示企业未举办培训，有 68％的被调查者表示企业会举行培训，但是仅 20％的被调查者表示企业会举办定期培训。由此可见，来自就业单位的培训尚显不足，尤其是提供系统培训方面有待进一步加强。

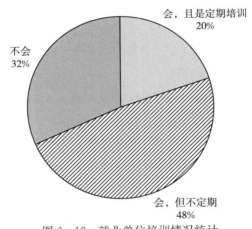

图 6 - 12　就业单位培训情况统计

6.3.1.5　培训信息获取渠道分析

如图 6 - 13 所示，从培训信息获取方式的统计结果可以看出，农牧民公共就业培训主要通过亲朋好友介绍和政府部门获取，其中亲朋好友介绍是被调查者获取培训信息的首要方式，这说明在培训信息的传播方面较为传统，口碑非常重要，这也对培训机构的质量提出了更高的要求。西藏有 127 家民办培训机构，且大部分集中在拉萨市、林芝市等城市，而培训信息的获取方式较依赖口碑传播，更加剧了竞争强度，带动了各培训机构对自身教学质量和宣传策略的重视。

政府部门是被调查者获取培训信息的重要渠道，26.7％的被调查者依靠政府部门发布的培训信息来选择培训机构。这既说明西藏农牧民非常信赖来自有关政府部门的信息，也说明政府在统筹就业培训工作中的中心地位。由此可见，在培训信息的宣传中，政府部门应该发挥主要作用，采取切实措施让培训信息能够更加高效快捷地传递给当地农牧民，让更多需要就业培训的农牧民能够及时充分了解信息，从而参与培训。

15.1%的被调查者通过职业介绍机构的介绍来获取培训。以工会开办的职业介绍机构为例，2020年工会开办的职业介绍机构共7家，全年介绍成功93人次，其中农牧民非农就业18人次。从上述数据可以看出，西藏职业介绍机构自身能力不足，与培训机构结合不够紧密，因此提升职业介绍机构的能力，包括加强其与培训机构的沟通能力，是当前亟待解决的问题。

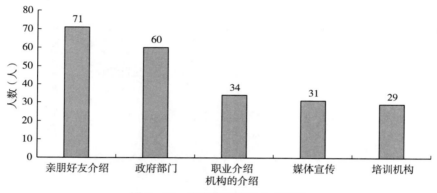

图 6-13　培训信息获取方式统计

6.3.2　培训满意度分析

培训满意度的评价，参考 Olive Wight 的测评量表的四级评价标准，大于3.5分的为非常满意，3.49~2.5分的为较满意，2.49~1.5分的为一般，小于1.5的为不满意[①]。

6.3.2.1　总体满意度分析

从培训满意度调研结果来看，被调查者对培训结果满意度较高，按照很满意4分、比较满意3分、一般2分、不满意1分进行赋值后可以得出描述统计结果，如表6-5所示。从平均值来看，满意度得分为3.17分，依据 Olive Wight 的评价方法，超过2.5分，这说明当地农牧民对于就业培训的整体效果满意度较高。

---

① 刘玉，武振业，赵恩江，等. 铁路机车司机工作压力影响因子结构分析 [J]. 中国铁道科学，2010，31 (1)：130-133.

表 6-5　培训满意度统计

指标	N	最小值	最大值	均值	标准差
满意程度	225	1	4	3.17	0.689

具体来看，如图 6-14 所示，选择很满意和比较满意的被调查者分别为 73 人和 121 人，两者合计为 194 人，占所有被调查者的 86.2%，也就是说绝大多数被调查者对于培训结果是满意的。对培训效果不满意的被调查者很少，仅占 1%。由此可见，针对农牧民非农就业的培训取得了一定的效果，农牧民满意度高，特别是农牧民非农就业培训的补贴和在岗培训的职业技能培训补贴政策，极大地提升了农牧民对公共就业培训的满意度。

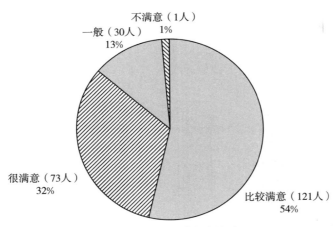

图 6-14　培训满意度统计

6.3.2.2　子女数量对培训满意度影响效应分析

为进一步比较不同类型被调查者的满意度，采用单因素方差分析进行具体分析。从分析结果来看，如表 6-6 所示，在所有因素中，子女数和语言两个因素对于被调查者的培训满意度有显著影响（$P < 0.05$）。其他因素在 0.05 的显著性水平上对于培训满意度的影响并不显著。

表 6-6　单因素方差分析结果

因素	F	显著性（P）	因素	F	显著性（P）
民族	1.261	0.285	家庭人口	2.694	0.070
性别	1.261	0.285	子女数	55.119	0.000
年龄	0.897	0.466	文化	0.756	0.520

（续）

因素	F	显著性（P）	因素	F	显著性（P）
户籍	1.809	0.099	语言	3.331	0.038
工作地	1.444	0.199	就业状态	0.556	0.645
婚姻	0.912	0.341			

在子女数据方面，分组统计结果显示，没有子女的被调查者对于培训效果的满意度更高，有孩子的家庭相对而言满意度较低。有1～2个孩子的家庭中，被调查者比较满意和满意的人数占比超过60%。但是在有3个及以上子女的被调查者群体中，满意的人数占比仅为20%左右，其中不满意的人数占比超过30%（图6-15）。由此可见，有子女的被调查者在参与就业培训时会受到照顾子女等方面的影响，培训机构应在培训时长、培训方式等方面考虑到多子女的需求，因地制宜改善培训效果。

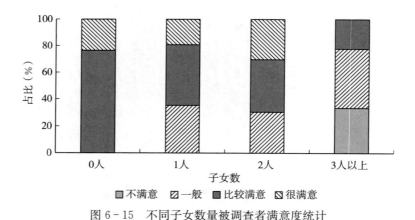

图6-15　不同子女数量被调查者满意度统计

6.3.2.3　语言能力对满意度影响效应分析

在语言方面，从分组统计结果来看，单独掌握藏文和汉语的被调查者在培训满意度方面没有显著差异，而同时掌握藏文和汉语的被调查者培训满意度显著高于其他两组被调查者。同时掌握藏文和汉语的被调查者满意度平均分为3.23分，单独掌握藏文的被调查者满意度平均分为2.92分，单独掌握汉语的被调查者满意度平均分为2.94分。在对满意程度的分类统计中同样可以看出，在能同时使用藏文和汉语的群体中，对培训效果比较满意和很满意的被调查者合计占比超过90%。而在仅能使用藏文的群体中这一比例为65%，在仅能使用汉语的群体中这一比例为 75% （图 6 - 16）。

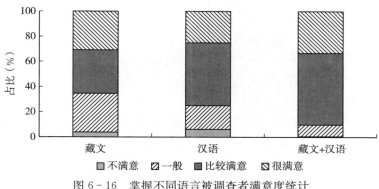

图 6 - 16　掌握不同语言被调查者满意度统计

6.3.3　培训对收入增长的影响因素分析

6.3.3.1　培训对收入增长影响的总体分析

在培训对收入增长影响的调查中，按照很大 4 分、比较大 3 分、一般 2 分、不大 1 分进行赋值后可以得出描述统计结果，如表 6 - 7 所示。从平均值来看，满意度得分为 2.65 分，高于 2.5 分，结论为有一定程度影响，这说明对于当地农牧民而言，就业培训对于农牧民收入增长具有一定的效果，但效果并不显著。这可能和培训效果的显现存在一定的滞后性有关。

表 6 - 7　培训对收入增长影响程度统计

指标	N	最小值	最大值	均值	标准差
满意程度	225	1	4	2.65	0.928

在调查结果的分类统计中，如图 6 - 17 所示，同样可以看出，认为就业培训能够在很大程度上增加收入的被调查者仅占被调查者总数的 10%，而认为效果不大的人数占比为 22%。累计来看，选择增收作用很大和比较大的人数共计占比 47%，仅有不到一半的人认为参加培训增加了他们的收入。

6.3.3.2　年龄对收入增长的影响分析

从单因素方差分析结果来看，在所有因素中，年龄、户籍、文化程度和就业状态四个因素对于被调查者的培训增收效果有显著影响（$P < 0.05$），其他因素在 0.05 的显著性水平上对于增收的影响并不显著（表 6 - 8）。

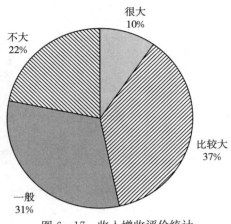

图 6-17　收入增收评价统计

表 6-8　收入增收情况单因素分析结果

因素	F	显著性（P）	因素	F	显著性（P）
民族	0.864	0.423	家庭人口	0.054	0.948
性别	0.109	0.742	子女数	0.882	0.451
年龄	4.084	0.003	文化	85.559	0.000
户籍	3.511	0.002	语言	2.250	0.108
工作地	1.473	0.189	就业状态	3.986	0.009
婚姻	0.026	0.871			

　　具体来看，17～35 岁的被调查者对于培训的增收效果评价最高，其次是36～50 岁的被调查者（图 6-18）。这一部分被调查者是就业的主要部分，培训对于增加他们的收入具有较大的作用。这也为西藏公共就业培训提供了目标群体的指向，应尽量加强青壮年组的职业技能培训，以更好地为西藏提供人力资源保障。

　　但从《2020 年农民工监测调查报告》可以看到，从农民工年龄构成来看，2020 年农民工平均年龄为 41.4 岁，比 2019 年提高 0.6 岁（表 6-9）。根据调查结果，对 40～60 岁的农牧民而言，随着年龄的增加，公共就业培训对其增收效果不明显。因此如何在提升非农就业农牧民整体素质的基础上，对青年农牧民群体进行有效的引导和激励，也是应该思考的问题。

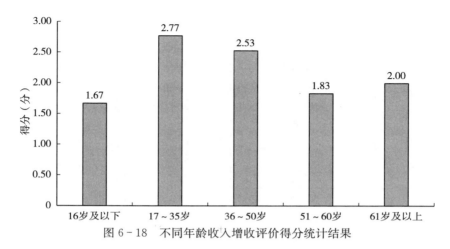

图 6-18　不同年龄收入增收评价得分统计结果

表 6-9　农民工年龄构成（％）

年龄	2016 年	2017 年	2018 年	2019 年	2020 年
16～20 岁	3.3	2.6	2.4	2.0	1.6
21～30 岁	28.6	27.3	25.2	23.1	21.1
31～40 岁	22.0	22.5	24.5	25.5	26.7
41～50 岁	27.0	26.3	25.5	24.8	24.2
51 岁及以上	19.1	21.3	22.4	24.6	26.4

6.3.3.3　户籍对收入增长的影响分析

在户籍所在地方面，户籍在西藏的被调查者对于培训的增收效果的评价低于户籍在西藏外的被调查者。这个结果表明西藏受经济社会发展局限，其培训后工资增收有限，同时区外就业还有相应的补贴，也影响了两者的判断。

对于户籍在西藏的被调查者而言，效果整体相差不大。户籍在日喀则市、昌都市和山南市的被调查者的评价在 2.5 分以上，相对较高；户籍在那曲市的被调查者的评价最低，仅为 2 分。由此可见，来自那曲市的被调查者认为培训对其收入增加的效果不够明显（图 6-19）。

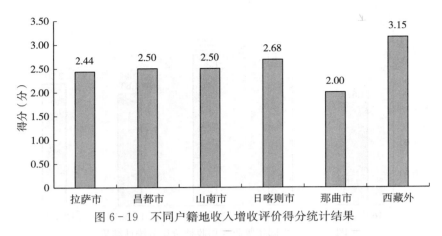

图 6 - 19　不同户籍地收入增收评价得分统计结果

对照表 6 - 10，可以看到，那曲市由于自然环境等因素影响，地区生产总值较低，同时当地的工业企业数量较少，合计仅 70 家工业企业，而日喀则市的工业企业数量达到 1 335 家，拉萨有 1 108 家工业企业，山南市和昌都市也分别有 481 家和 451 家工业企业。因此当日喀则市的农牧民经过培训后，有更多的就业机会，能切实提升其就业能力和工资性收入，从而带来更好的增收效益。从上述地区增收满意度差异分析来看，农牧民的增收满意度不完全由当地经济水平和工资水平决定，更多是由就业机会来决定的，当地的企业数量才是决定培训效果的决定因素。

表 6 - 10　2020 年西藏各市地区生产总值和企业数据

地区	地区生产总值（亿元）	规模以上企业数量（家）	规模以下企业数量（家）
拉萨市	678.16	94	1 014
日喀则市	322.78	30	1 305
昌都市	252.89	11	440
山南市	215.4	10	265
林芝市	191.34	15	466
那曲市	171.41	5	65

6.3.3.4　文化程度对收入增长的影响分析

从文化程度来看，被调查者之间的评价存在较大差异，如图 6 - 20 所示。文化程度较低的小学及以下学历的被调查者和文化程度较高的大专及以上学历的被调查者对于培训增收的效果较为认可，评分均在 3 分以上；评价最低的是高中（中专、职业技术）文化程度的被调查者。

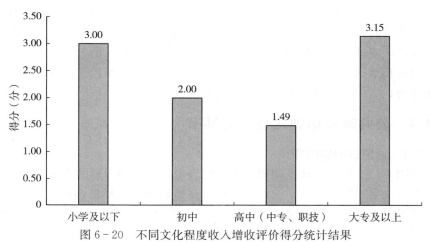

图 6-20 不同文化程度收入增收评价得分统计结果

6.3.3.5 就业状态对收入增长的影响分析

从就业状态来看，在单位工作的被调查者对培训增收的效果评价最高，其次是自主创业的被调查者（图 6-21）。由此来看，有固定工作的被调查者更能够在就业培训中获得收入提升的技能或能力。

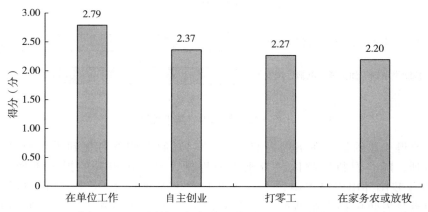

图 6-21 不同就业状态收入增收评价得分统计结果

结合文化程度和就业状态两个问题可以看出，小学文化程度的农牧民受困于自身知识水平的缺乏，通过参与就业培训，能掌握一定的职业技能，有效带动自身就业，其对收入增长的满意度整体较高。大专及以上文化程度的农牧民往往已经在某行业中有一定从业或创业经验，他们更清楚自己在哪些方面还应该加强培训，培训的目的性和针对性更强，收入增长也更加明显。对于初中和高中文化程度的农牧民而言，其一方面具有一定的专业知识和技能，对现有培训中的内容有一定程度的了解和掌握，另一方面由于学历所限，打零工和在家务农放牧的时间较长，对自身的发展缺乏清晰的规划，也缺乏稳定就业的能力。因此，应进一步加强对初中和高中文化程度的农牧民的公共就业培训，在培训内容和培训形式上进行针对性的建设和调整，切实帮助这部分农牧民增强就业能力，实现高质量稳定就业，有效提高其收入。

6.3.4 公共就业培训应改善的环节

6.3.4.1 对培训内容的需求

如图6-22所示，接受调研的农牧民表示，在培训内容的需求方面，基本知识类（文字写作、经济、法律等）内容是被调查者选择最多的方面，共163人选择了该项，占被调查者的72.4%，这说明当地农牧民对基本知识类内容的培训需求大，今后应该增强这一方面的培训。有57.8%的被调查者选择了技能类培训，说明技能类培训也是当地农牧民需求较大的方面，这也是当前培训中的重点项目。

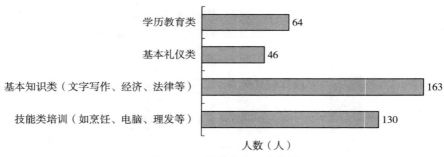

图6-22 培训内容需求统计

值得关注的是，在培训内容中有28.4%的被调查者提到学历教育，可以看到，随着农牧民整体教育水平的提升，对学历提升的需求更加急迫。2020年我国外出农民工中，大专及以上文化程度的占16.5%，可以看到学历教育是农牧民稳定就业的一个普遍需求。2019年发布的《国家职业教育改革实施方案》（国发〔2019〕4号）中明确提出"落实职业院校实施学历教育与培训并举的法定职责，按照育训结合、长短结合、内外结合的要求，面向在校学生和全体社会成员开展职业培训"。这为农牧民提升学历教育打开了可行之路。

为更好了解各年龄层对不同培训内容的需求，在SPSS中定义多重响应集为期望培训内容，以年龄层和期望培训内容进行交叉表分析，如表6-11所示。

表 6-11　年龄和期望培训内容交叉表分析

年龄	期望培训内容[a]				总计
	学历教育类	基本礼仪类	基本知识类	技能类培训	
16 岁及以下	1	2	5	3	6
17~35 岁	53	29	120	90	157
36~50 岁	11	14	34	32	55
51 岁及以上	1	1	4	5	7
总计	64	46	163	130	225

注：①百分比和总计以响应者为基础。②a 表示值为 1 时制表的二分组。

整体来看，各个年龄段的被查者对培训的需求大致类似，对文字写作、经济、法律等基本知识表现出最浓厚的兴趣，其次是对技能类的培训孜孜以求。需要关注的是，在 16 岁及以下年龄段，对基本礼仪的需求也较为迫切，人数占比为 33.3%，表现出青少年对融入社会的憧憬，迫切想要了解和掌握人际交往的基本礼仪。而在 17~35 岁年龄段，33.8% 的被调查者期望参与学历教育类培训，对学历教育较其他年龄段有更迫切的期望；36~50 岁的被调查者也有 20% 期望能提升学历。因此针对不同年龄段的农牧民，除了共性的培训内容外，还应该开设有针对性的课程，以满足不同年龄段的农牧民的需求。

接下来分析不同文化程度对培训内容的需求，以文化程度和期望培训内容进行交叉表分析，如表 6-12 所示。

表 6-12　文化程度和期望培训内容交叉表分析

文化程度	期望培训内容				总计
	学历教育类	基本礼仪类	基本知识类	技能类培训	
小学及以下	18	7	21	19	35
初中	7	4	24	12	30
高中（中专、职技校）	27	30	82	79	117
大专及以上	12	5	36	20	43
总计	64	46	163	130	225

整体来看，各文化程度的被调查者对培训的需求有许多共同点，对文字写作、经济、法律等基本知识需求最大，排在第二位的是技能类培训。排在第三位的需求差异较为明显，小学及以下和大专及以上文化程度的被调查者对学历

教育培训更加渴望，尤其是小学及以下文化程度中，51.4%的被调查者希望能提升学历。分析原因，随着科技的不断发展，对劳动者的素质提出了更高的要求，大部分的制造企业明确要求求职者具有初中及以上学历，因此小学文化程度的农牧民具有迫切的学历提升愿望。同时，大专及以上文化程度的被调查者也有很强烈的学历提升愿望，而初中、高中学历的被调查者没有显著差异。

除此之外，值得关注的是大专及以上文化程度的被调查者对文字写作、经济、法律等基本知识的需求占到83.7%，问卷发放过程中发觉这部分群体往往有较强烈的创业意愿，因此如何针对该部分群体开设创业类课程也是需要考虑的问题。

针对不同文化程度的农牧民，应该开设有针对性的课程，以满足不同文化程度农牧民的需求。

6.3.4.2 对培训主体的需求

在"希望参加谁提供的就业创业培训"问题中，如图6-23所示，被调查者更加希望参加政府提供的免费培训。由此可见当地政府公信力强，被调查者更愿意信赖政府部门提供的相关培训。究其原因，西藏经济社会发展除依靠政府力量主导资源配置外，也利用市场来提高资源的配置效率和改善经济结构性矛盾①。尽管"使市场在资源配置中起决定性作用和更好发挥政府作用，二者是有机统一的，不是相互否定的"②，但政府主导在西藏经济社会发展中起到了更加重要的作用，这直接表现为选择政府提供免费培训的人数远高于企业和社会组织提供免费培训的人数的总和。

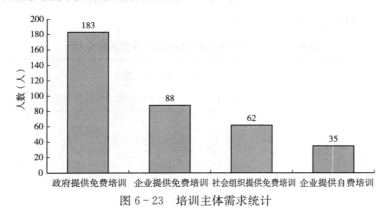

图6-23　培训主体需求统计

①　郎维伟．新中国西藏政策解析［M］．北京：民族出版社．2019.
②　蔡万焕．深化对各类资本及其作用的认识［N］．光明日报．2022-05-31.

同时在非政府免费培训中，农牧民更倾向于选择企业培训，甚至有15.6%的农牧民愿意花钱参加企业培训，因为企业培训较社会组织的培训更有针对性，更能实现培训的最终目的。

因此，在西藏有限的用于公共就业培训财政支出中，如何增强公众对社会组织的信任感、社会组织如何提升培训项目的实用性、如何引进更多的企业实施"订单式"培养，都是西藏政府和社会组织迫切需要解决的难题。

6.3.4.3　对于政府提供服务的需求

如图6-24所示，在政府提供公共就业培训服务方面，与被调查者参与培训的动机一致，被调查者更期待政府直接给予补贴，选择此选项的被调查者占比高达27%。

加强对培训机构的监管是选择排名第二位的项目。如前所述，较多的培训者认为培训对就业和工资收入没有产生较大影响，而培训机构作为培训的实施方，也需要承担相应的责任，故希望政府加大对培训机构监管力度，以期更好地为受训者提供更多更好的服务和就业机会。

选择提供用人单位要求的被调查者在所有被调查者中所占比例为19%，这说明西藏农牧民在参加培训前并不清楚用工企业的具体要求，也不清楚自己应该接受怎样的培训项目，在培训中不明确自己应该掌握的内容，使得培训效果打了折扣，不能更好地促进就业。

与此同时，提供更多的免费培训、加强培训信息的宣传途径建设等，都是农牧民在公共就业培训中希望政府能够改进的环节。

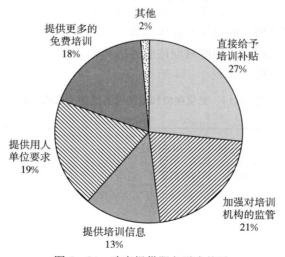

图6-24　政府提供服务需求统计

为更好了解各年龄层对不同培训内容的需求，在 SPSS 中定义多重响应集为期待服务措施，以年龄层和期待服务措施进行交叉表分析。调查中发现，有部分被调查者认为政府整体已经做得很不错了，所以仅有 185 人反馈了意见，具体结果如表 6-13 所示。

表 6-13　年龄和期待服务措施交叉表分析

单位：人

年龄	期待服务措施						总计
	直接给予培训补贴	加强对培训机构的监管	提供培训信息	提供用人单位要求	提供更多的免费培训	其他措施	
16 岁及以下	5	2	2	1	1	0	6
17～35 岁	77	67	39	58	50	4	130
36～50 岁	21	13	10	17	18	2	45
51 岁及以上	2	3	1	1	2	0	4
总计	105	85	52	77	71	6	185

从年龄段来看，16 岁及以下的农牧民经济收入较低，更希望有直接的经济来源，83.3% 的被调查者希望以直接给予培训补贴的方式参与培训；与之对应的是，36 岁以上整体收入水平较高的人群选择直接给予培训补贴的较少，更看重培训的质量；51 岁及以上的群体中 75% 选择了加强对培训机构的监管；17～35 岁年龄段的被调查者除看重直接给予培训补贴的政策外，其中 44.6% 的被查者也非常希望能提供更多的用人单位需求。究其原因，17～35 岁年龄段的被调查者就业压力大，迫切需要稳定持续的就业机会，因此越贴合企业实际的培训，越能受到这部分年龄群体的欢迎。

接下来分析不同文化程度对期待服务措施的需求，以文化程度和期待服务措施进行交叉表分析，如表 6-14 所示。

表 6-14　文化程度和期待服务措施交叉表分析

单位：人

文化程度	期待服务措施						总计
	直接给予培训补贴	加强对培训机构的监管	提供培训信息	提供用人单位要求	提供更多的免费培训	其他措施	
小学及以下	18	9	6	5	13	0	27
初中	18	6	6	12	15	1	28
高中（中专、职技校）	46	54	31	53	32	5	94
大专及以上	23	16	9	7	11	0	36
总计	105	85	52	77	71	6	185

从文化程度来看，66.7％的小学及以下文化程度的被调查者和 64.3％的初中文化程度的被调查者表示，直接给予培训补贴是政府最应该坚持和完善的内容，同时可以看到，48.1％的小学及以下文化程度的被调查者希望政府提供更多的免费培训。初中文化程度的被调查者除看重直接给予培训补贴外，更看重提供用人单位要求，以便更有针对性地通过培训增强就业能力。高中文化程度的被调查者认为政府加强对培训机构的监管和提供用人单位的要求同等重要，也就是提升培训质量、增加就业能力才是这一文化程度的群体最看重的因素。44.4％的大专及以上文化程度的被调查者认为加强对培训机构的监管，提高培训质量是政府应该强化的内容。

6.4　小结

调查问卷主要包括被调查者的基本信息、就业现状调查和培训满意度，期望通过对培训的调查，了解当前西藏公共就业培训的现状，以及培训对就业的影响因素和作用机理。

共发放问卷 260 份，收回有效问卷 225 份，问卷有效回收率为 86.5％。主要结论如下。

①农牧民非农就业行业主要集中在医药（藏医、藏药）行业，文化、体育和娱乐业，以及租赁和商务服务业。同时农牧民非农就业行业与当地产业发展有密切关系，体现了西藏农牧民就近就业的特点。

②在农牧民转移就业的工资性收入满意度中，60％的被调查者对当前收入是满意的，而收入不满意的占被调查者总数的 40％，其中 54％的被调查者的月收入在 3 001～5 000 元。农牧民转移就业已成为西藏农牧民人均可支配收入增速连续 5 年领跑全国的重要支撑。

③农牧民转移就业过程中，认为求职"非常难和有难度"的被调查者合计占比为 95％，同时文化程度低、专业技能缺乏和当地就业机会少是被调查者认为就业难最主要的三个原因，语言能力和文化风俗也对就业难有影响。

④农牧民转移就业信息的获取主要依靠政府组织的宣传，然后是来自亲友或同乡介绍；相对而言，通过网络或报纸杂志、劳动力市场或中介机构获取信息的较少。

⑤农牧民转移就业中，被调查者认为政府应首先"调整产业结构，扩大就业渠道"，66.7％的被调查者认为该措施对于促进非农就业最为重要，接下来是"提供有利于就业创业的优惠条件"和"解决社会保障问题"。

⑥86.2％的被调查者对培训结果满意或比较满意，特别是农牧民非农就业

培训的补贴和在岗培训的职业技能培训补贴政策，极大地提升了农牧民对公共就业培训的满意度。根据方差分析，子女数和语言这两个因素对于被调查者的培训满意度有显著影响，因此培训中应关注子女照料和培训语言需求。

⑦农牧民参与培训的动机主要为获得补贴、增加收入和提高技能，其中获得补贴是被调查者参加培训的最主要目的。

⑧西藏农牧民公共就业培训的内容较为丰富，除专业技能外，还提供创业技能、法律知识、学历教育以及生活常识等相关培训，给农牧民更多的培训选择空间。

⑨公共就业培训地点主要集中在培训机构，然后是企业内部，在田间地头的培训约占 8%，而家中开展的培训占比最少，线上培训资源的建设不足。

⑩在培训对收入增长影响的调查中，满意度得分为 2.65 分，表明对于当地农牧民而言，就业培训对于农牧民收入增长具有一定的效果，但效果并不显著。这可能和培训效果的显现存在一定的滞后性有关。

⑪年龄、户籍、文化程度和就业状态四个因素对于被调查者培训后的收入增加有显著影响。17～35 岁的被调查者对于培训的增收效果评价最高；户籍所在地分析结果表明，增收幅度不完全由当地经济水平和工资水平决定，更多是由就业机会来决定的，当地的企业数量才是决定培训效果的决定因素；文化程度较低的小学及以下学历的被调查者和文化程度较高的大专及以上学历的被调查者对于培训带动收入增加的效果较为认可。

⑫在希望政府改进的培训内容中，基本知识类（文字写作、经济、法律等）选择最多，技能类培训排名第二，16 岁及以下年龄段对基本礼仪的需求也较为迫切，17～35 岁农牧民更期望参与学历教育类培训。

⑬在培训主体选择中，选择政府免费培训的被调查者的人数远高于选择企业和社会组织免费培训的被调查者人数总和，这说明政府主导在西藏经济社会发展中的重要性。

⑭在政府提供公共就业培训服务方面，被调查者期待政府直接给予补贴、加强对培训机构的监管、提供用人单位具体用工的标准和要求等。

⑮从当前公共就业培训满意度调查结果来看，需从政府自身能力建设入手，强化政府服务理念，引导更多社会力量参与，切实提升培训中的就业导向，以提升西藏公共就业培训效果。

第7章 西藏农牧民公共就业培训
的长效机制研究

如前所述，西藏出台了《西藏自治区职业培训补贴资金使用管理实施细则（试行）》等一系列文件，以培训补贴的方式，积极鼓励西藏农牧民参与公共就业培训。构建农牧民公共就业培训的长效机制，首先应提升农牧民非农就业的产业支撑，增加劳动力的吸纳能力；其次应提升农牧民公共就业服务能力，消除就业的信息不对称；最后应建立健全公共就业培训的动力、运行和保障机制。

7.1 调整产业结构，优化就业结构

7.1.1 西藏产业结构和就业结构的偏离度

表7-1显示了2018—2020年西藏产业结构和就业结构的偏离度。

表7-1 2018—2020年西藏结构偏离度

年份	第一产业			第二产业			第三产业		
	就业结构	产业结构	结构偏离度	就业结构	产业结构	结构偏离度	就业结构	产业结构	结构偏离度
2018	36.5	8.3	28.20	19.7	37.6	−17.90	43.8	54.1	−10.30
2019	35.7	8.2	27.50	21.7	37.4	−15.70	42.6	54.4	−11.80
2020	35.8	7.9	27.90	15.5	42	−26.50	48.7	50.1	−1.40

从表7-1可知，第一产业的结构偏离度为正值，且数值较大，表明第一产业容纳了大量的农村富余劳动力，有农村劳动力转出的需要，但将2020年与2019年数据比较，第一产业的结构偏离度有增大趋势，说明受新冠疫情影

响，农牧民有一定的回流现状，需要为西藏农牧民在家门口附近提供更多的转移就业岗位，以降低结构偏离度。

第二产业的结构偏离度为负值，表明第二产业能吸纳更多的劳动力。第三产业的结构偏离度趋近于0，表明基本达到均衡，但这是不是因新冠疫情影响农牧民回流所造成的均衡局面，还需进一步分析。

7.1.2 第二产业劳动力吸纳能力分析

工业是促进西藏农牧民非农就业的重要途径，为切实了解第二产业对劳动力的吸纳能力，对第二产业内部行业吸纳就业能力进行分析，找出吸纳劳动力的空间，以促进劳动力的转移。在此引入吸纳就业指数：某行业就业人数比重与该行业产值比重的比值。

在第二产业中，丰富的矿产和水资源是西藏的宝贵资源，"一江两河"地区是全国最大的铬铁矿分布区，历年来铬铁矿生产在西藏工业生产中占据相当重要的地位，它与拉萨市甲玛赤康等多金属矿区（点）形成西藏黑色、有色金属矿富集地。但矿产和水资源开发具有明显的负外部性，在前期开发中会造成严重的环境问题，因此，矿产资源的开发要以生态环境容量作为规模和产品结构限定的重要参数，对矿产企业进行严格的环境影响评价，进行合理发展。

从表7-2可知，非金属矿物制品业，有色金属矿采选业，电力、热力生产和供应业，酒、饮料和精制茶制造业，以及医药制造业等10个行业产值贡献了西藏第二产业总产值的93.27%，但就业吸纳人数仅占总就业人数的68.4%，可见西藏第二产业吸纳就业能力不强（表7-3）。

表7-2 西藏第二产业吸纳就业指数分析

行业	规模以上		规模以下		总产值（万元）	总从业数（人）	产值比	从业人数比	吸纳就业指数
	工业总产值（万元）	平均从业人员数（人）	工业总产值（万元）	期末从业数（人）					
煤炭开采和洗选业			167	3	167	3	0.01	0.01	1.18
黑色金属矿采选业	26 423	642	5 609	64	32 032	706	0.97	1.40	1.44
有色金属矿采选业	766 270	4 690			766 270	4 690	23.22	9.31	0.40
非金属矿采选业	29 452	289	15 888	1 057	45 340	1 346	1.37	2.67	1.95
其他采矿业			408	192	408	192	0.01	0.38	30.83
农副食品加工业	34 126	555	35 288	3 383	69 414	3 938	2.10	7.82	3.72
食品制造业	31 405	424	10 085	681	41 490	1 105	1.26	2.19	1.74

（续）

行业	规模以上		规模以下		总产值（万元）	总从业数（人）	产值比	从业人数比	吸纳就业指数
	工业总产值（万元）	平均从业人员数（人）	工业总产值（万元）	期末从业数（人）					
酒、饮料和精制茶制造业	197 533	1 826	14 279	794	211 812	2 620	6.42	5.20	0.81
纺织业	2 005	45	7 734	1 456	9 739	1 501	0.30	2.98	10.10
纺织服装、服饰业	1 216	86	11 559	1 969	12 775	2 055	0.39	4.08	10.54
皮革、毛皮、羽毛及其制品和制鞋业			2 521	581	2 521	581	0.08	1.15	15.10
木材加工和木、竹、藤、棕、草制品业			5 539	565	5 539	565	0.17	1.12	6.68
家具制造业			13 909	2 100	13 909	2 100	0.42	4.17	9.89
造纸及纸制品业	4 635	105	111	38	4 746	143	0.14	0.28	1.97
印刷和记录媒介复制业	7 344	209	9 754	620	17 098	829	0.52	1.65	3.18
文教、工美、体育和娱乐用品制造业	4 486	168	14 835	2 348	19 321	2 516	0.59	5.00	8.53
化学原料及化学制品制造业	68 086	903	11 303	881	79 389	1 784	2.41	3.54	1.47
医药制造业	190 274	1 830	5 962	253	196 236	2 083	5.95	4.14	0.70
橡胶和塑料制品业	24 239	153	7 442	223	31 681	376	0.96	0.75	0.78
非金属矿物制品业	953 677	4 367	76 728	2 527	1 030 405	6 894	31.22	13.69	0.44
黑色金属矿冶炼及压延加工业			2 318	38	2 318	38	0.07	0.08	1.07
有色金属矿冶炼及压延加工业			410	34	410	34	0.01	0.07	5.43
金属制品业			16 317	3 097	16 317	3 097	0.49	6.15	12.44
通用设备制造业			8 144	91	8 144	91	0.25	0.18	0.73
专用设备制造业	731	54	2 482	199	3 213	253	0.10	0.50	5.16
电气机械及器材制造业	4 374	19	272	13	4 646	32	0.14	0.06	0.45
其他制造业			17 227	360	17 227	360	0.52	0.71	1.37
废弃资源综合利用业			151	14	151	14	0.00	0.03	6.07
金属制品、机械和设备修理业			1 371	193	1 371	193	0.04	0.38	9.22
电力、热力生产和供应业	469 154	6 522	127 175	2 518	596 329	9 040	18.07	17.95	0.99
燃气生产和供应业	17 288	204	1 101	33	18 389	237	0.56	0.47	0.84
水的生产和供应业	36 726	591	4 408	359	41 134	950	1.25	1.89	1.51

数据来源：《西藏统计年鉴》（2021）。

表7-3 西藏第二产业中主导产业的吸纳就业能力

行业	总产值（万元）	总从业数（人）	产值比	从业人数比	吸纳就业指数
非金属矿物制品业	1 030 405	6 894	31.22	13.69	0.44
有色金属矿采选业	766 270	4 690	23.22	9.31	0.40
电力、热力生产和供应业	596 329	9 040	18.07	17.95	0.99
酒、饮料和精制茶制造业	211 812	2 620	6.42	5.2	0.81
医药制造业	196 236	2 083	5.95	4.14	0.70
化学原料及化学制品制造业	79 389	1 784	2.41	3.54	1.47
农副食品加工业	69 414	3 938	2.1	7.82	3.72
非金属矿采选业	45 340	1 346	1.37	2.67	1.95
食品制造业	41 490	1 105	1.26	2.19	1.74
水的生产和供应业	41 134	950	1.25	1.89	1.51

　　如前所述，当前西藏第二产业发展水平不高，主要依托资源和较廉价的人力实现经济增长，吸纳就业人口主要集中在劳动密集型和资源密集型的行业。为吸纳更多的农牧民转移就业，根据吸纳就业指数排序，结合政策因素，应鼓励表7-4所示的行业加大投入，以带动行业发展和农牧民转移就业。

表7-4 吸纳就业能力较强的工业类型

行业	总产值（万元）	总从业数（人）	产值比	从业人数比	吸纳就业指数
皮革、毛皮、羽毛及其制品和制鞋业	2 521	581	0.08	1.15	15.10
金属制品业	16 317	3 097	0.49	6.15	12.44
纺织服装、服饰业	12 775	2 055	0.39	4.08	10.54
纺织业	9 739	1 501	0.30	2.98	10.10
家具制造业	13 909	2 100	0.42	4.17	9.89
金属制品、机械和设备修理业	1 371	193	0.04	0.38	9.22
文教、工美、体育和娱乐用品制造业	19 321	2 516	0.59	5.00	8.53
木材加工和木、竹、藤、棕、草制品业	5 539	565	0.17	1.12	6.68
废弃资源综合利用业	151	14	0	0.03	6.07
专用设备制造业	3 213	253	0.10	0.50	5.16
农副食品加工业	69 414	3 938	2.10	7.82	3.72

7.1.3 　 第三产业劳动力吸纳能力分析

第三产业通常包括：交通运输、仓储和邮政业，批发和零售业，住宿和餐饮业等行业。旅游业作为西藏的支柱产业，其就业类型多样、进入门槛低，就业方式灵活、带动性强，能为当地居民提供大量的直接和间接就业机会，已成为转移富余劳动力、增加农民收入的重要途径。

尽管西藏拥有丰富的旅游资源，有风景名胜区 16 处（其中国家级 4 处）、国家级历史文化名城 3 座、中国传统村庄 5 个、国家 A 级景区 70 处（其中国家 5A 级景区 2 处），但整体旅游业发展较为滞后，吸纳就业的能力有限，2019 年涉藏地区的旅行社经营情况如表 7-5 所示。

表 7-5 　 2019 年旅行社经营状况

地区	机构数（个）	从业人员数（人）	营业收入（千元）			利润总额（千元）	固定资产原价（千元）
			国内旅游营业收入	入境旅游营业收入	出境旅游营业收入		
总 计	38 943	415 941	275 096 733	26 919 748	214 555 884	4 328 423	22 509 188
四 川	1 242	11 818	4 320 242	442 463	3 936 127	164 012	1 014 064
云 南	1 105	11 793	7 284 289	633 555	2 468 114	−2 868	866 596
西 藏	310	2 285	436 024	286 405	134	−3 864	111 054
甘 肃	723	4 783	1 627 230	172 984	356 730	2 971	137 215
青 海	515	3 300	969 672	55 596	427 359	14 793	437 935

数据来源：《中国文化文物和旅游统计年鉴》。

从旅行社数量、人数以及利润等数据来看，西藏都位列全国倒数第一位，吸纳的就业人数有限，而西藏正大力发展旅游产业，极力打造"地球第三极"旅游品牌，仅 2021 年西藏就投入项目资金 50 650 万元，支持全区 39 个旅游基础设施与公共服务设施建设。因此西藏旅游产业可吸纳就业人数还有较大发展空间。

同时从交通运输业来看，西藏取得了巨大的成就。截至 2020 年底，西藏公路通车总里程达到 11.88 万千米，创造了年均增长 8 100 千米的高原公路建设奇迹。西藏也加大农村公路的建设力度，乡镇、建制村公路通达率分别达到 100％和 99.96％，农村公路的通畅水平得以全面提升。现在，川藏公路、青藏公路、滇藏公路和新藏公路多条进藏路通达，青藏铁路、拉日铁路、拉林铁路陆续通车；昌都邦达、林芝米林、日喀则和平、阿里昆莎等支线机场建成运行，与拉萨贡嘎国际机场一起实现了西藏与 66 个国际国内城市通航，航线达到 140 条。西藏已建立了公路、航空、铁路的综合立体交通运输体系①。西藏的综合运输主要指标汇总如表 7 - 6 所示，可见不管是客运量、货运量等相关指标，西藏均与全国其他省份有所差距。

表 7 - 6   2020 年交通运输主要指标

指标名称	西藏	四川	青海	甘肃
客运量（万人）	576.39	45 258	762	22 478.5
旅客周转量（万人千米）	146 126	2 898 118	520 758	1 407 648.7
货运量（万吨）	4 039	157 598	3 456	61 272.0
货物周转量（万吨千米）	1 167 334	16 177 301	2 902 716	10 202 698.9
从业人员数（人）	140 433	1 182 622	159 631	558 233

数据来源：《中国交通年鉴》。

将表 7 - 6 数据代入 SPSS，分别求出从业人员数和其他指标的相关系数，如表 7 - 7 所示。

表 7 - 7   从业人员数和运输综合指标相关系数

指标	相关系数	从业人数	客运量	旅客周转量	货运量	货物周转量
从业人数	Pearson 相关性	1	0.995 **	0.994 **	1.000 **	0.979 *
	显著性（双侧）		0.005	0.006	0.000	0.021
客运量	Pearson 相关性	0.995 **	1	0.990 *	0.993 **	0.991 **
	显著性（双侧）	0.005		0.010	0.007	0.009
旅客周转量	Pearson 相关性	0.994 **	0.990 *	1	0.991 **	0.987 *
	显著性（双侧）	0.006	0.010		0.009	0.013
货运量	Pearson 相关性	1.000 **	0.993 **	0.991 **	1	0.972 *
	显著性（双侧）	0.000	0.007	0.009		0.028
货物周转量	Pearson 相关性	0.979 *	0.991 **	0.987 *	0.972 *	1
	显著性（双侧）	0.021	0.009	0.013	0.028	

注：** 表示在 0.01 水平（双侧）上显著相关，* 表示在 0.05 水平（双侧）上显著相关。

可见，随着交通运输能力的不断提升，会有效带动交通运输行业从业者数量的增加。相关系数也表明，随着从业人数的增加，会带动交通运输能力的提升。故可以加大农牧民在交通运输行业的转移就业力度，带动第三产业吸纳就业的能力。

---

①   中国交通报社 . 西藏 70 年，交通人创造人间奇迹［N］. 2021 - 08 - 17.

7.1.4　产业结构调整对策

从产业现状来看，西藏第一产业生产率较低，有大量富余劳动力亟待转移，第二产业产值占地区生产总值的比重偏低；第三产业发展较快，但传统行业的比重过大，而金融保险、教育科学等现代新兴产业比重过低。同时，2020年数据表明，西藏第一、二、三产业发展的关联度较低，并未更好地带动和促进第一、二产业的发展。

7.1.4.1　优化第一产业的内部结构

西藏农牧业还处在较为传统的耕种和养殖阶段，整体科技含量不高，迫切需要借助科技力量，促使传统农牧业向现代农牧业转变，可主要做好以下几点。

首先，加大科技的投入和推广力度。西藏历来重视农业科技的应用，科技进步贡献率从 2012 年的 42% 增长至"十三五"末的 55.9%，但从产业结构来看，科技投入和推广力度还需加强。应紧紧围绕当地实际，大力引进和吸收国内外先进的农牧业科技成果，培育符合西藏实际的新品种和新的耕作播种方式，积极做好青稞良种"喜马拉 22 号""藏青 2 000"等品种推广工作，不断改善牲畜良种覆盖率，积极推广集约化绿色高产高效生产技术，用科技提升第一产业生产率。

其次，大力发展农牧特色产品加工业。西藏独特的地理条件使得高原农牧业具有一定的稀缺性、特殊性和不可替代性，大力发展农牧特色产品的加工业，既可以满足农牧民就近非农就业的需求，又可以探索和开发属于西藏的独特的农牧业经济，产生规模效应和品牌效应，进一步促进特色农牧业的发展。西藏正着力发展青稞、牦牛、藏羊、蔬菜、奶业、饲草、藏猪、藏鸡、茶叶、葡萄十大高原特色农牧产业基地①。要在此基础上，根据市场需求和不同的资源禀赋条件，做大做强特色产品加工业，从而实现三产融合，延长产业链，为农牧民提供更多的非农就业岗位。

最后，大力发展西藏农村电子商务。西藏农牧业品牌知名度相对较低，迫切需要利用互联网平台拓宽农牧产品的销售渠道，特别是政府要加大对农村电商的支持力度，以拉动西藏农牧产品新的增长点和对农业劳动力的需求②。

7.1.4.2　调整西藏工业发展思路，优化第二产业内部结构

西藏的工业发展以经济增长为优先目标，非金属矿物制品业，有色金属矿

---

① 李梅英. 党的十八大以来西藏农业农村工作高质量发展综述 [EB/OL]. http：//www. xz-tzb. gov. cn/news/1664244670945. shtml.

② 朱欣悦. 西藏农牧区劳动力转移对产业结构升级的影响研究 [D]. 拉萨：西藏大学，2021.

采选业，电力、热力生产和供应业，酒、饮料和精制茶制造业，以及医药制造业等 10 个行业产值贡献了西藏第二产业总产值的 93.27%，但就业吸纳人数仅占总就业人数的 68.4%。当务之急是改变政府政策取向，从以促进经济增长优先转向以就业优先。

西藏应大力发展如表 7-4 所示的工业类型，如皮革、毛皮、羽毛及其制品和制鞋业，文教、工美、体育和娱乐用品制造业，木材加工和木、竹、藤、棕、草制品业，废弃资源综合利用业和农副食品加工业等。这些产业特别是皮革制品、娱乐用品、农副产品加工业与西藏现有特色产业结合紧密，能促进第一、二、三产业有机融合，且进入门槛相对较低，能有效增加农牧民的非农就业数量。

同时，西藏规模以上企业数量较少，普遍存在生产规模小、生产效率低等问题。将现代科技与传统工艺相结合，不断提升西藏工业产品和制造过程中的科技含量，最终促进第二产业的优化和调整。

7.1.4.3　不断开发旅游新产品，大力发展物流运输业

旅游是西藏的支柱产业，"十三五"期间旅游经济在西藏地区国民经济总收入中占比达到 33.3%，其重要性尤为突出。尽管从旅行社数量、人数以及利润等数据来看，西藏都位列全国倒数第一位，吸纳的就业人数有限，但由于其进入门槛较低，知识水平要求不高，使得旅游及其相关行业成为农牧民转移就业的首选行业。从 2020 年的数据可以看到，受到新冠疫情影响后，第三产业的结构偏离度下降明显，挤出的部分更多回到了第一产业，由此可以看到第三产业在农牧民非农就业中的重要性。

西藏应大力发展第三产业，坚持以旅游业为支柱产业，利用各种渠道扩大旅游产业的宣传和融资，开发旅游产品，特别是将旅游和乡村振兴结合起来。2020 年西藏乡村旅游接待游客 1 061 万人次，实现收入 12.17 亿元，农牧民直接和间接参与乡村旅游就业 8.6 万人次，人均实现收入 4 300 余元[①]。由此可以看出，西藏在坚持"特色、高端、精品"旅游业发展路径时，应积极将旅游与农业有机结合，带动三产融合和乡村振兴，使旅游业真正成为推动西藏国民经济发展的主导产业。

此外，西藏在第三产业中还应加快物流运输业的发展。物流从业人数的增加，会显著提高物流运输基础水平，为西藏地区经济可持续发展奠定基础。物流业属于劳动密集型行业，对文化素质要求不是特别高，也可以成为未来西藏

---

① 李文治.数读西藏 70 年：旅游业成为拉动西藏经济发展的重要引擎［N］.西藏日报，2021-05-12.

吸纳农牧民非农就业的重要领域。

7.2 提升农牧民公共就业服务能力，消除就业的信息不对称

公共就业服务作为公共服务的重要组成部分，是连接劳动力供求关系的桥梁，能有效消除就业市场的信息不对称，提高劳动力市场的运行效率，优化劳动力资源配置，促进劳动者合理、有序流动。西藏已经基本构建了覆盖自治区、地市、县、乡、村的五级公共就业服务体系，为农牧民非农就业转移提供了有力支撑。随着农牧民日益增长的转移就业需求，西藏还需做好如下公共就业服务工作。

7.2.1 加大公共就业服务设施的建设力度

公共就业服务体系是在政府指导参与下，动员全社会力量，为劳动者就业、用人单位招工提供服务，使劳动者找到合适的工作，帮用人单位找到适合企业发展需要的劳动者，同时兼顾社会公平。西藏根据国家要求，已经建立了较为完善的公共就业服务体系，主要由职业介绍、职业培训、岗位开发（主要是就业托底）和职业保障四大支柱构成，包含政策咨询、信息发布、职业指导、职业介绍、创业服务等服务内容。职业介绍是核心，职业培训是基础和支撑[1]，职业保障是服务体系顺利运行的关键。四大支柱组合起来，共同构成如表7-8所示的免费服务内容。

表 7-8 公共人力资源服务机构提供的免费服务内容

序号	具体内容
第一项	人力资源供求、市场工资指导价位、职业培训等信息发布
第二项	职业介绍、职业指导和创业开业指导
第三项	就业创业和人才政策法规咨询
第四项	对就业困难人员实施就业援助
第五项	办理就业登记、失业登记等事务
第六项	办理高等学校、中等职业学校、技工学校毕业生接收手续
第七项	流动人员人事档案管理
第八项	县级以上人民政府确定的其他服务

资料来源：人力资源和社会保障部官方网站。

---

① 于法鸣. 建立市场导向就业机制［M］. 北京：中国劳动社会保障出版社，2001.

西藏虽然建立了五级的公共就业服务体系，但在培训机构数量、就业介绍所及人力资源市场等公共就业服务设施的建立方面都滞后于全国。以人力资源服务机构为例，西藏人力资源服务机构数仅为 352 个，平均每万人拥有 0.96 个，对比宁夏，宁夏的人力资源服务机构数为 2 871 个，平均每万人拥有 3.96 个，差距较大。同时西藏地域辽阔，其人力资源服务机构大多集中在县级及以上地区，很难实现对农牧区的有效覆盖，导致西藏就业服务能力较弱。

西藏要提升公共就业服务，当务之急是加强公共就业服务设施的数量建设，尤其是乡、村一级的公共就业服务机构的建设。一方面可以切实真正了解到农牧民的转移意愿和转移就业的倾向职业，另一方面可以有效利用现有的五级服务体系的强大信息传递功能，将企业的用工需求迅速传递给农牧民，从而消除信息不对称性，加快农牧民非农就业转移的步伐。

7.2.2　提升公共就业服务能力

公共就业服务体系主要由职业介绍、职业培训、岗位开发（主要是就业托底）以及职业保障四大支柱构成，共同为西藏扩大就业容量、提升就业质量、实现就业服务均等化提供了重要支撑，也为保障和改善民生、实现共同富裕提供了重要支撑。

西藏的公共就业服务能力还需进一步提升，以满足人民群众不断增长的公共就业服务需求，如表 7-9 所示。

表 7-9　西藏 2015—2020 年公共就业服务能力分析

单位：人

年份	本期单位登记招聘人数	本期登记求职人数	女性	应届高校毕业生	农村劳动者	本期接受职业指导人数	本期接受创业服务人数
2015	39 283	47 266	23 220	1 497	26 849	51 480	1 832
2016	52 070	35 058	17 690	2 374	18 824	36 378	1 438
2017	63 290	44 798	18 524	7 545	18 226	31 639	3 712
2018	1 485 816	1 042 265	349 454	109 408	349 660	570 921	95 080
2019	66 290	41 693	17 808	14 062	10 531	41 063	
2020	56 717	33 832	7 913	18 879	4 201	21 616	6 232

从每年单位招聘数量和求职登记的人数比来看，除 2015 年能基本满足用工企业的需求外，每年的缺口数量都在增加，2020 年缺口达到最大，全部求

职者总和仅能满足 59.65% 的用工需求，说明西藏公共就业服务能力不足，不能满足企业的用工需求。同时在调查中发现 95% 的被调查者认为求职"非常难和有难度"，可见西藏公共就业服务的桥梁作用还不够明显，很难消除农牧民和企业之间的就业信息不对称。

从服务的内容和服务的人数来看，西藏现有公共就业服务内容还停留在单纯的就业和求职信息收集登记、就业和创业指导等服务内容中，很难基于供需双方信息进行求职者和岗位的匹配分析，更未能基于当地社会经济发展状况预判未来的人力需求和培训开发，就业服务能力较低。

因此，精准建立预转移就业的农牧民画像，掌握其受教育水平、技能特点和职业发展需求，并根据市场发展提供其职业发展规划和相应的职业培训，以更好地提高就业服务的成功率，是当前西藏公共就业服务中亟待提升的环节。

7.2.3　提升公共就业信息化服务水平

《人力资源社会保障部办公厅关于加快推进公共就业服务信息化建设和应用工作的指导意见》（人社厅发〔2016〕159 号）中明确要求各级政府要推动以"互联网＋"、大数据为代表的新理念、新技术、新模式在就业领域的广泛应用，加快实现就业服务和就业管理工作全程信息化。西藏积极进行公共就业信息系统建设，取得了较好的成就。

西藏在 2017 年建立了西藏公共就业服务信息系统，并以此为基础，构建了西藏公共就业服务网上大厅，为农牧民、大学生等求职者提供在线就业服务，如图 7 - 1 所示。

图 7 - 1　西藏公共就业服务网上大厅

西藏公共就业服务大厅设置 4 种登录方式，将个人、用工单位、机构和培训监督都纳入进来，以期实现求职者和用工单位在线洽谈、在线招聘等功能。

同时，为方便农牧民以更喜闻乐见的形式了解企业用工信息，还开通了微信公众号和抖音平台账号，如图7-2所示。

图7-2 西藏就业抖音号和"西藏人社"公众号服务功能示意

西藏用信息系统改善了就业服务能力，建立了较为完备的公共就业服务信息系统。需要加大宣传力度和改善用户体验，从而更好提升服务效果。

7.3 基于全面质量管理理论的公共就业培训长效机制的整体设计思路

公共就业培训体系是一个复杂系统，其参与主体既有主导者政府，又有培训实施者公办或民办培训机构，还有受训者农牧民等主体。在构建长效机制时，应考虑到参与主体的多元性，使得不同主体之间产生交互影响的可能性大大增加。针对特定主体所制定的政策可能会对其他主体乃至整个购买活动产生巨大影响，从而为政策协同提供可能，并能有效避免政策的"合成谬误"[1]。

作为一个复杂系统，系统论的整体性要求在构建公共就业培训体系时，要达到各环节汇聚在一起"1+1＞2"的最终效果[2]。因此需要透彻分析公共就业培训的各个具体环节及各环节的参与主体、资源配置等要素，发挥协同效应，实现系统整体性要求。

根据全面质量管理理论，要提升公共就业培训长效机制最终服务质量，必须依靠全面的质量观、全过程的质量观和全员参与的质量观。即评价培训质量，不能仅依靠最终的考核合格率，还需从过程入手，加强过程质量的管理和考评，同时从全员参与的角度，充分了解消费者即培训对象的需求，并在培训

① 崔吕萍. 以明确的央地"清单"防止政策"合成谬误"[N]. 人民政协报，2021-08-09.
② 朱震锋. 全面停伐后黑龙江国有林区改革的创新机制研究[D]. 哈尔滨：东北林业大学，2020.

过程中满足消费者的培训需求。

　　基于全面质量管理和系统论的观点，最终确定农牧民公共就业培训长效机制的设计目标为：在明确不同参与主体的角色定位基础上，充分了解农牧民的培训需求，并建立从政策制定、项目产生、过程监管到资源配置等全过程的质量监督管理机制，最终建成主体协同、制度协同、资源协同的公共就业培训的长效机制（图 7 - 3）。

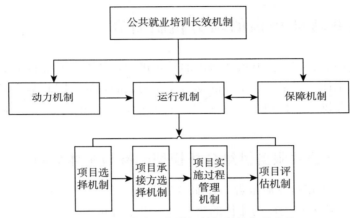

图 7 - 3　公共就业培训长效机制的实现途径

　　要建成主体协同、制度协同、资源协同的公共就业培训长效机制，可以将其构成要素依据系统论的观点，划分为动力机制、运行机制和保障机制三个相互作用、相互影响的部分。

　　动力机制是推动西藏农牧民公共就业培训服务前进的驱动力所在。如果各主体没有参与公共就业培训服务的动力，构建公共就业培训长效机制就无从谈起。动力机制是构建农牧民公共就业培训长效机制的关键力量，应首先明确公共就业培训过程中有哪些参与主体以及各参与主体的角色定位，然后采取针对性措施激发各参与主体的内生动力。构建农牧民公共就业培训服务的动力机制，是确保长效机制顺利实现的先决条件。

　　运行机制是确保公共就业培训服务取得实效的约束力所在。公共就业培训服务是一项参与主体众多、业务流程较为复杂的系统工程，其运行机制较为复杂，涉及培训项目的产生机制、培训项目承接方的选择机制、培训实施过程的管理机制和培训评估机制等多个方面[①]。构建高效的农牧民公共就业培训服务

---

　　① 　廖甜. 地方政府购买公共服务项目制运行机制研究：基于多案例的分析 [D]. 武汉：中南财经政法大学，2019.

的运行机制，是确保长效机制顺利实现的关键要素。

保障机制是确保农牧民公共就业培训服务能充分发挥协同效应的支撑力所在。培训具有明显的"抽象性"，很难定量分析其服务质量和最终达成成果。为保障各项组成要素都能发挥正向作用，在建立高效的运行机制的同时，还需构建合理的保障性投入或保障机制，以确保农牧民公共就业培训的最终质量和协同效应得以实现。

7.4 公共就业培训的动力机制研究

要构建西藏农牧民公共就业培训的长效机制，必须先明确整个培训过程中有哪些参与主体。每个参与主体的动力存在明显的差异。因此本节借鉴世界银行的公共服务供给分析模型，确定公共就业培训过程中的参与主体及其角色定位。

7.4.1 基于公共服务供给分析模型的参与主体分析

2004 年世界银行发展报告《让服务惠及穷人》绕开"服务内容"和"服务动机"等维度，作为广为流传的公共服务供给分析工具[①]，从公共服务的参与方的责任入手，用责任将服务供应链的各方联结起来，提出了公共服务供给分析模型[②]，如图 7-4 所示。

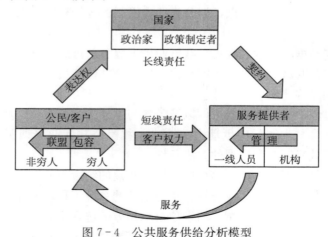

图 7-4 公共服务供给分析模型

---

① 郁建兴，吴玉霞．公共服务供给机制创新：一个新的分析框架 [J]．学术月刊，2009，41 (12)：12-18.

② 世界银行．让服务惠及穷人 [M]．北京：中国财政经济出版社，2004.

　　萨瓦斯指出某些公共服务项目通过公私伙伴关系会取得更理想的效果①；罗伯特·阿格拉诺夫等倡导，政府通过契约关系，引导私人组织和非营利组织作为有效的合作伙伴，参与到公共服务的生产过程中去②；萨拉蒙则提出，公共服务可采取市场化的手段，由商业和非营利组织来生产。实践表明，这些措施可以改善公共服务效率，因此可借鉴以改进西藏公共就业培训的运作流程。

　　从 2015 年后，西藏更多采用如图 7-4 所示的供给模式，即政府通过收集农牧民的就业培训需求，明确培训的项目和内容，同时将培训职能以契约方式交给专业的服务提供者，如民办和公办的培训机构等来进行承接，以提供更专业的培训服务。因此，西藏公共就业培训已从最初的政府-公众的"二元主体"结构演进为政府、培训机构和农牧民的"三元主体"结构。其中政府是购买主体，向服务提供者即培训机构来购买就业培训；培训机构是承接主体，最后向农牧民提供培训服务；农牧民更多是作为消费主体来接受社会力量所提供的服务③。

7.4.2　各参与主体的动力源分析

　　传统的西藏政府作为单一主体、独自提供农牧民公共就业培训的供给方式，随着科学技术的不断发展以及农牧民就业需求日益个性化，越来越难以满足农牧民对就业培训的需求。因此，应利用市场机制合理配置资源，利用培训机构的专业优势，提供个性化、多样化、专业化的公共就业培训④，同时带动更多的社会资本和民办机构投入公共就业培训中，以提升培训质量。

7.4.2.1　政府的动力源分析

　　政府是购买主体，西藏开展公共就业培训是从"全能型政府"向"服务型政府"转变的重要途径⑤，也是重新认识政府与市场关系的结果。西藏政府推行公共就业培训，其动力主要来源于如下方面。

　　①提高劳动者供给数量和质量。西藏农牧民是西藏经济社会建设的主力军，如前所述，西藏经济的发展，其中 27% 可归因于人力资本的提升。西藏

　　①　萨瓦斯. 民营化与公私部门的伙伴关系［M］. 周志忍，等，译. 北京：中国人民大学出版社，2002.

　　②　罗伯特·阿格拉诺夫，迈克尔·麦圭尔. 协作性公共管理：地方政府新战略［M］. 郑益奋，李玲玲，译. 北京：北京大学出版社，2007.

　　③　毛明明. 当代中国政府购买教育服务研究：基于政府战略管理"三角模型"的分析框架［D］. 昆明：云南大学，2016.

　　④　贺巧知. 政府购买公共服务研究［D］. 北京：财政部财政科学研究所，2014.

　　⑤　刘昆. 贯彻落实三中全会精神 大力推广政府购买服务［J］. 中国社会组织，2014（3）：13-15.

正面临着产业结构的调整，正向现代农牧业、工业和服务业升级。如果没有农牧民素质的提升，没有农牧民就业技能的保障，西藏的产业现代化就很难实现。

②促进新型城镇化建设。《"十四五"新型城镇化实施方案》就推进城乡融合发展设置专篇，强调要坚持以工补农、以城带乡，逐步健全城乡融合发展体制机制和政策体系。新型城镇化首先是人的城镇化，农牧民通过就业培训，不仅能掌握相关职业技能，而且能学习了解法律、经济、计算机等相关知识，为农牧民非农就业、融入城镇奠定坚实基础，也为西藏"十四五"末城镇化率达到40%提供重要的人力保障。

③降低行政成本。西藏财政保障能力明显提升，但财政收入能力有限，财政资金使用效率不高，这也是西藏大力推行公共就业培训的意义所在。通过政府购买公共就业培训服务，按公开、公平、公正的原则，完成从培训机构的筛选到培训项目完成后的绩效评估，保证既符合预算公开的要求，又不改变现有预算体系，确保培训效果①。

7.4.2.2 培训机构的动力源分析

培训机构是公共就业培训的承接主体。培训机构为农牧民提供专业化的培训服务，其参与动力包括以下几方面。

①获得资金来源，提高自我造血能力。如前所述，西藏培训机构资金来源渠道有限，自身造血能力较弱，而资金是培训机构的生命线。积极承接公共就业培训，可以增加培训机构的收入，提升其可持续发展能力。

②增强与政府和农牧民的互动频率，提高品牌知名度。培训机构在承接公共就业培训项目时，需要不断了解政府的政策法规、培训的具体要求等内容，同时还需不断听取农牧民对培训的需求和反馈。在反复的双向沟通过程中，可通过反复沟通和交流，提高政府和农牧民的信任度和满意度，提升培训机构的品牌知名度和美誉度。

③规范运作流程，提高专业运营能力。培训机构承接公共就业培训时，具体的培训内容、培训流程、考核方式和资金支付方式等都以政策文件或契约化的合同方式进行了有效约定。培训机构在承接过程中，按规定程序开展培训活动和资金管理等工作，有助于规范性运行，提高师资力量和内部管理能力。

7.4.2.3 农牧民的动力源分析

农牧民是公共就业培训的最终消费者和最终受益者。农牧民参与公共就业

---

① 钱凯. 我国政府购买公共服务问题的观点综述 [J]. 经济研究参考，2014 (71)：38-49.

培训，其动力主要源自以下方面。

①更好获得转移就业机会。如前所述，西藏农牧民普遍受教育年限较短，职业技能缺乏，在就业市场中难以有足够的竞争力获得转移就业机会。积极参与公共就业培训，不仅能提升其职业技能，更能为其未来的非农就业奠定基础。

②获得更多工资性收入。工资性收入是西藏农牧民可支配收入中增长最快的内容，而工资性收入主要来自转移就业。公共就业培训可以为农牧民的持续增收提供重要的收入保障。

7.4.3　基于各参与主体视角的动力机制现状分析

尽管公共就业培训具有非常重大的意义，但在具体执行过程中，明显看到，政府、培训机构和农牧民作为公共就业培训的三大主体，存在着对公共就业培训的认识不够、动力不足等问题，阻碍了西藏农牧民公共就业培训工作的推进。

7.4.3.1　政府对公共就业培训的重要性认识不够，动力不足

政府部门既是公共就业培训的重要购买主体，也是推动和实施政府职能转变的中坚力量。公共就业培训的规模和质量要想提高，必须依靠政府部门的主动参与[1]。但整体来看，西藏各级政府将公共就业培训外包给其他培训机构的动力不足，部分单位在工作中仍惯性地认为公共服务应由政府提供，部分政府部门对培训机构存在明显的不信任感，认为公共就业培训带来了较高的管理成本，承担更大的公共服务风险[2]。正是由于部分政府部门对于公共就业培训的重要性认识不够，对培训机构的外包效果存在不信任感，阻碍了西藏公共就业培训的顺利推进。

7.4.3.2　培训机构对公共就业培训的认识不够，定位不清

培训机构是公共就业培训的重要承接主体之一。利用培训机构开展公共就业培训，可以提高培训的专业性，提升培训质量；同时可以利用培训机构更贴近市场实际的特点，及时发现市场对劳动者技能的需求变化，提出相应的培训方案和开设相应的课程，促进农牧民培训需求与市场用工需求的有效对接。

但西藏培训机构更多是以行政管理的方式方法开展工作。句华从购买方式

---

①　唐静，冯子君，修凯 . 西藏政府购买公共服务创新路径研究［J］. 西藏发展论坛，2021（3）：78－84.

②　胡业飞 . 中国公务员对政府购买公共服务的态度研究［D］. 上海：复旦大学，2016.

的竞争程度、政府和社会组织的平等程度两个维度将社会组织划分为四种类型，分别是伙伴、代理人、管家以及盟友①。西藏培训机构数量较少，竞争不足，对政府的依赖性较高，自我造血能力弱，所以西藏的培训机构非常类似管家角色，以政府命令为行动准则，愿意为实现政府目标而竭尽全力，如图 7-5 所示。

图 7-5 社会组织在公共服务的角色：政社关系视角

因此，在培训过程中，培训机构管家的定位使得西藏社会组织在提供公共服务时更多是出于政府的视角，对服务主体即农牧民诉求的重视程度不够，使得培训的效果不佳②。

7.4.3.3 农牧民对公共就业培训的认识不足

"农牧民点单、培训机构接单、政府买单"是公共就业培训最理想的合作状态③。但在调查过程中发现，西藏公共就业培训发展较慢的重要原因之一，就在于农牧民对公共就业培训认识存在误区④。

一是农牧民对民办培训机构存在不信任感。以贾西津为负责人的清华大学NGO 研究所的调查结果表明，中国公民的信任严重趋同，对带有"公"性质的组织或个人表现出高度信任（持"非常信任"和"基本信任"观点的人数占

---

① 句华. 社会组织在政府购买服务中的角色：政社关系视角 [J]. 行政论坛，2017，24（2）：111-117.

② 邹珊珊. 政府购买社会组织服务过程中的"合谋"问题研究：以 A 市社会组织 B 协会为例 [J]. 复旦公共行政评论，2015（2）：143-159.

③ 白志华. 政府购买公共服务中的角色失灵与矫正 [J]. 中国政府采购，2020（8）：40-43.

④ 敬乂嘉. 社会服务中的公共非营利合作关系研究：一个基于地方改革实践的分析 [J]. 公共行政评论，2011（5）：5-25.

75%），对带"私"性质的组织则持不了解或不信任态度，即高度信任国家机关而高度不信任社会组织和私营部门①。在西藏这一现象尤为突出。西藏政府在 2015 年后考虑到公办培训机构数量和承接能力有效，将大部分公共就业培训交由民办培训机构供给，而农牧民不相信民办培训机构的实力，直接影响了培训效果。

二是农牧民对自身培训需求认识不清。农牧民是公共就业培训中的消费主体，是被服务者。因此，西藏公共就业培训的内容及要求，是由农牧民自身需求决定的。但农牧民受制于自身水平以及对市场的了解程度，无法明确提出培训需求和培训方式。

7.4.4　提升动力机制的对策建议

7.4.4.1　明确各主体在公共就业培训中的职责权限

政府作为购买主体，其应该是政策制定者、项目购买者、资金提供者和监督管理者的角色。因此政府应制定相应政策，包括公共就业培训标准、培训资金划拨标准、验收标准等政策，规范公共就业培训运行，同时以公平、公开、公正的方式确定培训项目的承接方，并按照合同约定进行资金划拨和监督培训运行，通过四个角色的整合，推动西藏公共就业培训事业发展，推动政府职能转移②。尤其需要强调的是，对政府来说，购买服务并不意味着放弃管理责任，公共就业培训带来的生产、供给分离并不意味着放弃政府的监督管理者角色。为了实现不越位的目的，政府的管理责任主要是通过政策的制定和政策的监督执行来实现的。

培训机构是公共就业培训服务的具体承接方，其是服务提供者、资源整合者和需求发现者的角色。培训机构在政府的指导下，通过合同或委托书等方式与政府建立合作关系，承接相应的培训服务，因此培训机构是服务提供者。在具体提供培训时，应进行资源整合，特别是与用工单位深入合作，了解用工单位的实际需求，同时借助企业、社会等各方面力量共同完成培训任务，因此培训机构也是资源整合者。同时培训机构还应发现用工企业变化的用工需求，并根据企业的调整发现新的培训需求，开设新的培训课程，以不断地满足用工企业和农牧民的培训需求。

农牧民是公共就业培训服务的消费者，其是直接诉求者、监督管理者和最终受益者的角色。农牧民作为直接诉求者，首先需要积极参与，主动提出自身

① 潘建会.中国公民社会指数（CSI）实地调研的分析报告［D］.北京：清华大学，2006.
② 杨群群.政府项目化购买社会组织服务研究［D］.青岛：青岛大学，2016.

诉求，这样才能对政府的培训决策以及培训机构的实施过程和实施效果产生较大影响①。同时政府和培训机构也应该充分关注农牧民的建议和意见，确保农牧民的培训需求得以满足。农牧民在培训过程中，还应成为服务过程中至关重要的监督者和绩效评估者。通过对培训机构的监督评价，促使培训机构提升培训质量，为切实维护农牧民自身的合法权利提供保障，确保农牧民成为真正意义上的最终受益者。

7.4.4.2 加强培训和宣讲，提高各主体的认识水平

意识决定行为，行为决定结果。政府、培训机构、农牧民对公共就业培训都存在着一定程度上的认识不足，迫切需要加强培训和宣讲，以提高各主体的认识水平，促进公共就业培训工作的顺利开展。

为积极推进公共就业培训，政府、培训机构和农牧民都应该深刻认识公共就业培训的意义。各级政府必须加大宣传力度，充分利用业务培训、网络媒体等多种方式深入宣传公共就业培训相关政策及取得的社会成效，让政府部门、培训机构、农牧民充分了解公共就业培训的重要作用，充分认识培训机构在政府公共就业培训中所担负的重要作用。培训机构需要克服"等靠要"思想，努力提升自身承接能力，提高培训质量。农牧民需增强参与意识，在培训内容确定、过程监管、绩效评价等方面发挥更大的作用②。

7.5 公共就业培训的运行机制研究

运行机制是确保西藏农牧民公共就业培训取得实效的约束力所在。当前西藏农牧民公共就业培训的整体流程如图 7-6 所示。

当前西藏实施农牧民公共就业培训时，通常有如下步骤：①根据市场需求或上级部门要求，拟定培训计划和培训内容；②经同级财务部门审批后，确定培训项目并进行预算编制；③确定运行模式，可根据项目具体情况，选择政府直补、培训券、订单定向或政府购买公共服务等运行模式；④为保障培训的顺利进行以及资金拨付，需对农牧民报名资质进行审核；⑤在确定合适的培训机构后，由培训机构具体实施培训；⑥政府组织第三方以及接受培训的农牧民开展项目验收和绩效评价；⑦验收合格后，进行资金拨付。

---

① 张雨婷，徐兰. 基于扎根理论的政府购买公共服务质量影响因素研究 [J]. 江苏科技大学学报（社会科学版），2017，17（3）：89-96.
② 王浦劬，郝秋笛. 政府向社会力量购买公共服务发展研究：基于中英经验的分析 [M]. 北京：北京大学出版社，2016.

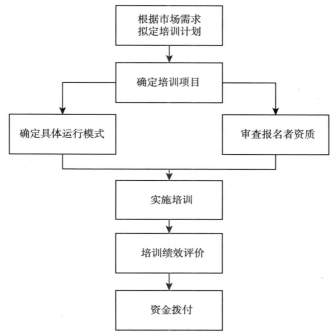

图 7-6　西藏农牧民公共就业培训整体流程

从上述步骤可以看到，公共就业培训参与主体众多、业务流程较为复杂，其涉及培训项目的产生机制、培训机构的选择机制、培训过程的管理机制和培训绩效评价机制等多个方面，接下来进行具体分析。

7.5.1　培训项目的产生机制

整个公共就业培训服务的起点就是明确培训项目，这也是整个公共就业培训活动合法性的依据所在。为合理确定西藏农牧民公共就业培训的内容，可以考虑如下方法。

7.5.1.1　聚焦农牧民需求较为集中的领域

为将有限的资金用到刀刃上，西藏各级政府应特别聚焦农牧民需求较为集中的领域，形成最终的培训项目。如第 6 章所述，基本知识类（文字写作、经济、法律等）内容是农牧民需求最多的领域，技能类培训是当地农牧民需求较大的方面，学历教育是农牧民越来越迫切的培训内容。《国家职业教育改革实施方案》提出"落实职业院校实施学历教育与培训并举的法定职责，面向在校学生和全体社会成员开展职业培训"。

7.5.1.2　聚焦不同特征群体的需求

为使培训项目更具有针对性，能切实提升农牧民的综合素质和就业能力，在培训项目确定时，还应该针对不同群体的需求开设相应课程。如第 6 章所述，在 16 岁及以下年龄段应加强基本礼仪的培训需求，从而帮助他们更好融入工作和生活；在 17～35 岁年龄段应该加强学历教育类培训，以提升这一群体的可持续发展能力。针对小学文化程度和大专及以上文化程度，更应该加强学历教育培训。大专及以上文化程度的农牧民有较强烈的创业意愿，应针对该部分群体开设创业类课程。

因此，如何根据不同群体的需求，确定不同的培训项目，开设不同的培训内容，以满足不同群体的需求，是在确定培训项目时需要重点考虑的内容。

7.5.1.3　根据需求紧迫度、市场成熟度等维度确定项目

为聚焦农牧民需求，将有限的资金用到刀刃上，在确定培训项目时，还需根据需求紧迫度、市场成熟度等维度来考虑。

第一，在公共就业培训过程中，应优先考虑需求紧迫度。有些是社会发展急需的，如由于川藏铁路修建而带来的培训需求具有较强的需求紧迫性，所以需要将这种项目放到重要的地位。

第二，根据培训项目的市场成熟度来确定培训项目的优先顺序。如果培训项目比较容易找到适合的培训机构承接，如初级职业技能培训等项目，可以及时立项。如果市场成熟度不高，市场上缺乏合适的培训机构承接，可以暂缓立项。如果确实属于需求紧迫度高的，可以先考虑引入区外的培训机构，如电商培训、3D 打印培训等项目，从而满足农牧民的迫切需求。对于需求紧迫度不是太高的项目，可以先进行培训机构资源组织①，等到培训机构能力合适时再立项。

综上所述，公共就业培训的项目产生机制步骤为：政府根据市场需求和上级安排，根据农牧民的不同群体特征，聚焦农牧民需求旺盛的领域，根据需求紧迫度和市场成熟度等维度确定最终的公共就业培训项目，并报同级财政部门审批通过。

7.5.2　项目运行模式的确定机制

7.5.2.1　公共就业培训常见方式

萨瓦斯根据安排者、生产者和消费者之间的动态管理，提出了 10 种具体

---

① 贺巧知．政府购买公共服务研究［D］．北京：财政部财政科学研究所，2014.

运行模式，如表 7 - 10 所示①。

表 7 - 10　公共服务的制度安排

生产者	安排者	
	公共部门	私人部门
公共部门	政府服务 政府间协议	政府出售
私人部门	合同承包 特许经营 补助	自由市场 志愿服务 自我服务 凭单制

　　由于公共就业培训是政府将自身的部分培训功能外包给公办或民办的培训机构，既有公共部门对公共部门，也有公共部门对私人部门，故以上各种方式都可以使用。特许经营主要适合于基础设施或基础领域的可收费物品的提供，自由市场在公共就业培训中难以体现公共性；自我服务虽然是戴维·奥斯本和特德·盖布勒认为最好的方式，"使公益服务提供者对顾客需要做出灵敏反应的最好办法，是把资源放在顾客手里让他们挑选"②，但自我服务的针对性不够，不适合西藏实际情况。

　　在西藏，合同外包是最主要、使用频率最高的一种公共就业培训的运行方式，政府间协议、补助和凭单制使用也较为常见。

　　专业化是提高生产率、推动经济发展的动力③，也是合同外包的主要原因之一。但合同外包要想实现良好的效益，借鉴英国 20 世纪 80 年代合同外包的成功经验，一定需要有明确的工作说明和竞争性的市场环境，特别是需要对培训项目的内容、标准和责任进行明确的规定和约束。提高服务质量最有效的方法是公开、公平、公正的竞争，政府单一供给模式缺乏有效的外部竞争压力，使得政府缺乏内在动力去提高服务质量和服务效率④。通过引入竞争机制，可以打破政府单一供给模式。因此，合同外包为提高培训质量、降

---

　　① 萨瓦斯. 民营化与公私部门的伙伴关系 [M]. 周志忍，译. 北京：北京大学出版社，2002.

　　② 戴维·奥斯本，特德·盖布勒，改革政府：企业精神如何改革着公营部门 [M]. 周敦仁，等，译. 上海：上海译文出版社，1996.

　　③ 杨小凯，黄有光. 专业化与经济组织：一种新兴古典经济学框架 [M]. 北京：经济科学出版社，1999.

　　④ 丹尼斯·缪勒. 公共选择理论 [M]. 北京：商务印书馆，1992.

低服务成本提供了可能，任务明确度和市场成熟度是考虑引入合同外包的两大重要因素。

培训是个人行为，要鼓励个人对培训服务的消费，政府可以采用补贴的方式，补贴又分为补助和凭单制。补助主要是政府可以通过资金、税收优惠、低息贷款等方式，给予培训机构补贴，降低培训门槛，实现培训产品的公共性。凭单制主要是政府对农牧民参与公共就业培训而给予的补贴，如采用培训券的方式，农牧民根据自己的个人职业发展规划和兴趣使用培训券，自主选择培训机构。

通常认为，凭单制的适用条件为：①人们对服务的偏好存在明显不同，且人们认为这些多样化偏好都很合理；②存在多个服务供应商，且进入门槛较低；③个人对市场状况有充分了解，如服务成本、质量等信息；④使用者容易评判质量；⑤个人有积极性去购买该种服务；⑥该种服务比较便宜且购买频繁，因此人们能够通过实践来学习[①]。

政府间协议也是西藏公共就业培训常用的运行模式，政府与西藏公办培训机构签订培训协议，如西藏自治区人民政府与西藏技师学校签订培训协议，委托其培训铁路服务人员，从而解决地区性问题和培训成本上升问题。

7.5.2.2 公共就业培训运行模式的选择原则

根据萨瓦斯提出的公共服务十大运行模式，结合西藏农牧民公共就业培训的实际情况，提出确定公共就业培训运行模式的选择原则，即应从社会急需度、任务明确度、市场成熟度三个方面来确定运行模式。社会急需度是指培训项目市场需求较为迫切，需要尽快开展培训以满足市场需求。任务明确度主要根据该培训项目的目标是否可以量化，即该项目的数量、质量是否能较方便地进行定量描述。市场成熟度根据西藏培训机构的培训业务领域来确定，如果该领域的培训机构较多，视为成熟度高，否则记为一般。

根据以上三个维度，同时为确保提升培训质量，加大市场竞争力度，优先选择能带动竞争性的合同外包、凭单制等方式，最终得到西藏农牧民公共就业培训可考虑的运行模式（表7-11）。

表7-11　西藏农牧民公共就业培训运行模式

培训领域	社会急需度	任务明确度	市场成熟度	可考虑运行模式1	可考虑运行模式2
初级职业技能培训	一般	高	高	凭单制	补贴

---

① 萨瓦斯. 民营化与公私部门的伙伴关系［M］. 周志忍，译. 北京：北京大学出版社，2002.

（续）

培训领域	社会急需度	任务明确度	市场成熟度	可考虑 运行模式 1	可考虑 运行模式 2
中级职业技能培训	高	高	一般	合同外包	政府间协议
高级职业技能和技师、高级技师 培训	高	高	低	政府间协议	合同外包
非职业资格认定类培训	低	一般	高	凭单制	合同外包
创业培训	高	较高	一般	合同外包	补贴
新兴技术培训	一般	高	一般	合同外包	政府间协议

西藏已经构建了较为完善的公共就业培训体系，初级职业技能培训市场成熟度较高，很多培训机构都能开展，且培训和验收标准十分明确。因此，针对初级职业技能培训，可采用补贴培训机构或凭单制方式，能更好地激发培训机构的竞争意识，提升培训质量。

针对中级职业技能培训，西藏对这方面的需求较为迫切，同时市场能提供的中级职业技能培训机构较少，且只能培训建筑类、中级电工等有限领域。在这种情况下，可以采用合同外包方式，邀请区内外的培训机构参与招投标，从中选择合适的培训机构开展培训；也可以采用政府间协议方式，特别是与援藏的地方政府进行合作，委托它们帮助开展培训。

针对高级职业技能和技师、高级技师培训，西藏目前只能提供高级农机具维修、高级医疗辅助护理员培训等有限领域，而全国能开展此类培训的机构也不太多，因此采用政府间协议和合同外包方式较为合适。

针对非职业资格认定类培训，主要集中在民族舞蹈、藏式绘画、藏式雕刻、民族手工艺品等领域，大多西藏培训机构可以开展相应的培训活动，且农牧民个体兴趣差异较大，故采用凭单制和合同外包方式较为合适。

针对创业培训，西藏能承接的培训机构数量较多，故加强培训机构的资质控制标准较为合理，建议采用合同外包和补贴方式。

针对新兴技术培训，如 3D 建模、计算机技术等内容，邀请区内外的培训机构参与招投标以及委托援藏的地方政府开展培训是合适的解决思路。

7.5.3　培训机构的选择机制

要提高公共就业培训的质量，培训机构的选择是其中的关键环节，因此本节探讨在明确了培训任务后，确定合适培训机构的原则。

7.5.3.1 培训机构的遴选原则

综合公共就业培训的特点以及西藏的实际情况，借鉴高德纳（Gartner Group）提出的四区域技术功能矩阵，提出西藏农牧民公共就业培训中培训机构的遴选矩阵，如图7-7所示。

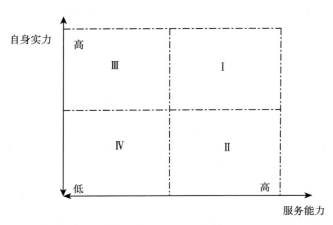

图7-7 公共就业培训承接主体的遴选矩阵

根据图7-7，将培训机构归纳为四个象限，即：自身实力以及服务能力均强，则位于第一象限；服务能力强但自身实力稍弱，则可以划分为第二象限；如自身实力强，但服务能力较弱，则归于第三象限；自身实力和服务能力均弱的承接主体则归于第四象限。

7.5.3.2 培训机构的遴选指标

如前所述，在进行承接主体的遴选时，需要考虑承接主体的自身实力和服务能力。为更好地实现对承接主体的考评，借鉴战略采购理论[①]，细化承接主体的评选指标体系。

（1）自身实力的评价指标体系

针对培训机构的自身实力，大致可以从基本要求、培训场所、设施设备等方面进行评选，如图7-8所示。

---

① 卡洛斯·梅纳，罗姆科·范·霍克. 战略采购和供应链管理：实践者的管理笔记［M］. 北京：人民邮电出版社，2016.

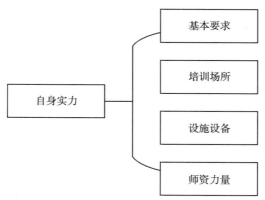

图 7-8 培训机构自身实力评价

培训机构自身实力的评价指标体系中，首先应满足培训机构的基本要求，即应具备：取得政府相关部门审批的"办学许可证"或培训资质，具备相应职业（工种）培训的教学设备、训练场所，具有满足培训项目需求的师资和管理人员，具有依法缴纳社会保险的缴费记录，具有良好的商业信誉、规范的财务会计制度，具有培训相关的突发事件应急预案，具备应急处理紧急突发事件能力，在经营活动中没有违法违规记录，培训业务主管部门要求的其他条件。

培训场地指标则包括：具有与培训项目和规模相适应的培训场所，并取得相应的消防验收证明材料；具备办公用房、满足培训教学需要的理论课教学场所和实习操作场所；理论课教学场所使用面积应达到 300 平方米以上，满足培训所需的照明、通风、通信、用电和安全等条件；实习操作场所应符合环保、安全、消防、卫生、防疫等有关规定及相关职业（工种）的安全规程。

设施设备指标包括：具备满足教学和技能训练需要的能正常使用的教学、实习、实验设施和设备，具有与培训规模相匹配的实习、实训工位，配备培训管理信息系统和相应监控设备，配备培训所需的安全、消防器材。

师资力量指标包括：配备与办学规模相适应、结构合理的专兼职讲师队伍，讲师应当具有国家规定或培训业务主管部门认定的任教资格；专职讲师应不少于讲师总数的 1/4，每个培训专业（职业、工种）至少配备 2 名以上理论课讲师和实习指导讲师；配备与办学规模相适应的专职教学管理人员和辅助人员。

（2）服务能力评价指标体系

针对培训机构的服务能力，大致可以从培训计划、教材教辅资料、管理制度以及售后服务四个方面进行评选，如图 7-9 所示。

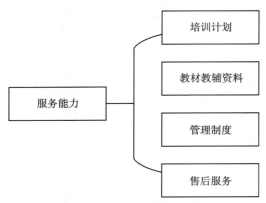

图 7-9　服务能力评价指标体系

服务能力首先包含的是培训计划，主要指培训机构是否能够根据合同要求和农牧民的实际情况，找准培训服务的结合点和着力点，制定出符合实际的培训方案。

服务能力还包括是否具有较为完备的教材教辅资料。是否能够配备既符合农牧民知识文化水平，又符合培训专业（职业、工种）要求的教材教辅资料，是考核其服务能力的重要指标。当然，如果是自编教材，必须经过培训业务主管部门审核备案后才能使用。

服务能力还包括管理制度，包括办学章程、行政管理、教学管理、讲师管理、学员管理、财务及资产管理、卫生健康管理、消防管理、安全管理、防疫管理和设备管理等制度。除了评价培训机构是否有完备的管理制度外，还应该评价培训机构是否严格按管理制度开展培训工作。

服务能力还包括售后服务，因为培训并不仅是"交钥匙"工程，还包括后期的服务内容。如帮助参加培训的农牧民进行职业资格证书的考试，同时要帮助该学员在本领域的后续发展，如推荐就业等工作。

7.5.3.3　培训机构的遴选程序

培训机构的遴选，是影响农牧民职业能力提升的关键环节。除了合理的评价指标体系外，规范合规的遴选程序也是遴选出合适培训机构的重要保障。在具体遴选时应按照如下步骤进行。

（1）广泛公开培训项目信息

多个培训机构的参与，是确保培训项目竞争性、实现公开择优的实施基础。因此，西藏在开展培训机构遴选时，应通过多种途径，如政府采购网、政府采购招标网等，向全社会公开培训项目的具体内容、资金预算以及培训机构选择原则、选择标准、选择程序等内容，同时鼓励满足条件的培训机构积极参与，做到优中选优。

（2）成立资格审查工作组

在进行培训机构遴选时，应参考《政府采购评审专家管理办法》（财库〔2016〕198号）的要求，建设本地区评审专家库，并成立由行业专家、学者、政府相关部门构成的资格审查小组，对培训机构的注册资金、经营范围等内容进行严格的资格审查。只有通过了资格审查的培训机构，才能进入最终遴选环节。

（3）公平公正科学遴选培训机构

培训机构的遴选，最关键的是评价标准体系的构建。培训机构的遴选指标可以从自身实力、服务能力等方面进行考虑，同时应特别关注培训机构在该领域的培训经验以及培训评价，并采用定量分析法，尽可能量化各项指标的具体参数，提高评价的专业性、公正性和科学性。在此基础上，最终确定培训机构，并按要求进行公示，签订委托协议或购买合同。

7.5.4　培训过程的管理机制

全面质量管理理论提出：质量的提升，需要"三全一多样"，即全面的质量、全过程的质量、全员参与的质量以及技术管理方法的多样性。过程质量和工作质量，是产品质量和服务质量的重要保障。因此，重视培训实施过程的质量管理，是提升最终培养质量的重要保障。

培训实施过程中，委托培训的各级政府应加大监督管理的力度。首先，用好项目进展的监督权，采用自身亲自监督或委托第三方评估机构的方式，加强对过程质量的监管；其次，可以采用定期考核与随机抽查相结合的方式，了解培训的实际进展和质量状况，并广泛听取农牧民对培训的意见，做好日常监管；最后，应将资金拨付与培训的各阶段进程结合起来，确保对培训机构的监督权落到实处。具体要做好如下工作。

（1）监督培训机构按教学计划和教学大纲开展培训工作

培训机构应按照合同要求，在开课前将包括时间、地点、人员、课程设置、讲师资质、设施设备、考核要求等内容在内的培训计划提交给政府部门，政府部门应定时和不定时监督检查培训机构是否按教学计划开展具体培训活动。

（2）监督培训过程农牧民的反馈情况

培训机构在实施培训时，政府部门自己收集或邀请第三方评估机构收集农牧民对培训的意见和建议，并对照培训计划进行检查，以便及时发现培训过程中出现的问题，及时予以纠正调整。

(3) 监督培训考核情况

培训机构在培训项目结束时应按规定向培训业务主管部门提交结业考核申请。列入国家职业资格目录（或专项职业能力目录）的职业（工种），应参加职业资格考核；属于国家职业技能等级的职业（工种），应参加第三方评价；暂未列入国家职业资格目录（或专项职业能力目录）的职业（工种）以及暂无职业资格标准的职业（工种），应组织学员参加相应的结业考核。同时政府部门应参与检查和了解培训考核情况，以便对照委托协议或合同进行培训绩效检查。

(4) 项目验收评估

培训项目完成后，培训机构应提交验收申请。政府部门组织第三方评估机构先对培训机构提交的材料进行完整性和规范性审核，在此基础上，邀请评估小组从培训合格率、职业技能证书通过率、农牧民培训后的满意度、财务制度执行情况等维度进行全面综合评价，并给出评估意见。如果评估通过，则培训项目完成，进行资料存档和工作总结，为下一次的培训项目招投标提供材料支撑；如果评估没通过，且培训机构存在异议，可以提请复核申请；如没有异议，则按评估意见进行整改后，再次提请验收评估。

从上述过程管理机制可以看到，在培训前政府部门了解培训机构的培训计划和培训大纲，在培训中实时了解培训进度和监督培训满意度，在培训后监督考核达标率并开展验收评估，实现了全过程的质量管理。

7.5.5　公共就业培训绩效评价机制

戴维·奥斯本指出，官僚主义盛行的政府部门并不对公共服务的实施效果进行严格的监控，因而无法在公共服务方面有大的作为[①]。由此可以看到，对公共就业培训实施效果进行绩效评价的重要性。

国内尚没有成熟的公共就业培训的绩效评价的量表，主要是基于柯氏四级评估模型、CIRO 评估模型、CIPP 评估模型等模型，结合培训对象的特点来自行开发评价指标体系。如何筠利用柯氏四级评估模型构建了公共就业培训的绩效评价指标体系[②]、李乾坤基于安徽省七所职业学校的调研构建了培训绩效评价体系[③]，张建伟、阳盛益等构建了基于 CIPP 模型的公共就业培训绩效评

① 戴维·奥斯本，特德·盖布勒. 改革政府：企业精神如何改革着公营部门 [M]. 周敦仁，等，译. 上海：上海译文出版社，1996.
② 何筠. 公共就业培训绩效评价研究 [M]. 北京：社会科学文献出版社，2019.
③ 李乾坤. 农民工培训效果评估：基于安徽省七所职业学校的调研 [D]. 合肥：安徽农业大学，2016.

估指标①，罗瑜亭、鲁志国基于 DEA 和 Malmquist 指数法对政府购买公共就业培训服务效率进行分析②。

考虑到柯氏四级评估模型需要分析培训后受训者在工作岗位中的行为变化和对组织的影响，不太符合农牧民参与公共就业培训是为了求职的实际情况，因此本小节以 CIPP 模型为基准，在前文研究的基础上，设计西藏农牧民公共就业培训评价指标体系。

7.5.5.1　构建科学合理的绩效评价指标体系

斯塔弗尔比姆提出的 CIPP 评估模型，认为评估活动的视角不应局限于目标达成度，而应该有利于培训方案的管理与优化。该模型的评估层级包括以下四个方面：背景评估，即明确培训实际需求；输入评估，即评估培训资源是否能满足培训需求；过程评估，即评估培训实施进程及资源利用效率；结果评估，即对培训目标完成度进行分析。

为构建科学合理的绩效评价指标体系，在对国内外现有的公共就业培训绩效指标评价体系梳理的基础上，结合图 7-8 和图 7-9 所示的培训机构遴选指标，最终得到公共就业培训绩效评价体系如表 7-12 所示。

表 7-12　公共就业培训绩效评价体系

评价阶段	评价指标	评价方法
背景评估	参与培训的意愿强烈程度 参与培训的目的 对参与培训的认可度 对自身学习能力的评价	问卷调查
投入评估	培训环境的满意度 课程内容实用性和针对性的满意度 培训师资的满意度 管理制度满意度	问卷调查 访谈法
过程评估	培训方式的灵活度 培训补贴的满意度 个别辅导次数	问卷调查
结果评估	培训总体满意度 考核合格率 证书获得数量及等级 学员就业情况	问卷调查 访谈法

---

① 张建伟，阳盛益，刘国翰. 基于 CIPP 模式的公共就业培训绩效评估指标分析 [J]. 广西大学学报（哲学社会科学版），2011，33（3）：121-124.
② 罗瑜亭，鲁志国. 基于 DEA 和 Malmquist 指数法的政府购买公共就业培训服务效率分析 [J]. 中国职业技术教育，2016（29）：31-38.

在项目实施前期，通过对参与培训的农牧民参与意愿、目的、自身能力等背景的调查，为后期是否达到目的进行比较分析提供依据。在项目实施期，调查参与培训的农牧民对培训机构投入的软硬件设施、课程内容、培训师资以及相应的管理制度的满意度，了解培训机构资源投入力度。在项目验收期前，还需对整个培训过程进行评估，如从培训方式、培训补贴、参训学员辅导等维度对整体过程进行评估。最后，在项目完成期，除了参训农牧民的满意度指标外，还应包括社会效益的定量评估，即学员的考核合格率、职业资格证书等级及数量、半年后就业率等指标，从而确保该培训项目能对农牧民职业技能提升以及社会可持续发展带来正向的影响。

7.5.5.2　构建合规高效的绩效评价流程

根据 CIPP 评估模型，以及西藏农牧民公共就业培训的运行特点，其绩效评价应按图 7 - 10 所示流程来开展。

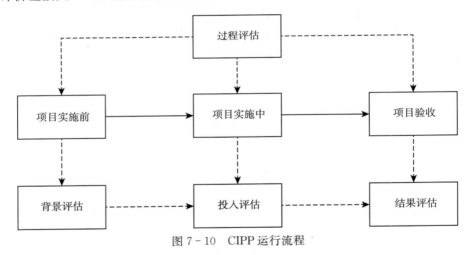

图 7 - 10　CIPP 运行流程

背景评估和投入评估主要是确定现有培训机构的培训计划是否满足农牧民的实际需求，是否符合职业培训的要求，其软硬件是否满足要求等。过程评估贯穿整个培训过程，是形成性评价，判断动态的教学过程是否与教学计划一致、是否达到职业资格培训的要求、是否需要进行相应调整。结果评估主要针对教学目标的达成情况进行评价，是总结性评价，判断是否达到了预期目标，是否取得了较好的经济社会效益。通过以上四个环节，可以实现全过程的绩效评估，可以与项目运行过程的管理制度有机结合，实现全过程的质量管理和全方面的质量评价。

最后，项目验收完成后，应由政府或第三方机构出具绩效评价报告，绩效评价报告通常应包括项目的基本概况及合同约定目标、绩效评价的方法及指标体系、绩效评价的实施过程、合同约定目标的完成度、存在的不足、基本结论及建议等内容[①]。绩效评价报告报送各相关方并经各方确认后，将绩效评价结果作为承接主体选择、预算安排和政策调整的重要依据。

7.5.3.3 加强绩效评价结果应用

2018 年发布的《中共中央 国务院关于全面实施预算绩效管理的意见》中明确提出，健全绩效评价结果反馈制度和绩效问题整改责任制，加强绩效评价结果应用。因此公共就业培训的绩效评价结果可以应用在如下方面。

（1）作为选择培训机构的重要依据

如果某培训机构的绩效评价结果为不合格，则认定其不具备承接同类项目的能力，三年内取消其同类项目的承接资格；如果某培训机构的公共就业培训项目绩效评价结果为良好及以上，表明该承接主体有较强的自身实力、较好的服务能力和项目管理能力，则该培训机构应纳入优质服务商名单中，在同类项目优先支持其承接[②]。

（2）提高培训机构的服务能力

经过对培训机构的绩效评估，可以判断培训机构的资源组织能力、项目管理能力和项目执行能力。通过帮助培训机构找出不足，提升其服务能力，促进培训机构健康持续发展。

（3）为后续培训项目开展提供标准

利用绩效评估结果，判断培训实际绩效与期望绩效之间的差距。一方面检查当初设定目标的合理性，为后续培训目标和质量标准的确定提供参考；另一方面客观评价培训的经济社会效益，为西藏农牧民非农就业转移提供人力资源支撑。

7.6 公共就业培训的保障机制研究

西藏农牧民公共就业培训是一项参与主体多、业务流程复杂、有形要素和无形资源相结合的系统工程。根据前文归纳总结的西藏农牧民公共就业培训中存在的短板弱项，如社会组织数量较少、信息系统建设滞后等，积极构建保障机制，确保购买服务的创新机制顺利运行。

---

① 戴鹏飞 . 财政资金公共教育支出绩效评价 [D] . 西安：长安大学，2013.
② 龚传洲 . 绩效评价结果应用：流程衔接和支撑条件 [J] . 地方财政研究，2021（4）：40 - 46.

7.6.1 放宽准入门槛，加大对培训机构的支持和激励力度

在西藏的社会主义市场经济体制还不够完善的大背景下，政府支持力度是决定社会组织发展的关键因素。政府支持力度越小，培训机构发展的速度就越慢，培训机构的数量及规模也就相应受到制约①。目前西藏自治区民政局从西藏实际出发，注重防范化解社会组织风险，在管理中侧重对社会组织的规范和清理。西藏应借鉴经济发达地区经验，如广东试点放开社会组织注册登记等做法②，因地制宜确定培训机构准入"门槛"，通过增加培训机构数量，让更多的社会资本和社会力量进入公共就业培训领域，从而提升购买项目的竞争性和最终质量。

同时，政府应根据绩效评估结果，对农牧民培训满意度高、就业率高、优质的培训机构，借鉴 ISO9000 标准，将这些培训机构纳入合格供应商名录，在承担项目和资金支持等方面加大激励力度，同时完善退出机制，逐渐淘汰能力较弱、服务意识差的培训机构，确保公共就业培训的最终效果。

7.6.2 加强社会组织自身能力建设

加强培训机构自身能力建设，已是当下西藏推行公共就业培训中亟待解决的问题。

（1）提高资金管理能力，保证独立发展需求

现金流是培训机构的生命线，而西藏培训机构发展相对滞后，培训的能力和规模较小，自身造血功能较弱，收入更多来自财政补贴。如 2019 年西藏培训机构经费共 3.8 亿元，其中财政补助 2.9 亿元，职业培训补贴仅 0.9 亿元，可见培训机构自身造血能力不足。

尽管政府购买公共就业培训的模式逐渐普及，帮助西藏培训机构解决了部分资金来源，但也让西藏培训机构对政府购买公共就业培训产生较强的依赖性。因此，西藏培训机构应加强与区外培训机构的合作，开拓多种服务项目，增强自我造血功能，为后续可持续发展奠定基础。

（2）加大师资的引进和培养力度，努力留住专业人才

培训高质量的关键在于高素质的师资队伍。只有加强师资队伍的引进和培

---

① 袁秀伟．民族地区推行政府向社会力量购买公共服务的困境及对策［J］．新乡学院学报，2015，32（10）：56-59.

② 刘云．广东社会组织登记开闸"去垄断化"成改革重点［EB/OL］．http：//district.ce.cn/newarea/roll/ 201205/23/t20120523 _ 23348506. shtml.

养工作，公共就业培训才能取得实际成效①。

由于职业资格培训对师资要求较高，而双师型的教师数量较少，所以西藏可以采用柔性引进方式，即"不求为我所有，但求为我所用"。除了引进专业人才外，还应该加大兼职教师的建设力度，特别是邀请行业专家成为兼职教师，让农牧民在培训中能真切感受到实际的应用场景。同时，在培训机构内部还应建立定期培训制度，邀请经济发达地区的培训机构以及高校教师、行业专家开展"理论＋实践"培训，切实提升西藏培训机构的师资水平。

"引、用、育、留"是人力资源管理的四要素。给予教师和教辅人员合理的薪酬待遇，是保持培训机构专业性的最重要的手段。

7.6.3　搭建高效实时的信息交互平台

在整个公共就业培训的过程中，高效实时的信息交互平台是确保项目能够顺利实施的重要保障。

（1）搭建政府各部门之间的信息交互平台

在公共就业培训的过程中，涉及多个政府职能部门，如人社厅、农业农村厅、教育厅以及团委、妇联、残联等多个职能部门和机构。承担农牧民培训职能的各部门和机构侧重点不同，在成立自治区农牧民工工作领导小组，负责农牧民培训的开展与监督工作的基础上，应完善各部门的协调机制，构建各相关部门的信息交互平台，确保各部门间的资源整合和工作统一安排部署，将有限的资金用在关键点上。

（2）搭建政府和培训机构间的信息交互平台

在进行培训项目招投标时，政府和培训机构需要借助信息平台来完成培训项目信息的发布、资质的审核以及答疑解惑等过程。在培训实施过程中，政府与培训机构同样存在大量的信息传递，如培训计划、培训大纲、进度报告、验收材料等。高效实时的信息系统，有助于及时发现实施中出现的问题并予以及时解决。

（3）搭建政府和农牧民之间的信息交互平台

搭建政府和农牧民之间的信息交互平台，一方面可以听取农牧民的声音，为公共就业培训项目的确定、培训内容的确定以及培训方式的确定提供参考依据；另一方面可以弥补政府的信息劣势，拓宽农牧民向政府投诉培训中不当行为的渠道，加强农牧民对培训的监督，确保培训质量达到设想目标。

---

① 刘莹.社会组织承接政府购买服务的能力建设研究［D］.济南：山东大学，2018.

（4）促进各信息平台的互联互通

当前西藏拥有西藏自治区政府采购网等信息平台，以及财政一体化数据、政府采购数据和资产管理数据等，迫切需要加强互联互通，建立政府、培训机构、农牧民三者间的全过程信息交流平台，确保全面、全过程、全员参与的监督管理体系得以建立。

7.6.4　创新农牧民参与公共就业培训的激励机制

农牧民是西藏公共就业培训的主力军，如前所述，参与培训的农牧民占总培训人数的比例从 2015 年的 58.38％迅速提升，2016 年达到 80.87％，到 2020 年比例高达 93.55％。随着越来越多的农牧民参加公共就业培训，为西藏的经济社会发展提供了有力的人才保障。因此，如何鼓励引导农牧民参与公共就业培训，是当前急需解决的问题。

（1）提高农牧民终身学习的意识

要切实提高培训的最终效果，必须立足于农牧民的动机、兴趣和态度[①]。政府应加强宣传，让农牧民真正认识到培训对自身人力资本的提升以及对未来发展的重要性，尤其是获得"一技之长"后所带来的对自身收入提升的持续作用。同时，在培训过程中，教师也应有意识地将培训的重要性贯穿到整个培训过程中，使得农牧民养成终身学习的意识。

（2）加强校企合作，提升就业创业能力

政府应鼓励培训机构与企业加强合作，一方面是了解企业的用工需求和用工要求，另一方面是在培训过程中体现企业的用工要求，使得农牧民能够真正感受到培训对自身能力提升的巨大作用，实现带动农牧民非农就业的目的。

同时，随着农牧民受教育年限的增加以及"求学圆梦行动"的不断深入开展，越来越多的农牧民有了创业的需求。因此，政府还应优化创业环境，组建创业导师团队，建立创业孵化园，为创业的农牧民提供资金、技术、市场等支持。

（3）改善培训经费补贴激励方式

西藏出台了《西藏自治区职业培训补贴资金使用管理实施细则（试行）》，其中第十一条明确提到：农牧民技能培训补助资金申报审批程序继续按照《西藏自治区农牧民技能培训补助资金管理办法（试行）》（藏财农字〔2013〕66号）执行。这一补贴标准是 2013 年发布的，急需改进以适应当前实际。

---

① 杨锦秀. 公共资助就业培训项目在少数民族农村地区的实施效果研究［M］. 北京：人民出版社，2018.

因此，西藏政府应该调整补贴方案，特别是应提高培训补贴标准，帮助农牧民提升就业技能，带动其非农就业，提高工资性水平，为巩固拓展脱贫攻坚成果提供更大支撑。同时加大培训券的使用力度，给农牧民更多的自主选择权，激发农牧民参与培训的内生动力。

7.7　小结

构建农牧民公共就业培训的长效机制，首先应该提升农牧民非农就业的产业支撑，增加劳动力的吸纳能力；其次应提升农牧民公共就业服务能力，消除就业的信息不对称；最后应建立健全公共就业培训的动力、运行和保障机制。

农牧民公共就业培训作为一项参与主体众多、业务流程较为复杂、有形要素和无形资源相结合的系统工程，其实现路径及创新机制设计目标为：在明确不同参与主体的角色定位基础上，充分了解农牧民的培训需求，并实现从政策制定、项目产生、过程监管到资源配置等全过程的质量监督管理机制，最终建成主体协同、制度协同、资源协同的公共就业培训的长效机制。农牧民公共就业培训长效机制包括动力机制、运行机制和保障机制。

动力机制分析中，以世界银行的公共服务供给分析模型为出发点，探讨政府、培训机构、农牧民在公共就业培训中的角色功能。政府作为购买主体，其应该是政策制定者、项目购买者、资金提供者和监督管理者的角色；培训机构是公共就业培训服务的具体承接方，其是服务提供者、资源整合者和需求发现者的角色；农牧民是公共就业培训服务的消费者，其是直接诉求者、监督管理者和最终受益者的角色。在此基础上，提出加强培训和宣讲，创新培训手段，以提高各主体的认识水平，使各主体充分参与到公共就业培训中。

运行机制分析中，结合当前运行流程，对西藏整个公共就业培训运行机制提出了优化建议。在项目产生机制中，提出聚焦农牧民需求较多的领域，考虑需求紧迫度、市场成熟度等维度，确定购买项目；在运行模式确定机制中，依据萨瓦斯提出的公共服务十大运行模式，结合西藏公共就业培训的实际情况，提出确定公共就业培训运行模式的选择原则，即应从社会急需度、任务明确度、市场成熟度三个方面来确定运行模式；在培训机构选择机制中，结合Gartner Group 四区域技术功能矩阵，构建培训机构遴选矩阵，从自身实力、服务能力等方面提出培训机构的评价指标体系；在培训实施过程管理机制中，结合全面质量管理理论，从培训前到培训中再到培训后监督考核达标率，实现了全过程的质量管理；在培训绩效评估机制中，依据 CIPP 模型为基准逻辑框架，构建评价指标体系和评价流程，以实现财政部所要求的全过程的绩效评价目标。

　　保障机制分析中，首先提出需放宽准入门槛，加大对培训机构的支持和激励力度；其次要提升培训机构自身能力，提高公共就业培训的服务质量和效率；还提到需重视信息平台的建设，实现政府职能部门间、政府与培训机构间、政府与农牧民间、培训机构与农牧民间的信息交流和互动，并促进各信息平台的互通互联，实现整体管控，增强培训的系统性；最后提出应创新农牧民参与公共就业培训的激励机制，特别是要改善培训经费补贴激励方式，激发农牧民参与培训的内生动力。

附件　西藏农牧民非农就业培训满意度调查问卷

一、基本信息

1. 民族：

A. 汉族　B. 藏族　C. 其他民族

2. 性别：

A. 男　B. 女

3. 年龄：

A. 16 岁及以下　B. 17~35 岁　C. 36~50 岁　D. 51 岁及以上

4. 户籍：

A. 拉萨市　B. 昌都市　C. 山南市　D. 日喀则市

E. 那曲市　F. 林芝市　G. 西藏外

5. 工作所在地：

A. 拉萨市　B. 昌都市　C. 山南市　D. 日喀则市

E. 那曲市　F. 林芝市　G. 西藏外

6. 婚姻：

A. 已婚　B. 未婚

7. 家庭人口：

A. 3 人以下　B. 3~5 人　C. 5 人以上

8. 子女人数：

A. 0 人　B. 1 人　C. 2 人　D. 3 人以上

9. 文化程度：

A. 小学及以下　B. 初中　C. 高中（中专、职技校）　D. 大专及以上

10. 掌握语言：

A. 藏文　B. 汉语　C. 藏文＋汉语

11. 您现在的状态是：

　A. 在单位工作　B. 自主创业　C. 打零工　D. 在家务农或放牧_____

（如选 4，则跳转至 16）

二、就业现状调查

12. 您当前工作岗位：

A. 管理层　　B. 技术人员　　C. 一般行政人员

D. 卫生保洁等后勤保障人员　　E. 普通工人　　F. 其他

13. 您就业单位的行业类别：

A. 农、林、牧、渔业　　　　　　B. 采矿业　　　　C. 制造业

D. 电力、燃气及水的生产和供应业　　E. 建筑业

F. 交通运输、仓储和邮政业　　　　G. 批发和零售业

H. 住宿和餐饮业以及旅游业　　　　I. 租赁和商务服务业

J. 居民服务和其他服务　　　　　　K. 医药（藏医、藏药）

L. 文化、体育和娱乐业

14. 您现在的月收入为：

A. 2 000 元及以下　　　　　　　B. 2 001～3 000 元

C. 3 001～5 000 元　　　　　　　D. 5 000 元以上

15. 您对您当前的收入满意吗？

A. 满意　　　　　　　　　　　　B. 不满意

16. 您认为目前就业难度是：

A. 非常难　　B. 有难度　　C. 比较容易　　D. 非常容易找到工作

17. （上一题选 A 或 B，回答该题）您认为就业难的原因主要是（多选）：

A. 受文化习俗影响　　B. 受语言影响　　　　C. 受文化层次影响

D. 受专业技能影响　　E. 当地就业机会很少

F. 若有其他，请补充：＿＿＿＿＿＿＿＿

18. 您一般通过哪些渠道获得就业信息？（可多选）

A. 通过亲友或同乡介绍　　　　　B. 劳动力市场或中介机构介绍

C. 政府组织　　　　　　　　　　D. 网络或报纸杂志

三、培训调查

19. 您所在的单位会对员工进行培训吗？

A. 会，且是定期培训　　　　B. 会，但不定期　　　C. 不会

20. 您对当前培训的看法是：

A. 培训用处不大　　　　　　　　B. 培训费用太高

C. 很想参加但没有时间　　　　　D. 周围没有人参加

E. 对培训不感兴趣　　　　　　　F. 不知道有培训

G. 其他

21. 您获取培训信息的方式：

A. 亲朋好友介绍　　　　　　　　B. 媒体宣传

C. 中介组织的介绍　　　　　　　D. 培训机构

E. 政府部门　　　　　　　　　　F. 其他

22. 您希望政府在培训过程中应该提供哪些服务（多选）：

A. 直接给予培训补贴　　　　　　B. 对培训机构监管

C. 提供培训信息　　　　　　　　D. 提供用人单位要求

E. 提供更多的免费培训　　　　　F. 其他

23. 您接受过的培训内容（多选）：

A. 创业技能　　　　　　　　　　B. 法律知识、生活常识

C. 专业技能　　　　　　　　　　D. 学历培训

E. 其他

24. 您参加培训的地点通常在哪：

A. 家中　　　　　　　　　　　　B. 田间地头

C. 培训机构　　　　　　　　　　D. 企业内部

25. 您参加培训过程中遇到问题是怎么解决的：

A. 现场请教老师　　　　　　　　B. 请教其他学员

C. 自己解决（看书）　　　　　　D. 没啥问题

26. 您参加培训的目的是（多选）：

A. 增加收入　　　　　　B. 提高技能　　　C. 获得补贴

D. 寻求就业　　　　　　E. 打发时间　　　F. 其他

27. 您对培训是否满意：

A. 很满意　　　　　　　　　　　B. 较满意

C. 一般　　　　　　　　　　　　D. 不满意

28. 培训后，对您的个人收入提高帮助大吗：

A. 非常大　　　　　　　　　　　B. 较大

C. 一般　　　　　　　　　　　　D. 不大

29. 您希望参加谁提供的就业创业培训（多选）：

A. 政府提供免费培训　　　　　　B. 企业提供免费培训

C. 企业提供自费培训　　　　　　D. 社会机构免费培训

30. 您希望参加哪些内容的培训（多选）：

A. 技能类培训（如烹饪、电脑、理发等）　　B. 基本礼仪类

C. 基本知识类（文字写作、经济、法律等）　D. 学历教育类

31. 您认为地方政府哪些措施对促进农牧民非农就业比较重要（多选）：
A. 调整产业结构，扩大就业渠道　　B. 举办各类招聘会
C. 提供利于就业创业的优惠条件　　D. 解决子女教育问题
E. 解决社保问题　　　　　　　　　F. 其他，请补充_____

主要参考文献
REFERENCES

1. 专著

白玛朗杰，孙勇．学者视野下的西藏发展探讨［M］．拉萨：西藏藏文古籍出版社，2011.

陈天祥．新公共管理——政府再造的理论与实践［M］．北京：中国人民大学出版社，2007.

陈振明．公共服务导论［M］．北京：北京大学出版社，2011.

戴维·奥斯本，特德·盖布勒，改革政府——企业精神如何改革着公营部门［M］．周敦仁，等，译．上海：上海译文出版社，1996.

党秀云．民族地区公共服务体系创新研究［M］．北京：人民出版社，2009.

何筠．公共就业培训绩效评价研究［M］．北京：社会科学文献出版社，2018.

蒋硕亮．新中国行政体制改革70年［M］．上海：上海人民出版社，2019.

莱昂·狄骥．公法的变迁［M］．北京：商务印书馆，2013.

莱斯特·M. 萨拉蒙．公共服务中的伙伴——现代福利国家中政府与非营利组织的关系［M］．北京：商务印书馆，2008.

罗伯特·B. 登哈特，珍妮特·V. 登哈特．新公共服务——服务，而不是掌舵［M］．丁煌，译．北京：人民大学出版社，2010.

萨拉蒙，王浦劬．政府向社会组织购买公共服务研究——中国与全球经验分析［M］．北京：北京大学出版社，2010.

萨瓦斯．民营化与公私部门的伙伴关系［M］．北京：中国人民大学出版社，2003.

唐纳德·凯特尔．权力共享：公共治理与私人市场［M］．北京：北京大学出版社，2009.

王浦劬，郝秋笛．政府向社会力量购买公共服务发展研究——基于中英经验的分析［M］．北京：北京大学出版社，2016.

魏中龙，等．政府购买服务的理论与实践研究［M］．北京：中国人民大学出版社，2014.

文森特·奥斯特罗姆，等．美国地方政府［M］．北京：北京大学出版社，2001.

西奥多·H. 波伊斯特．公共与非营利组织绩效评估：方法与应用［M］．北京：中国人民大学出版社，2005.

幸福拉萨文库编委会．拉萨公共服务实践与探索［M］．拉萨：西藏人民出版社，2019.

杨锦秀．公共资助就业培训项目在少数民族农村地区的实施效果研究［M］．北京：人民出版社，2018.

张序．中国民政地区公共服务能力建设［M］．北京：民族出版社，2011.

郑州．西藏基本公共服务能力提升与民生改善研究［M］．北京：社会科学文献出版社，2017.

中国就业培训技术指导中心．中美德公共就业服务比较［M］．北京：中国劳动科学保障
　　出版社，2013.

竺乾威．公共行政理论［M］．上海：复旦大学出版社，2008.

2. 期刊

包国宪，刘红芹．政府购买居家养老服务的绩效评价研究［J］．广东社会科学，2012
　　（2）：15－22.

曹秀玲．服务型政府视域下我国体育公共服务建设：成就与问题［J］．沈阳体育学院学
　　报，2016，35（2）：52－58.

岑国斌．政府购买城市社区体育公共服务机制建设研究［J］．广州体育学院学报，2018，
　　38（6）：27－29，40.

常江．美国政府购买服务制度及其启示［J］．政治与法律，2014（1）：153－160.

陈芳芳，郝艳华，韩志超，等．政府购买农村基本公共卫生服务面临的问题与挑战——以
　　黑龙江省为例［J］．中国卫生事业管理，2012，29（4）：246－247，255.

陈琳．世界体育发达国家体育公共服务体系的制度创新案例解析及启示［J］．沈阳体育学
　　院学报，2016，35（2）：26－30，35.

陈希，戴健，陈伟．服务型政府背景下上海市社区体育发展路径研究［J］．山东体育学院
　　学报，2015，31（1）：41－44.

陈元欣，陈磊，王健．公共体育场（馆）经营权招投标的制度设计、现存问题及优化策略
　　［J］．中国体育科技，2018，54（3）：52－59.

崔英楠，王柏荣．政府购买社会组织服务绩效考核研究［J］．北京联合大学学报（人文社
　　会科学版），2017，15（4）：95－102.

党秀云．公共治理的新策略：政府与第三部门的合作伙伴关系［J］．中国行政管理，2007
　　（10）：33－35.

邓志锋．公共就业培训中的监管问题研究——浅析资金监管与定价策略［J］．价格理论与
　　实践，2018（2）：103－106.

段小虎，张惠君，万行明．政府购买公共文化服务制度安排与项目制"文化扶贫"研究
　　［J］．图书馆论坛，2016，36（4）：5－12.

范柏乃，金洁．公共服务供给对公共服务感知绩效的影响机理——政府形象的中介作用与
　　公众参与的调节效应［J］．管理世界，2016（10）：50－61，187－188.

冯俏彬．论政府购买服务与当前财政管理新任务［J］．地方财政研究，2014（4）：4－
　　8，20.

付士成，李昂．公共就业培训范围研究——基于规范性文件的分析与思考［J］．行政法学
　　研究，2016（1）：107－116.

葛自丹．政府购买服务的法律规制［J］．学术论坛，2016，39（3）：82－88.

龚传洲．绩效评价结果应用：流程衔接和支撑条件［J］．地方财政研究，2021（4）：
　　40－46.

郭佩霞. 政府购买 NGO 扶贫服务的障碍及其解决——兼论公共服务采购的限度与取向 [J]. 贵州社会科学，2012 (8)：94 - 98.

郭小聪，陈洪波. "中国梦"的哲学逻辑及其对社会组织管理创新的影响 [J]. 湖南社会 科学，2014 (4)：22 - 25.

何妍. 西藏公共就业培训服务现状评价与对策 [J]. 管理观，2019 (25)：34 - 37.

胡春艳，李蕙娟. 政府购买居家养老服务的问责关系分析及建构——以湖南省为例 [J]. 中国行政管理，2015 (11)：110 - 115.

靳亮，纪广斌. 公共文化服务市场化背景下政府如何扮演"精明的买主"角色 [J]. 理论 与改革，2017 (6)：173 - 180.

黎元生，胡熠. 美国政府购买生态服务的经验与启示 [J]. 中共福建省委党校学报，2015 (12)：17 - 21.

李国新. 完善农村公共文化服务政府购买政策与机制 [J]. 行政管理改革，2019 (5)：24 - 26.

李军鹏. 公共就业培训的学理因由、典型模式与推进策略 [J]. 改革，2013 (12)：17 - 29.

李晓园. 县级政府公共服务能力与其影响因素关系研究——基于江西、湖北两省的调查分 析 [J]. 公共管理学报，2010 (4)：17 - 21.

李熠煜，佘珍艳. 资源依赖视角下农村社会组织发展模式研究 [J]. 湘潭大学学报（哲学 社会科学版），2014，38 (2)：69 - 73.

李永亮，高红. 政府职能向社会转移的实效研究：制度、路径与运作 [J]. 东岳论丛，2018，39 (4)：102 - 108.

李珠. 政府公共服务购买的合同制治理机制探讨 [J]. 中国行政管理，2016 (2)：45 - 50.

梁仲明，陈江杰. 公共就业培训的交易成本问题研究 [J]. 西安财经学院学报，2019，32 (2)：100 - 105.

刘红芹，刘强. 居家养老服务的制度安排与政府角色担当 [J]. 改革，2012 (3)：66 - 71.

刘家明，蒋亚琴. 如何提高公共就业培训服务绩效：多边平台战略的启示 [J]. 中国人力 资源开发，2020，37 (7)：107 - 118.

刘鹏. 从分类控制走向嵌入型监管：地方政府社会组织管理政策创新 [J]. 中国人民大学 学报，2011，25 (5)：91 - 99.

刘小川，张艳芳，刘威礼. 基于政府职能转变的政府购买服务制度创新研究 [J]. 财政研 究，2015 (5)：97 - 101.

罗瑜亭，鲁志国. 基于 DEA 和 Malmquist 指数法的政府购买公共就业培训服务效率分析 [J]. 中国职业技术教育，2016 (29)：31 - 38.

罗瑜亭，鲁志国. 我国政府购买公共就业培训服务配置效率研究 [J]. 甘肃行政学院学 报，2019 (6)：94 - 103，127 - 128.

罗瑜亭，涂永式. 我国政府购买公共就业培训服务绩效研究 [J]. 职业技术教育，2016，37 (25)：50 - 56.

马海涛，王东伟.完善公共就业培训制度的思考［J］.中国政府采购，2014（4）：12-19.

马全中.政府向社会组织购买服务的"内卷化"及其矫正——基于 B 市 G 区购买服务的经验分析［J］.求实，2017（4）：44-57.

马晓军.政府购买图书馆服务的风险及其防范［J］.图书馆学研究，2016（5）：26-30.

毛寿龙，周晓丽.政府政策应具开放性——以牙防组事件为例［J］.中国改革，2007（7）：50-53.

明燕飞，刘江.政府购买公共就业服务的合同制治理研究［J］.求索，2011（5）：29-31.

宁靓，赵立波.公众参与公共就业培训绩效评估指标体系研究［J］.中国海洋大学学报（社会科学版），2017（4）：44-50.

齐海丽.公共服务购买中政社关系的依赖性及治理研究［J］.经济体制改革，2016（1）：195-199.

钱海燕，沈飞.地方政府购买服务的财政支出效率评价——以合肥市政府购买居家养老服务为例［J］.财政研究，2014（3）：64-67.

上海工程技术大学课题组，吴忠，罗娟.新形势下上海促进就业的机制研究［J］.科学发展.2014（2）：51-61.

宋长善.政府购买公共文化服务主体间关系困境与改革路径［J］.艺术百家，2018，34（4）：71-75.

孙芳娟，陈济滨.支持社会组织发展的财税政策研究［J］.湖南社会科学，2014（6）：136-139.

唐静，冯子君，修凯.西藏公共就业培训的现状、问题及对策研究［J］.西藏发展论坛，2021，3（181）：78-84.

王成，赵东霞，李冰杰.财政支持视角下政府购买居家养老服务探析［J］.地方财政研究，2016（8）：90-95.

王春婷，李帆，林志刚.公共就业培训绩效结构模型建构与实证检测——基于深圳市与南京市的问卷调查与分析［J］.江苏师范大学学报（哲学社会科学版），2013，39（1）：109-115.

王春婷.公共就业培训的绩效影响因素探析［J］.特区实践与理论，2012（2）：49-51.

王丛虎.公共就业培训的底线及分析框架的构建［J］.国家行政学院学报，2015（1）：69-73.

王美英，郭红莲.不完全信息博弈下政府审计外包的监管策略——基于政府财务报告审计的视角［J］.中国流通经济，2018，32（10）：93-101.

王名，乐园.中国民间组织参与公共服务购买的模式分析［J］.中共浙江省委党校学报，2008（4）：5-13.

王钊，王敏，谭建湘.政府购买体育场馆公共服务的理论与实践研究［J］.广州体育学院学报，2015，35（1）：48-51，101.

王郅强，靳江好.坚持科学发展观 强化社会管理和公共服务职能——中国行政管理学会2004 年会暨"政府社会管理和公共服务改革"理论研讨会综述［J］.中国行政管理，

2004（10）：60－63.

魏中龙，王小艺，孙剑文，等．政府购买服务效率评价研究［J］．广东商学院学报，
　　2010，25（5）：21－25，33.

吴瑞君，倪波，陆勇，等．政府购买社会服务综合绩效评量模型设计与参数估计——以上
　　海市浦东新区计生系统购买社会服务为例［J］．华东师范大学学报（哲学社会科学版），
　　2019，51（4）：90－102，187.

吴玉霞．公共服务链：一个政府购买服务的分析框架［J］．经济社会体制比较，2014
　　（5）：141－147.

夏贵霞，马蕊，王华倬．政府购买青少年课外体育服务的地方实践与制度创新［J］．北京
　　体育大学学报，2016，39（2）：84－91.

夏贵霞．政府购买青少年课外体育服务的实践探索与发展导向——以北京实践为例［J］.
　　武汉体育学院学报，2016，50（4）：26－32.

夏贵霞．政府购买青少年课外体育服务的问题研究——以长沙市政府购买中小学生暑假游
　　泳服务为例［J］．山东体育学院学报，2018，34（1）：45－50.

谢双保，张萌，赵要军，等．政府购买农村公共卫生服务绩效合同管理实施策略［J］．中
　　国卫生经济，2010，29（9）：21－22.

辛娜．公众参与政府购买公共图书馆服务研究［J］．图书馆工作与研究，2018（11）：50－
　　53，111.

徐家良，许源．合法性理论下政府购买社会组织服务的绩效评估研究［J］．经济社会体制
　　比较，2015（6）：187－195.

闫海，孟娜．民办教育发展的财政责任——以政府购买教育服务为中心［J］．现代教育管
　　理，2013（9）：106－110.

阳盛益，严国萍．政府购买就业培训服务的准市场：路径设计与治理机制［J］．南京社会
　　科学，2014（5）：77－84.

杨安华．政府购买服务还是回购服务？——基于2000年以来欧美国家政府回购公共服务的
　　考察［J］．公共管理学报，2014，11（3）：49－58，141.

杨安华．回购公共服务：后民营化时代公共管理的新议题［J］．政治学研究，2014（5）：
　　95－110.

叶响裙．基于公共就业培训实践的思考［J］．新视野，2013（2）：64－67.

易志坚，汪晓林，王丛虎．公共就业培训的几个基本概念界定［J］．中国政府采购，2014
　　（4）：23－25.

俞雅乖．补充与合作：民间组织参与灾后农村公共服务供给的模式创新［J］．经济体制改
　　革，2010（1）：112－116.

张凤彪，王家宏，王松，等．政府购买服务与体育社会组织发展的"诺斯悖论"问题研究
　　［J］．体育学刊，2019，26（3）：38－44.

张国平，刘芳．我国居家养老服务市场化供给研究［J］．经济问题，2017（12）：72－77.

张国平．地方政府购买居家养老服务的模式研究：基于三个典型案例的比较［J］．西北人

口，2012，33（6）：74－78.

张海，范斌．我国政府购买社会组织公共服务方式的历史演进与优化路径［J］．理论导刊，2013（11）：4－9.

张宏涛．美国政府购买图书馆公共服务制度研究［J］．图书馆，2016（3）：76－79，84.

张萌，王家耀，吴建，等．政府购买绩效合同管理基本农村公共卫生服务评价指标体系的研究［J］．中国卫生经济，2011，30（12）：54－56.

张荣齐．平台总部与加盟商定价模型研究——以政府购买公共文化服务平台为例［J］．技术经济与管理研究，2018（2）：3－9.

张文礼，王达梅．政府购买社会组织服务监管机制创新研究［J］．甘肃行政学院学报，2017（3）：45－50，126.

张璇．公共就业培训绩效审计评价体系研究［J］．审计月刊，2015（2）：8－11.

郑瑞强，王英．政府购买扶贫服务的逻辑推理与作用机制优化［J］．商业研究，2015（6）：26－29.

郑苏晋．公共就业培训公益性非营利组织为重要合作伙伴［J］．中国行政管理，2009（4）：65－69.

朱俊立．政府购买社会保障扶贫服务与乡村社会治理创新［J］．财政研究，2014（11）：46－49.

Firnkorn J，Martin Müller. What will be the environmental effects of new free－floating car－sharing systems? The case of car2go in Ulm［J］. Ecological Economics，2011，70（8）：1519－1528.

Kahhat R，Kim J，Xu M，et al. Exploring e－waste management systems in the United States［J］. Resources，Conservation & Recycling，2008，52（7）：955－964.

Kwon S．Thirty years of National Health Insurance in South Korea：lessons for achieving universal health care coverage［J］. Health Policy and Planning，2008，24（1）：63－71.

Monteiro C A，Benicio M H D，Conde W L，et al. Narrowing socioeconomic inequality in child stunting：The Brazilian experience，1974—2007［J］. Bulletin of the World Health Organisation，2010，88（4）：305－311.

Palmer M A，Lettenmaier D P，Poff L R，et al. Climate Change and River Ecosystems：Protection and Adaptation Options［J］. Environmental Management，2009，44（6）：1053－1068.

3. 学位论文

曹苗苗．西藏社会组织参与公共就业培训的研究［D］．拉萨：西藏大学，2020.

陈雪琴．完善拉萨市公共就业服务体系研究——基于农村劳动力需求的视角［D］．拉萨：西藏大学，2019.

何筠．我国公共就业培训问题研究［D］．南昌：南昌大学，2007.

贺文英．新疆政府向社会组织购买公共服务研究［D］．乌鲁木齐：新疆大学，2015.

李桓促．政府购买社会组织公共服务问题研究——福建省为例［D］．福州：福建师范大学，2015.

李乾坤．农民工培训效果评估——基于安徽省七所职业学校的调研［D］．合肥：安徽农业
大学，2016.

毛明明．当代中国政府购买教育服务研究——基于政府战略管理"三角模型"的分析框架
［D］．昆明：云南大学，2017.

潘建会．中国公民社会指数（CSI）实地调研的分析报告［D］．北京：清华大学，2006.

任鸿倩．我国公共职业技能培训推进研究［D］．太原：山西大学，2020.

唐倩茹．我国公共就业培训流程优化研究［D］．长沙：湖南大学，2018.

田旭．西藏区域基本公共服务均等化研究［D］．沈阳：东北大学，2017.

王娟．政府购买社区公共卫生服务流程优化研究［D］．上海：上海工程技术大学，2017.

吴海燕．基于网络治理理论下我国县域公共就业培训体系的优化研究［D］．武汉：华中师
范大学，2011.

杨荒巧．拉萨市非农就业政策研究［D］．拉萨：西藏大学，2019.

杨艺芬．政府购买农民工就业培训服务质量研究——以泉州市为例［D］．泉州：华侨大
学，2015.

张浩．西藏社会组织参与社会治理作用研究［D］．咸阳：西藏民族大学，2016.

张娜．西藏公共就业培训研究［D］．拉萨：西藏大学，2019.

赵新吉．西藏城乡基本公共服务均等化的制度设计与路径选择研究［D］．拉萨：西藏大
学，2012.

周冉．西藏公共就业培训的问题与对策研究［D］．拉萨：西藏大学，2020.

朱欣悦．西藏农牧区劳动力转移对产业结构升级的影响研究［D］．拉萨：西藏大
学，2021.

图书在版编目（CIP）数据

农牧民公共就业培训长效机制研究 / 康杰著.
北京：中国农业出版社，2024. 9. -- ISBN 978-7-109
-32446-6

Ⅰ. F323.6

中国国家版本馆 CIP 数据核字第 2024GN0856 号

中国农业出版社出版

地址：北京市朝阳区麦子店街 18 号楼
邮编：100125
责任编辑：边 疆 张潇逸
版式设计：王 晨 责任校对：吴丽婷
印刷：北京中兴印刷有限公司
版次：2024 年 9 月第 1 版
印次：2024 年 9 月北京第 1 次印刷
发行：新华书店北京发行所
开本：720mm×960mm 1/16
印张：16
字数：296 千字
定价：98.00 元
